中华文化与人类未来

郭沂/著

中国出版集团有限公司

世界图书出版公司
北京 广州 上海 西安

图书在版编目（CIP）数据

中华文化与人类未来 / 郭沂著. -- 北京 : 世界图书出版有限公司北京分公司, 2025. 5. -- ISBN 978-7-5232-1997-3

Ⅰ. K203

中国国家版本馆CIP数据核字第2024Q4N198号

书　　名	中华文化与人类未来	
	ZHONGHUA WENHUA YU RENLEI WEILAI	
著　　者	郭　沂	
策划编辑	王思惠	
责任编辑	王思惠	
装帧设计	崔欣晔	
责任校对	尹天怡	
出版发行	世界图书出版有限公司北京分公司	
地　　址	北京市东城区朝内大街137号	
邮　　编	100010	
电　　话	010-64038355（发行）　64033507（总编室）	
网　　址	http://www.wpcbj.com.cn	
邮　　箱	wpcbjst@vip.163.com	
销　　售	新华书店	
印　　刷	北京中科印刷有限公司	
开　　本	880mm × 1230mm　1/32	
印　　张	13.75	
字　　数	362千字	
版　　次	2025年5月第1版	
印　　次	2025年5月第1次印刷	
国际书号	ISBN 978-7-5232-1997-3	
定　　价	89.00元	

前言

方今之时，中国和世界都处在十字路口上。在这历史关头，中华文化将扮演什么角色？这正是本书所关注的核心问题。

一、"三千年未有之大变局"与中西古今之争

早在1872年，李鸿章就疾呼中华民族面临"三千年未有之大变局"。他所谓的"三千年"何所指呢？从李鸿章的时代上推三千年，正好是殷周之际，因而李鸿章眼中的"三千年"就是指从殷周之际到清末这个时段。那么他又是依据什么把这三千年当作一个整体呢？或者说他是从哪个方面来界定这三千年的呢？纵观这三千年，虽然朝代频繁更迭，疆域分分合合，但中华文化却是一以贯之的。因此，李鸿章的"三千年"当以文化立论。

然而，中华文化源远流长，并拥有五千年的文明史，即使从第一个王朝夏朝算起，至清末也有将近四千年的历史，李鸿章为什么从周代算起呢？其实这不难理解。虽然此前中华文化已经相当发达，但与世界上其他民族相比，并没有本质不同，无非是以早期宗教为主体意识形态。然而，到了殷周之际，中华文化发生了翻天覆地的变化。正

如王国维所说："中国政治与文化之变革，莫剧于殷周之际。……殷周间之大变革，自其表言之，不过一姓一家之兴亡与都邑之移转；自其里言之，则旧制度废而新制度兴，旧文化废而新文化兴。"[①]在广义上，文化包含制度。因此，殷周之变，实质上是文化之变。可见，在王国维看来，殷周之变是中华文化史上的最大变局。正是通过殷周之变，中华文化才形成不同于其他文明的特质，从而为此后三千年的文化发展奠定基础。

那么，李鸿章的"大变局"又何所指呢？既然"三千年"以文化立论，那么"大变局"当然亦就文化而言。当时中华文化所经历的最大变化，莫过于西方文化的介入，因此所谓"三千年未有之大变局"，实指中西文化之相遇。在李鸿章看来，只有三千年之前的殷周之变才能与之相提并论。正是在这一大变局中，中西之争成为近代以来学术思想发展的一条主线。

起初，人们的关注点在中西文化之不同。然而，新文化运动以后，随着全盘西化思潮的兴起和达尔文进化论的流行，人们进而判断西方文化是现代的和先进的，而中国文化则是传统的和落后的。由此，古今之争便和中西之争交织在一起了。

二、轴心时代对价值的发现

让人始料不及的是，二十世纪以来，西方的有识之士逐渐意识到发源于西方的现代性存在严重的缺陷，于是存在主义、后现代主义等

---

① 王国维：《殷周制度论》，见《观堂集林》（第2册），中华书局1959年版，第451—480页。

思潮纷纷提出了自己的质疑。的确，现代化虽然造就了物质文化的极大丰富和制度文化的显著提升，但不可否认的是，它也带来了一系列的问题和挑战，诸如文明冲突、战争威胁、精神危机、道德危机、能源危机、生态危机、核弹危机、人工智能危机等等。但我以为，当今世界所面临的最大危机是价值危机，其他危机都是由此引起的。

如何看待这个现象呢？回答这个问题，我们恐怕无法回避雅斯贝斯的轴心文明学说了。他对人类的命运有两种表述。一是"起步"，认为人类从新的基础起步了四次：第一次始于人类刚刚诞生的史前时代；第二次始于古代文明的建立；第三次始于轴心时代；第四次始于科技时代。二是"呼吸"，认为人类历史进行了两次大呼吸：第一次从史前时代开始，经过古代文明，通往轴心时代；第二次从科技时代开始，进入崭新的第二个轴心时代，达到人类形成的最后过程。综合"起步"和"呼吸"二说，可以得知，整个人类历史的过去、现在和未来共分为五大时代，即史前时代、古代文明时代、轴心时代、科技时代和第二个轴心时代。

雅斯贝斯认为，中国的轴心时代发生在先秦诸子时代，也就是从春秋末期到战国时期。然而，史华慈对这一断代提出异议，他根据西周时期的天命观念，将中国的轴心时代提前到西周时期。二者孰是孰非呢？这要看轴心文明的特征是什么，这些特征又是什么时期出现的。根据雅斯贝斯和史华慈的描述，轴心时代的主要特征是"意识到整体的存在、自身和自身的限度""探询根本性的问题""超然存在""反思的产生""精神过程""超越性""超验性"等等。近年来我通过对西周学术思想的研究，不得不承认，这些特征其实在当时都已经出现了，因此史华慈的判断是完全正确的。沿着史华慈的思路，我进一步推断，中国的轴心时代始于殷周之际，迄于周秦之际，春秋战国时期只是一个新的高潮而已。这意味着人类轴心时代早在公元前十一世纪就已经拉开了序幕，并非像雅斯贝斯所说的那样始于公元前800年。

在这里我要特别强调的是，雅斯贝斯和史华慈对轴心时代特征的描述虽然都是正确的，但略显笼统。在我看来，精神文化的核心是价值系统，因而轴心时代更根本性的特质和最大的贡献是发现价值，并形成人类基本价值系统。

人类基本价值系统建构的主要途径有二，一是宗教，二是哲学。各个轴心文明运用这两种途径的方式有所不同，由此造成了各自鲜明的个性。大致地说，希伯来采用了宗教的途径；希腊采用了哲学的途径；印度也采用宗教途径，但其宗教是具有哲学性的宗教；中国则同时采用了宗教和哲学两种途径，而且这两种途径之间是互相影响、互相渗透的，致使这种宗教是带有哲学色彩的宗教，这种哲学也是带有宗教色彩的哲学。

各种宗教和哲学的价值学说都包含两个层面，一是价值范畴，二是价值本原，或者说价值基础；前者是后者的体现，后者是前者的根基。就价值本原而言，世界上各种宗教都认为价值来自神或崇拜偶像，如中国传统宗教认为价值来自上帝，基督教认为价值来自"God"等。各种哲学则认为，价值来自宇宙之本源、世界之本体，如道家的道、儒家的天、柏拉图的理念等等。总之，价值来自超越世界，并由此获得了神圣性和必然性。

三、我们的时代与价值的式微

从雅斯贝斯的"呼吸"说看，人类将进入新轴心时代，从而"达到人类形成的最后过程"。那么新轴心时代的本质特征是什么呢？现在是否已经进入新轴心时代了？目前学术界主流的看法是，新轴心时代的特质就是现代性。这种观点认为，随着现代化的开展，现代性早已成为现代社会的基本特征，因而人类历史早已进入新轴心时代了。

事实果真如此吗？如果雅斯贝斯地下有知，会断然否定的！雅氏曾经将人类历史的起源与目标做了符号性的总结："'人类之诞生'——起源；'不朽的精神王国'——目标。"这就是说，和第一个轴心期一样，第二个轴心期的实质仍然是一种"精神过程"。在雅斯贝斯眼中，新轴心时代的本质特征是精神创造、精神突破。我认为新轴心时代类似于孔子所提出的"大同社会"，因此它并没有到来。

其实，对于我们这个时代的定位，雅斯贝斯早已给予了明确的回答："我们现在所处的状况是十分明确的，现在并非第二轴心期。与轴心时期相比，最明显的是现在正是精神贫乏、人性沦丧，爱与创造力衰退的下降时期……这整幅画面给我们的印象是，精神本身被技术过程吞噬了。"[1]"如果我们寻求一个我们时代的类似物，我们发现它不是轴心期，而更像是另一个技术时代——发明工具和使用火的时代，对这一时代我们完全不了解。"[2]这正是雅斯贝斯对人类历史第四个时代即科技时代的描述。

---

[1] 雅斯贝斯：《历史的起源与目标》，魏楚雄、俞新天译，华夏出版社1989年版，第112页。

[2] 同上书，第113页。

这些描述表明，我们所处的科技时代不但不是新轴心时代，而且同作为其本质特征的"精神过程"是背道而驰的，当然也是与轴心时代的本质特征背道而驰的。这意味着，由轴心文明所建立的人类基本价值系统已经式微，精神文化陷入萎靡。

这一切又是怎么发生的呢？我认为可以从两个方面来看。其一，现代性对人类基本价值系统的冲击。近代以来，随着人文主义的兴起、理性的弘扬和科学的发展，传统的世界观、宇宙论与本体论都面临着极大的挑战，而哥白尼的日心说、达尔文的进化论和晚近的宇宙大爆炸理论等更是直接地、明确地否定了传统宗教的价值本原论，也在很大程度上动摇了传统哲学价值本原论，只是显得较为隐晦和温和而已。

其二，西方哲学价值系统的缺陷。当传统宗教价值系统被质疑以后，西方人自然地就接受了古希腊所建立的哲学价值系统，这正是文艺复兴运动的宗旨之所在。从此，古希腊哲学价值系统就成为现代社会主导性价值取向，也成为现代性的重要组成部分。然而，人们并没有意识到，这套价值系统是存在先天缺陷的，这要从西方哲学的特质说起。

在我看来，哲学是探讨自然、个人、社会及其本体的学问。人类历史上之所以出现了形形色色的哲学，那是由于它们所发现的本体的不同所导致的，而各种哲学所发现的本体之所以不同，关键在于问题意识。中国哲学的元问题是"人应当如何活在这个世界上"，这就决定了它的关注点是主观世界，尤其人生，由此建立的价值系统是实践性的，与现实生活息息相关。与此不同，西方哲学的元问题是"这个世界是什么"，这就决定了它的关注点是客观世界，尤其实体，由此建立的价值系统是知识性的，离现实生活具有一定的距离。正如牟宗三先生所说，古希腊的哲学家们"都以对待自然的方法对待人事，采取逻辑分析的态度，作纯粹理智的思辨。把美与善作为客观的求真对象，实与真正的道德无关"[1]。道德是价值的核心内容，古希腊哲学对美和善的讨论"实与真正的道德无关"，意味着与真正的价值无关。

当现代社会接受古希腊哲学价值系统时，也连带着接受了其"实与真正的道德无关"的特性。因此，这套知识性价值系统是外在的，很难与生命融为一体，更难上升为信仰，久而久之甚至会发生扭曲。这正是现代社会价值危机的根源，也是雅斯贝斯所描述的科技时代"精神贫乏、人性沦丧"等现象的根源。就这样，孔子、苏格拉底、耶稣、释迦牟尼、穆罕默德等巨星的光芒被遮蔽了，人类的精神世界再次黯淡下来，这就是我们目前所看到的社会现实。

四、重建价值何以开启新轴心时代

无论如何，现时代并非新轴心时代，而是从科技时代向新轴心时代过渡的阶段。这是人类历史上又一次重大转折，只有三千年前从史前时代经过古代文明向轴心时代的过渡才有资格与之相提并论。因此，从整个人类文明史来看，目前也正面临着"三千年未有之大变局"。这样一来，人类文明的"三千年未有之大变局"就与中华文化的"三千年未有之大变局"交织在一起了。

那么，这个大变局如何实现呢？既然和轴心时代一样，新轴心时代的实质仍然是一个"精神过程"，那么它一定会在轴心时代形成的

---

[1] 牟宗三：《中国哲学的特质》，见《牟宗三全集》（第28卷），台北联经出版事业有限公司2003年版，第9页。

精神文化的基础上加以新的综合创造。当然，轴心时代精神文化的核心便是人类基本价值系统。也就是说，轴心时代形成的人类基本价值系统在新轴心时代形成的过程中，仍然起着举足轻重的作用。

在所有轴心时代所建立的人类基本价值系统中，中国哲学价值系统具有独特的优势。一方面，它本身是一种理性的学说，与现代科学没有直接的和明显的冲突；另一方面，它是一种实践性价值系统，与生命融为一体，而且具有信仰的功能。因此，中国哲学价值系统是重建人类基本价值系统并开启新轴心时代的最宝贵的资源。

如上所述，轴心时代建立人类基本价值系统的途径是哲学与宗教。然而，近代以来宗教备受质疑，因此恐怕很难履行重建人类基本价值系统的使命了，而哲学便自然地承担起这个重任。

当然，为了重建人类基本价值系统，首先要重建哲学。正是在新的哲学体系中，人类基本价值系统的本原和基础将得到重新确认。这意味着人类基本价值系统重新获得了神圣性和必然性，因而重新走入人们的生命，使人生重新获得意义和意味。所有这一切，正是新轴心时代的图景。

五、心路历程追踪

我是踏着二十世纪八十年代的脚步进入大学校园的。改革开放以后的中国社会呈现出一派欣欣向荣、蒸蒸日上的景象，随之而来的是一场声势浩大的文化热潮，作为一名怀揣梦想、关心国家前途和民族命运的年轻学子，我自然也加入这场大讨论中，并为此撰写了多篇论文。当时我最关心的问题，可以用当时写的一篇文化论纲的题目来表达，那就是"中国向何处去？"现在看来，这类问题所涉及的是中华文化的"三千年未有之大变局"。进入二十一世纪以来，随着我对世界局势和人类文明的进一步了解，我的关注点逐渐转移到人类文明的"三千年未有之大变局"。本书所收入的文字，便大致记录了四十年来我探索相关问题的心路历程。

全书分为五篇十七章。前两篇侧重中华文化的"三千年未有之大变局"，紧紧抓住中西古今之争这个晚清以来一直困扰中国学术界的核心问题。其中第一篇从价值结构、思维方式、自由观念等角度阐释了中西文化的差异与融通，提出了解决中西之争的思路。第二篇从当今中国的历史处境、现代化进程中的传统复兴、价值取向二元化的世界潮流等角度探讨了传统与现代整合的态势，提出了解决古今之争的线索。后三篇结合中华文化的优势着重讨论人类文明的"三千年未有之大变局"。其中第三篇提出以中华信仰作为打开新轴心时代之门的钥匙，以天下主义作为世界秩序重建的儒家方案，来说明中华文化何以开启人类未来文明。第四篇以儒家和道家的人生学说和政治学说两个面向为例，展示了中华智慧的永恒魅力。第五篇则从儒学乃至中国哲学之重建等角度，瞩望新轴心时代和中华文化再生之路。

需要说明的是，由于写作时间跨度较大，涉及问题也十分广泛，书中观点、用语和文风前后未尽一致，文字也偶有重复之嫌。另外，本书一定还存在诸多不足乃至谬误，诚盼学界方家和广大读者有以教我。

2024年12月10日于忘筌斋

目录

第一篇

中西文化的差异与融通

第一章
从价值结构看中西价值系统的差异与融通 [①]

　　随着中国经济的腾飞、国际地位的提高以及国学热的持续升温，近年来中国道路、中华价值等话题备受关注。但毋庸讳言，时至今日，相关重要问题并不明朗，值得深究。第一，真、善、美为三大基本价值范畴，早已成为常识。然而，这三大范畴就是价值的全部吗？这个价值系统适合中华文明吗？早在二十世纪中叶钱穆先生就对此提出过质疑，遗憾的是，这个重要问题至今也没有得到妥善解决。第二，什么是中华价值？它与西方价值的关系如何？它在世界文明中占有什么地位？虽然已有一些学者开始注意这些问题，但研究尚嫌不够深入和系统。第三，如果真、善、美三大价值系统已经括尽了全部价值，那么诸如中华价值、西方价值等何以成立？当然，如果有人说中华价值、西方价值等不能成立，是没有人接受的。既然如此，它们与真、善、美三大价值系统的关系如何呢？这也是我们不得不面

① 本章内容曾以《中华价值，世界意义》为题刊于《光明日报》2012年11月26日；以《中华普世价值与未来人类文明》为题刊于《儒家文明论坛》（第二期），山东人民出版社2016年版；以《"价值"结构及其分层——兼论中西价值系统的区别与融通》为题刊于《南国学术》2018年第3期；以《中和乐：中华文明的精神价值》为题刊于《光明日报》2018年12月15日。

对的问题。第四，其实，以上诸点都涉及价值及其类型这个前提性问题。对此，学术界虽然提出了种种界定，但似乎都不足以合理解释和解决上述问题。有鉴于此，笔者不揣浅陋，愿略陈愚见，以就教于方家。

一、巴文克和钱穆对扩增新价值范畴的尝试

钱穆先生曾经在1949年指出，真、善、美三大价值范畴"在其本身内含中，包有许多缺点。第一：并不能包括尽人生的一切。第二：依循此真、善、美三分的理论，有一些容易引人走入歧途的所在。第三：中国传统的宇宙观与人生观，亦与此真、善、美三范畴论有多少出入处。"①在这三点中，第一点和第三点都容易理解，唯第二点需要稍加说明。钱先生的主要根据是真、善、美之主观性与客观性的悖论。他说："本来真善美全应在人生与宇宙之近合处寻求，亦只有在人生与宇宙之近合处，乃始有真、善、美存在。若使超越了人生，在纯粹客观的宇宙里，即不包括人生在内的宇宙里，是否本有真、善、美存在，此层不仅不易证定，而且也绝对地不能证定。何以呢？真、善、美三概念，本是人心之产物。若抹去人心，更从何处来讨论真善美是否存在的问题？然而西方人的观念，总认为真、善、美是超越人类的三种'客观'的存在。因其认为是客观的，于是又认为是绝对的。因其认为是绝对的，于是又认为是终极的。其实，既称客观，便

---

① 钱穆：《适与神》，见《人生十论》，收入《钱宾四先生全集》（第39卷），台北联经出版事业公司1998年版，第11—24页。下引钱说，除注明者外皆见此文。

已含有主观的成分。有所观，必有其能观者。'能''所'一体，同时并立。观必有主，宇宙间便不应有一种纯粹的客观。"

正因真、善、美三大价值范畴有种种问题，近代西方哲学家们试图在真、善、美之外增添新的价值，以补三大范畴之不足，其中最为钱先生所青睐的是德国人巴文克（Bernhard Bavink）。巴氏《现代科学分析》（*The Anatomy of Modern Science*）一书的第四部分《自然与人》至少有三章涉及这个问题。其中第二章《自然与文化》第一次谈到"用途适合性"（fitness for a purpose）这个概念："工技理想的实现，即为了自己的目的而追求用途适合性最近刚刚进入现代西方文明的视野。当今工技师建造他的机器、建筑等，总是尽量设计得更加适用，以避免浪费能源、物力和人力。"[1]在第五章《工技哲学》中，他又把"用途适合性"称为"最高的工技理想"。[2]在第七章《价值问题》，他明确地说："读者大概还记得，我们已经在工技基本价值（technical fundamental value）即用途适合性中发现了与早已被接受的其他三大价值即真、善、美地位相等的第四个基本价值。对于包括作者自己在内的一些思想家即宗教思想家来说，而不是对于所有思想家来说，对四个价值范畴来说，还应该加上第五个基本价值，这就是神圣（Holy）。对于宗教人士而言，这个价值将被置于其他价值之上。"[3]

---

[1] Bernhard Bavink: *The Anatomy of Modern Science*, translated from the fourth German edition by H. Stafford Hatfield, published by G. Bell & Sons LTD, 1932, London, page 509。伯恩哈德·巴文克：《现代科学分析》，伦敦贝尔父子有限公司1932年版，第509页。

[2] 同上书，第562页。

[3] 同上书，第589页。

据此，巴文克的主要贡献有二：一是将工技从科学中分离出来，并提出"用途适合性"来表达其价值；二是提出"神圣"来表达宗教的价值。这两个方面都在一定程度上弥补了真、善、美三大价值范畴之不足，即钱先生所罗列其三大缺点的第一点。

钱先生将巴文克的"用途适合性"称为"适合"，简称"适"，同时将"神圣"简称"神"。他引述道，巴文克"主张于真、善、美三范畴外，再加'适合'与'神圣'之两项。他的配列是：'科学真，道德善，艺术美，工技适，宗教神。'"但钱先生认为，巴文克和近代以来其他西方哲学家一样，其用意"似乎也只侧重在上述之第一点"。钱先生的这一评价是公允的。

尽管如此，钱先生仍然认为："巴氏此项概念，若予变通引扩，实可进而弥补上述第二第三两点之缺憾。中西宇宙观与人生观之多少相歧处，大可因于西方传统真、善、美三价值领域之外，增入此第四第五两个新的价值领域，而更易接近相融会。"

钱先生是通过两种途径来"变通扩引""适"的。什么是"适"呢？钱先生说："巴氏'适'字的价值领域，本来专指人类对自然物质所加的种种工业技术言。他说，根据经济原理，求能以最少的资力获得最好的效果者，斯为适。"在巴氏的基础上，钱先生将"适"由工业技术引申到"一切政治上之法律制度，社会上之礼俗风教"等领域。这是其一。其二，他将"适"的价值观渗透进原有的真、善、美三大价值观中去，"而使此第四价值领域与前三价值领域，互相渗透，融为一体，使主观与客观并存，使相对与绝对等立，则局面自然改观。"就"真"的情况而言，"大地是个球形，它绕日而转，这已是现代科学上的真理，无待于再论。然我们不妨仍然说，日从东出，从西落，说我此刻直立在地面而不动。……如是，则同一事实，便已不妨承认有两种真理，或两种观念，而且是绝对相反的两种，同时存在了。"至于善与恶、美与丑，情况也大抵如此。如此，便避免了以真、善、美为客观的、绝对的、终极的存在等"容易使人误入歧途之处"，从而弥补了真、善、美三大价值范畴的第二个缺点。

不过，钱先生认为，"适"的价值"决非是绝对的，而依然是相对的，是有限的。依然只能限制在其自己的价值领域之内。越出了它的领域，又有它的流弊，又有它的不适了"。如何解决这个问题呢？钱先生说："人生只是宇宙之一部分，现在只是过去未来中之一部分，而且此一部分仍然是短促狭小得可怜。我们要再将第五种价值领域加进去，再将第五种价值领域来冲淡第四种价值领域可能产生之流弊，而使之恰恰到达其真价值之真实边际的所在者，便是'神'的新观念。"

同样，钱先生也是通过两种途径来"变通扩引""神"的。一是，重新诠释"神"字。什么是"神"呢？钱先生说："以如此般短促的人生，而居然能要求一个无限无极的永永向前，这一种人性的本身要求便已是一个神。……中国人思想中，正认宇宙整体是个神，万物统体也是个神，万物皆由于此神而生，因亦寓于此神而成。……中国人把一个自然，一个性字，尊之为神，正是'唯物而唯神'。"可见，钱先生所说的"神"，并非宗教之"神"，而是宇宙之神妙、自然之神妙、人性之神妙、人心之神妙，即"唯物而唯神"。二是，钱先生将"神"运用到真、善、美三大价值范畴，并论证真、善、美都是"全宇宙性的"，都是"宇宙之一体"，因而都是"唯物而唯神"。

　　值得注意的是，钱先生试图通过对"神"的新释来汇通中西，从而修正真、善、美三大价值范畴的第三个缺点。他认为，巴文克"全量地分析了近代科学之总成绩，到底仍为整个宇宙恭而敬之地加送了它一个'神'字的尊号。这并不是要回复到他们西方宗教已往的旧观念与旧信仰上去。他也正是一个唯物而唯神的信仰者。这是西方近代观念，不是巴氏一人的私见。中西思想，中西观念，岂不又可在此点上会合吗？"不过，巴文克明确地说，其"神"是宗教意义上的"神"①，甚至这一价值只适合宗教人士，显然不是中华文化脉络中"唯物而唯神"的"神"，二者不可同日而语。但钱先生却把它说成"唯物而唯神的信仰者"，并依此会合中西，从而修正真、善、美三大价值范畴的第三个缺点，恐怕难以令人信服。

　　钱先生虽然对"适"推而广之，对"神"也做了新释，但其重点却在将二者运用到真、善、美中去。其结论是："'真、善、美'实在已扼要尽了宇宙统体之诸德，加上一个'适'字，是引而近之，使人当下即是。加上一个'神'字，是推而远之，使人鸢飞鱼跃。真、善、美是分别语，是'方以智'。适与神是会通语，是'圆而神'。"岂不知，从这种论述看，与其说"适"与"神"是同"真""善""美"并列的新价值，不如说它们是三种已有价值的调和剂和扩展器，这等于取消了"适"与"神"的独立性，以致掩盖了巴文克的独特贡献。看来，钱先生最终仍然没有跳出真、善、美的框子，也没有坚持这三大范畴"并不能包括尽人生的一切"的最初判断。

---

① 巴文克所使用的"Holy"一词，在西文中指与"God"和基督教有关的事物。

窃以为，真、善、美三大价值范畴"并不能包括尽人生的一切"的判断是正确的。不仅如此，即使加上巴文克的"适"与"神"以及钱先生对二者的扩充和新释，也未能"扼要括尽了宇宙统体之诸德"，更没有像钱先生所希望的那样能完全弥补真、善、美价值系统的三个缺点。

二、价值及其类型

为什么说真、善、美并没有"扼要括尽了宇宙统体之诸德"呢？回答这个问题，需要首先明确什么是价值，其实质是什么。

就像许多重要的哲学概念一样，学者们对价值的理解也是千差万别的。愚见以为，所谓价值，就是对人的存在最具关切性和重要性的属性。这里的人，既指具体的个人，也包括由个人组成的诸如社群、种族、国家乃至人类等不同层次的共同体。由对价值的判断和选择所形成的观念就是价值观。

什么是人的存在？早在两千三百多年前，孟子就曾经把人的存在分为"小体"和"大体"两个层面："体有贵贱，有小大。无以小害大，无以贱害贵。养其小者为小人，养其大者为大人。""耳目之官不思，而蔽于物，物交物，则引之而已矣。心之官则思，思则得之，不思则不得也。此天之所与我者，先立乎其大者，则其小者弗能夺也。此为大人而已矣。"（《孟子·告子上》）用我们今天的话说，作为"耳目之官"的"小体"就是生理需要、物质享受，是人和禽兽共同拥有的存在形式；而作为"心之官"的"大体"是精神寄托、价值诉求，是只有人才具有的，是人之异于禽兽的本质。前者是人的生物存在，后者是人的精神存在。

就个体的人而言，这一见解至今仍然是正确的。不过，人又是社会性动物，为此我们可以在这两个层面之间增加人的社会存在层面。另外，在精神领域，信仰居最高层面和主导地位，与其他方面处在不同层面上。可以说，信仰是人类精神存在的最高形式。有鉴于此，可以把信仰从精神存在中分离出来。这样一来，人的存在就大致地包括自下而上的四个层面：一是生物存在，二是社会存在，三是精神存在，四是信仰存在。人是以生命作为存在形式的，在这个意义上，这四个层面又可分别称为生物生命、社会生命、精神生命和信仰生命。

这四个层面之间是环环相扣、密不可分的。从客观上看，它们之间是递为体用的关系，即信仰生命为体，则其他三者为用；精神生命为体，则其下二者为用；社会生命为体，则生物生命为用。也就是说，除了信仰生命为纯体、生物生命为纯用之外，精神生命和社会生命皆兼体、用二职。精神生命相对于信仰生命为用，相对于社会生命和生物生命则为体；社会生命相对于信仰生命和精神生命为用，相对于生物生命则为体。从主观上看，它们之间又是递为目的与手段的关系，即信仰生命为目的，则其他三者为手段；精神生命为目的，则其下二者为手段；社会生命为目的，则生物生命为手段。同它们之间的体用关系一样，信仰生命为纯目的，生物生命为纯手段，至于精神生命和社会生命则皆兼目的和手段二职。

如此看来，这四个层面对人存在的意义是不同的，其中信仰生命是最高之体、最高目的，或者说是生命的最高形式，其次是精神生命，再次是社会生命，至于生物生命，则是纯粹之用、纯粹手段。

人的存在既然分为生物生命、社会生命、精神生命和信仰生命四个层面，那么对人的存在最具关切性和重要性的属性当存在于满足这四种生命形式的事物之中。显而易见，能够满足人的生命四个层面之需要的事物分别为物质世界、社会文化、精神文化和信仰文化。其中，物质世界又包括自然物质和物质文化两个方面。

这样一来，价值，即对人的存在最具关切性和重要性的属性，当存在于物质世界、社会文化、精神文化和信仰文化中。存在于这四种事物中的价值，可以分别称为物质价值、社会价值、精神价值和信仰价值。这正是价值的四种类型和四个层面。

同信仰生命、精神生命、社会生命、生物生命之间的关系一样，信仰价值、精神价值、社会价值和物质价值之间也是递为体用、递为目的与手段的关系，即信仰价值为体、为目的，其他三者为用、为手段，精神价值相对于信仰价值为用，相对于社会价值则为体；社会价值相对于精神价值为用，相对于物质价值则为体；至于物质价值，则是纯粹之用、纯粹手段。

三、安：人类信仰价值

信仰是人的最高存在形式。什么是信仰呢？在我看来，信仰就是对生命根本意义的坚信与景仰，由此可以获得心灵的最高自在、最高满足、最高安顿。可以说，它体现了生命的终极关怀，是生命的巅峰状态或巅峰体验，也是人最终的、真正的精神家园。因此，信仰一方面体现了人存在的最高意义，另一方面也为人的存在提供了最可靠的保障。这是个人、群体、民族乃至人类整体所追求的最高目标。

什么是信仰文化中对人的存在最具关切性和重要性的属性呢？或

者说什么是信仰价值呢？巴文克提出的"神圣"、中国台湾辅仁大学校训"真善美圣"中的"圣"，都已经进行了难能可贵的探索。但毋庸讳言，"神圣"也好，"圣"也好，所表达的都只是基督教的价值，不能代表其他宗教的价值，更不能代表宗教以外其他信仰形式的价值。因此，在这里我试图用一个更具普遍性的"安"字来表达信仰的价值。《说文》："安，静也。从女在宀下""宀，交覆深屋也。象形"。段玉裁《说文解字注》改"静"为"竫"，谓"此与宁同意"。徐锴《说文解字系传》："安，止也。从女在宀中。"《尔雅·释诂下》："安，定也。"《玉篇》："安，安定也。"可见，"安"字的本义是，家中有女人，因而安宁、安静、安定、安心、安顿，这当然是站在男子的角度说的。不过，早在春秋时期，人们就用"安"字来表达精神寄托之意。如孔子说："视其所以，观其所由，察其所安。人焉廋哉！人焉廋哉！"（《论语·为政》）这里的"安"，指心之所安，也就是精神寄托。又如，越王勾践说："越国之中，富者吾安之，贫者吾予之。"①对于富者来说，当然无须提供经济等方面的帮助，因而此处的"安"，当指使富者有精神寄托，从而安心。有鉴于此，我用"安"字来表达作为人类精神家园的信仰的价值。这才是价值的最高形式，才是终极价值。

人们一般将信仰与宗教等同起来，这是对信仰的极大误会。宗教并不等同于信仰，而是培育和树立信仰（即安的价值）的途径和方式。不过，除了宗教，人类还可以通过自身的精神和智慧来培育和树立信仰，以达到心灵最高自在、最高满足、最高安顿的生命巅峰状

---

① 徐元诰撰，王树民、沈长云点校：《国语集解》，中华书局2002年版，第557页。

态，从而实现安的价值。我把这种通过人自身、依恃人自身来实现的信仰称为恃人信仰。鉴于宗教主要是借助他者，即依恃外在的神灵和偶像来培育和树立信仰，因而，相对于恃人信仰，我称之为恃神信仰。这就是说，恃人信仰和恃神信仰共同造就了信仰文化。

这里所说的恃人信仰和恃神信仰，大致相当于论者常谈的人文信仰和宗教信仰，而我却认为人文信仰和宗教信仰这对概念过于含混，容易使人误会。首先，在中文语汇中，"人文"和"宗教"缺乏对应性。"人文"最早出现于《周易·贲·彖》："刚柔交错，天文也。文明以止，人文也。观乎'天文'，以察时变，观乎'人文'，以化成天下。"[①]"文"，即纹理，文采。"人文"，指人的文采，也就是礼乐教化，当然包括我们今天所说的"宗教"。其次，"人文"和"宗教"也没有廓清这两种信仰形式的界限。正如上文所说，所依恃路径的不同，才是这两种信仰形式的实质区别。因此，称之为恃人信仰和恃神信仰是恰当的。

尽管我们在理论上将信仰分为恃人和恃神两种形式，但在现实生活中，它们是互相包容、互相渗透的，只是不同的人群会有不同的侧重。就各大文明系统的情况看，西方文明和伊斯兰文明对恃神信仰情有独钟，中华文明和印度文明则以恃人信仰和恃神信仰并行，而中华文明尤其重视恃人信仰。两千多年来对中国影响最大的三个思想体系，即儒、释、道，都含有恃人信仰和恃神信仰两个层面，前者分别存在于儒学、佛学、道家思想中，后者则分别存在于儒教、佛教和道

---

① 徐志锐：《周易大传新注》，齐鲁书社1989年版，第145页。

教中①。其中，恃人信仰的信众主要为社会精英，恃神信仰的信众主要为普通百姓。

值得强调的是，恃人、恃神只是培养和树立信仰路径的不同，其最终的目标则是一致的。好比从不同方向、借助不同手段爬同一座山，虽然路径不同，但最终所到达的是同一个顶峰，即我所说的安的价值，正所谓道通为一。只不过各家对这同一个顶点称谓不一，晚年孔子谓之易（代表孔子晚年思想的《易传》有"易有太极"之语），后儒谓之天，道家谓之道，佛教谓之真如，基督教谓之上帝，伊斯兰教谓之真主，如此等等，其实一也。《易》曰"天下同归而殊途，一致而百虑"，此之谓也。

总之，对安的追求，是各种人生学说所追求的共同目标。就此而言，安可谓人类共同价值。

四、"中和乐"与"真善美"：中西精神价值

在我看来，精神文化主要包括三个方面，即道术、道德和艺术。其中道术一词来自《庄子·天下》篇，这里指探索究极真理所形成的文化现象。

为人们所津津乐道的真、善、美三大基本价值范畴，都属于精神价值的层面。不过，它们都是从西方精神文化中提炼出来的，也就是说，它们展现了西方的精神价值，却不能代表其他文明的精神价值。

---

① "儒"这种文化现象包括作为学术思想的儒学和作为宗教的儒教两种形式，就像道分道家、道教一样，详见本书第七章。

在西方文化中，道术主要表现为科学，因此科学真、道德善、艺术美，就成了人们对真、善、美三大价值范畴与精神文化关系的标准表述。关于这三大价值范畴，学术界讨论已备，兹不赘述。

什么是中华文明的精神价值呢？我以为，在中华文明中，足以担当精神价值之任的是中、和、乐三种价值。也就是说，中华道术、道德和艺术所体现的对人的精神生命最具关切性和重要性的属性分别是中、和、乐，即道术中、道德和、艺术乐。

在中华文明中，道术主要表现在对人道的探索中，而"中"便是中国人人道真理观的最高体现，其地位高于"真"。

"中"即不偏不倚、适中、中正、中道、中庸。从《论语·尧曰》篇看，早在尧舜禹时代，"中"就被当作核心价值与最重要的政治智慧代代相传：

> 尧曰："咨！尔舜！天之历数在尔躬，允执其中。四海困穷，天禄永终。"舜亦以命禹。

其后，"中"又为夏、商、周三代的统治者奉为法宝。如《尚书·汤诰》曰："惟皇上帝，降衷于下民，若有恒性。"[①]蔡沈《书

---

① 笔者认为，《尚书》各部分成书时代不一，其中只有《周书》属于原作，而《商书》是经后人加工整理的，其语言风格和部分思想观念和《周书》相近，故当定型于同时，即西周时期。故出于谨慎，此处将《汤诰》放在西周来讨论。至于《虞书》《夏书》，当由后人根据口头资料加以整理编纂，形成文字，其成书时代当在两周之际。参见拙作《历史文献之于观念史与行动史研究的不同价值——以〈尚书〉为中心的考察》，《中国哲学史》2020年第4期。

集传》曰："衷，中。"①"衷""中"通假在典籍中十分常见，当为确诂。据此，《汤诰》是说"中"由天所降，并成为人性。在最近出土的清华简《保训》中，我们又一次见证了文王临终传"中"于武王的场景："发，朕疾适甚，恐不汝及训。昔前人传保，必受之以同。今朕疾允病，恐弗能终，汝以书受之。钦哉，勿淫！昔舜久作小人，亲耕于历丘，恐求中，自稽厥志，不违于庶万姓之多欲，厥有施于上下远迩。乃易立设稽测，阴阳之物，咸顺不逆。舜既得中，言不易实变名，身兹服惟允，翼翼不懈，用作三降之德。帝尧嘉之，用受厥绪。……昔微假中于河，以复有易。有易服厥罪，微无害，乃追中于河。微志弗忘，传贻子孙，至于成汤，祗服不懈，用受大命。"②在这篇短短的临终遗言里，文王叙述了帝舜探求"中"，以及商之先公上甲微施行"中"，又传之于汤的过程，这也印证了《汤诰》"惟皇上帝，降衷于下民"等记载的可靠性。

《论语·尧曰》对尧、舜、禹传道过程的记述，已经充分表明儒家对"中"的重视，其提出"中庸""中和"等观念绝非偶然。至于老子的"守中"、庄子的"养中"等学说，无疑也是对早期"中"思想的继承与弘扬。无独有偶，佛家以中道为最高真理，大大丰富了中华中道观。

"和"即和合、协同、合作、亲和，是中华文明中的最高道德理念，其地位高于"善"。在先秦时期，"和"的价值是在与"同"的

---

① 国学整理社：《四书五经》，世界书局1936年版，第45、46页。
② 释文据廖名春：《清华简〈保训〉篇"中"字释义及其他》，《孔子研究》2011年第2期。依廖说，"假"读为"加"，训为施、用。"河"当指河内，即黄河以北地区。"复"，回报。"追"，疑读为"敦"，有崇尚、注重义。

比较中凸显出来的。西周时期的史伯就曾指出："夫和实生物，同则不继。以他平他谓之和，故能丰长而物归之；若以同裨同，尽乃弃矣。"（《国语·郑语》）《左传·昭公二十年》记载，晏婴以烹调喻君臣关系："和如羹焉，水火醯醢盐梅以烹鱼肉，燀之以薪。宰夫和之，齐之以味，济其不及，以泄其过。君子食之，以平其心。君臣亦然。君所谓可而有否焉，臣献其否以成其可。君所谓否而有可焉，臣献其可以去其否。是以政平而不干，民无争心。……若以水济水，谁能食之？若琴瑟之专一，谁能听之？同之不可也如是。"他们都认为，"和"即不同事物和美整合，"同"是同一事物简单积累。后来，孔子进而将"和""同"引申为道德范畴："君子和而不同，小人同而不和。"（《论语·子路》）在这里，孔子所强调的也是"和"与"同"的区别。所谓"和"，是指不同的事物结合，又处于一种和谐的状态。所谓"同"，是同一种事物的相加，显得十分单调。因而，和而不同又意味着兼容并包与追求和平。

《周易·乾·彖》更将"和"提升为宇宙法则，提出"太和"这个重要概念："乾道变化，各正性命。保合大和，乃利贞。首出庶物，万国咸宁。""大"，一本作"太"，二字通。朱子曰："太和，阴阳会合冲和之气也。"（朱熹：《周易本义》）在古代文献中，"和"有"会合"之义，尤其就阴阳二气的关系而言。这样一来，从朱子的解释看，"太和"包含两层含义：一是阴阳二气的会合、合一；二是阴阳二气的和谐、调和。"太和"也相应地拥有两个基本内容：一是万物合一，包括天人合一、人神合一、物我合一、主客合一等等；二是万物和谐，包括人与自然的和谐、人与人之间的和谐、人内心的和谐等等。

众所周知，对立统一规律是西方辩证法的根本规律，认为任何事物以及不同事物之间都包含矛盾性，而矛盾双方既对立斗争又统一推动了事物的运动、变化和发展。但从《周易》阴阳八卦观念所反映的中国辩证法看，任何事物以及不同事物之间都包含阴阳两种性质和力量，阴阳二气既和谐又统一推动了事物的运动、变化和发展，所以这种辩证法可以称为"和谐统一规律"。

"和"也是道家和佛家的基本价值范畴。老子一方面以"和"为宇宙法则，"万物负阴而抱阳，冲气以为和"（今本《老子》四十二章）；另一方面又以"和"为常道，即最高道德法则，"和曰常，知和曰明"①。以身和共住、口和无诤、意和同事、戒和同修、见和同解、利和同均为具体内容的"六和"，则体现了佛法的基本道德原则。

至迟在夏、商、周三代时期，中国人就赋予了音乐以道德意义和教化功能，甚至将其与"礼"并称，因而中国早期的艺术精神主要体现在音乐之中，而音乐之"乐"与快乐之"乐"又是密不可分的。《说文》云："乐，五声八音之总名。象鼓鞞。木，虡也。"可见，"乐"的本义是一种乐器，引申为"五声八音之总名"。音乐的功用是让人快乐，正如《礼记·乐记》所说："乐也者，圣人之所乐也""乐，乐其所自生"。《庄子·大宗师》载"回忘礼乐矣"，郭象注也说："乐者，乐生之具。"

鉴于音乐之"乐"与快乐之"乐"的这种密切关系，对音乐的重视必然导致对快乐的追求，这从早期典籍中大量出现的"乐"字可以

---

① 郭店本《老子》，见荆门市博物馆编：《郭店楚墓竹简》，文物出版社1998年版。

窥见端倪。以《诗经》为例，如："窈窕淑女，钟鼓乐之"（《诗经·周南·关雎》）；"逝将去女，适彼乐土。乐土乐土、爰得我所"（《诗经·国风·魏风·硕鼠》）；"鼓瑟鼓琴，和乐且湛。我有旨酒、以燕乐嘉宾之心"（《诗经·小雅·鹿鸣》）；"傧尔笾豆，饮酒之饫。兄弟既具，和乐且孺"（《诗经·小雅·常棣》）；"南山有台，北山有莱。乐只君子，邦家之基。乐只君子，万寿无期"（《诗经·小雅·南山有台》）；"菁菁者莪，在彼中阿。既见君子，乐且有仪"（《诗经·小雅·菁菁者莪》）；等等。由此可见，"乐"为中华最高艺术价值，其地位高于"美"。

"乐"也是儒家、道家、佛家的共同价值。见于《论语》的孔颜乐处一直为后儒所称颂，《庄子·至乐》中的"至乐""天乐"则是一种与道冥合的超然之"乐"，更不用说佛教所描绘的西方极乐世界了。

"乐"的价值深刻影响了中华艺术精神。中华艺术不是不讲究"美"，但"美"不过是实现"乐"的途径而已，可谓"寓美于乐"。在中华艺术世界，不仅音乐令人欢乐，中国传统书画也总给人以赏心悦目的享受，而中国的戏剧则以喜剧为主，往往以大团圆收场，就是这个道理。另一方面，"乐"的价值也塑造了中国人的性格和中华民族精神。中国古代文化名人几乎都是乐观的和积极向上的，即使李煜、李清照所留给我们的那些忧伤词句，仍然散发着对生命的热爱，可谓"忧中有乐"。因此，中华是一个乐观向上的民族，"乐"的价值与有功焉。与此不同，西方艺术以"美"为最终鹄的，而"乐"与"美"常常并不一致，甚至相互对立，这样一来，西方人以悲剧为戏剧的最高形式也就不足为怪了。这种价值取向和艺术精神，也同样制约着西方人的人格和民族精神。君不见，许多西方文化名人是抑郁症患者，甚至是疯子，这不得不归因于对"美"的倚重和对"乐"的忽视。

总之，早在夏、商、周三代甚至以前，中、和、乐就被奉为重要价值范畴，至春秋、战国乃至在后来儒、释、道三足鼎立的局面中，它们一直是各家各派共同尊奉的基本价值，分别体现了中国人的真理观、道德观和艺术观，故三者足以构成中华文明的精神价值。

值得注意的是，我们说西方精神价值为真、善、美，中华精神价值为中、和、乐，是就各自的核心价值而言的，并不是说中华精神价值中没有真、善、美，西方精神价值中不存在中、和、乐，也不是说它们就是中西精神价值的全部。换言之，除了这六种价值外，我们还可以从中西文明中总结出形形色色的精神价值。

五、"自然仁义慈悲"与"民主自由平等"：中西社会价值

近代以来，诸如民主、自由、平等等被称为普遍价值的观念受到人们的青睐。如何看待它们在价值系统中的地位呢？我以为，有两点是明确的：其一，它们都属于社会价值；其二，它们都是对西方社会价值的总结，不能代表其他文明的社会价值。

在漫长的历史演变过程中，任何文明都会逐渐形成自己的社会价值系统。那么，中华社会价值有哪些呢？在博大精深的中华文化中，社会价值不胜枚举，但要想从中选出若干最有代表性的，却并非易事，难免见仁见智。我认为，对最能反映中华社会价值的思想文化体

系加以提炼，是一条稳妥的途径。

数千年来，最能反映中华社会价值的思想文化体系是道、儒、释三家，其核心价值分别是自然、仁义和慈悲。我以为，此三者可以作为中华社会价值的代表。

老子的最高概念是"道"，"道"是以"自然"为法则。他说："有状混成，先天地生，寂寥，独立，不改，可以为天下母。未知其名，字之曰道，吾强为之名曰大。……人法地，地法天，天法道，道法自然。"①这意味着"自然"代表道家的核心价值观。

何为"自然"？《说文·王部》："皇，大也，从自。自，始也。"另据王引之《经传释词》卷七："然，状事之词也。若《论语》'斐然''喟然''俨然'之属是也。"综之，"自然"的本义为初始、本来的样子。老子主张，世间万物，包括人、地、天、道，都应"法自然"，即依其本性而存在。就人的精神状态而言，要保持虚静质朴。如郭店本《老子》说："致虚，恒也；守中，笃也"；"视素保朴"。今本《老子》亦云："致虚极，守静笃"（十六章）；"载营魄抱一，能无离乎？专气致柔，能如婴儿乎？涤除玄览，能无疵乎？"（十章）就社会道德而言，要弃绝人为、谋虑等背离道、背离自然的因素，这样人民才能复归孝慈等传统道德："绝知弃辩，民利百倍；绝巧弃利，盗贼无有；绝伪弃虑，民复孝慈。"（郭店本《老子》）就政治而言，要无为而治："是以圣人居无为之事，行不言之教。万物作而弗始也，为而弗恃也，成而弗居。夫唯弗居也，是以弗去也。"（郭店本《老子》）

---

① 郭店本《老子》，见荆门市博物馆编：《郭店楚墓竹简》，文物出版社1998年版。

　　后来，庄子在老子"自然"的基础上，特别突出精神的"自然"状态。这是一种比西方的个体自由更加根本的自由形式，即超绝的精神自由、生命自由。

　　总之，作为一种价值观，自然表现为精神上的虚静、自由，道德上的纯真、纯朴，政治上的无为而治。

　　儒家的核心价值观，早在西汉时期的董仲舒就已经归结出"五常"，即仁义礼智信，如若从中再加提炼的话，我以为非"仁义"二字莫属。孔孟都将"仁"解释为"爱人"。樊迟问仁，孔子回答说"爱人"（《论语·颜渊》）。孟子也说："仁者爱人，有礼者敬人。"（《孟子·离娄下》）一言以蔽之，所谓"爱人"，即对生命的热爱、珍惜与尊重。无疑，这是一种内心体验，所以孟子又说："仁，人心也。"（《孟子·告子上》）

　　儒家强调推己及人。具体地说，儒家的"仁"包括三个由内及外的层面。一是对自我生命的珍惜与尊重，"志士仁人，无求生以害仁，有杀身以成仁"（《论语·卫灵公》）。贪生怕死看上去是保护生命，实际上是舍本逐末，是对生命的践踏与侮辱，因为生命的本质不在于躯体，而在于生命的精神价值。因此，在必要的时候献上自己的躯体，才是对生命真正的珍惜与尊重，才是对仁的成全。二是对父母兄弟的热爱，"孝悌也者，其为仁之本与！"（《论语·学而》）三是对所有人的热爱。"子贡曰：'如有博施于民而能济众，何如？可谓仁乎？'子曰：'何事于仁，必也圣乎！'"（《论语·雍也》）

　　如何才能为仁呢？在孔子看来，为仁之方就在于以己度人、将心比心的心理过程。从积极的方面看："夫仁者，己欲立而立人；己欲达而达人。能近取譬，可谓仁之方也已。"（《论语·雍也》）从消极的方面看："仲弓问仁。子曰：'出门如见大宾，使民如承大祭。己所不欲，勿施于人。在邦无怨，在家无怨。'"（《论语·颜渊》）

仁政思想是儒家仁学的重要组成部分。孔子认为，推行孝悌教化也是为政的一种方式："《书》云：'孝乎惟孝，友于兄弟。'施于有政，是亦为政，奚其为为政？"（《论语·为政》）我们知道，有子曾经说过："孝悌也者，其为仁之本与！"（《论语·学而》）据此，将孝悌用于政治，可谓之仁政。不过，这种萌芽状态的仁政只是孔子政治思想中的一个侧面，其政治主张的基本倾向，可以用"德治"二字来表达。后来，孟子明确地提出仁政思想，这是对孔子"德治"思想的继承和发展。仁政的实质是重民、以民为本。

"义"是儒家的另一个核心价值。《礼记·中庸》说："义者，宜也。""义"就是适宜、应当、正当。由这种含义，可引申出正义、公平的意思。如果说"仁"是一种内心欲求的话，那么"义"则更多地出自外在因素，因为作为其标准的"道"是外在的。

总之，作为一种价值观，"仁义"含有仁爱、仁政、民本、正义、公正等丰富的含义。

佛教和其他宗教的最大不同，是主张不通过外在的神灵，而依靠自身的智慧来得到解脱。人们常说的"般若波罗蜜多"，意思就是以内心广大无边的智慧来超脱世俗困苦，到达彼岸，这个过程也被称为智慧度或智度。按照佛教教义，不但要自度，还要度人，让众生得到解脱，颇有儒家"己欲立而立人，己欲达而达人"（《论语·雍也》）、"诚者，非自成己而已也，所以成物也"（《礼记·中庸》）的情怀。在佛教的话语中，这就是慈悲。

《华严经》说："菩萨但为教化救护众生，从大慈悲来，灭众生苦故。"（晋译《华严经》卷六十）菩萨普度众生源自大慈大悲，为的是解除众生的苦难。《观无量寿佛经》则说："佛心者，大慈悲是。"《大智度论》更明确指出："慈悲是佛道之根本。"（卷二十七）据此，如果我们把慈悲作为佛教的核心价值，大概是不会有争议的。具体言之，慈和悲的含义是不同的，正如《大智度论》所说："大慈，与一切众生乐；大悲，拔一切众生苦。大慈，以喜乐因缘与众生；大悲，以离苦因缘与众生。"（卷二十七）慈是慈爱众生并给予他们快乐，悲是悲悯众生并拔除其苦难。看来，就像儒家的仁、义一样，佛教的慈、悲也是相辅相成的价值理念。

佛教的慈悲精神，不限于人类，也遍及包含花草树木在内的一切生命，乃至无生命的山水土石。这和儒家的民胞物与观念相得益彰，对于我们今天生态和环境保护来说，很有意义。

同中西精神价值一样，我们说西方社会价值为民主、自由、平等，中华社会价值为自然、仁义、慈悲，也是就各自的核心价值而言的，双方都拥有对方的核心价值，只是不凸显，不能作为其核心价值而已。另外，除了这六种价值之外，我们还可以从中西文明中总结出各种各样的社会价值。

需要说明的是，民主、自由、平等主要为现代西方社会价值。至于传统西方社会价值，包括关爱、恩慈、忍耐等基督教价值，则与中国传统社会价值十分相似。

六、用：人类物质价值

什么是物质价值？也就是说，什么是物质世界中对人的生物生命最具关切性和重要性的属性？巴文克以"适合"来表达工业技术的价值，而工业技术属于物质文化的层面。因此，"适"的提出说明巴文克已经在思考物质文化的价值问题了。不过，我觉得如果像钱穆先生那样将"适"字作为真、善、美三大价值范畴的调和剂和扩展器，还是可以理解的，但如果将其作为一个独立的价值范畴，恐怕尚嫌勉强。试问，哪一种价值不是对人之生存、人之需要的"适合"呢？

相比之下，在我看来"用"字更能准确、全面地反映物质价值，即物质世界中对人的生物生命最具关切性和重要性的属性。何为"用"？《说文·用部》："用，可施行也。"《汉书·贾谊传》载"彭越用梁"，颜师古注引晋灼曰："用，役用之也。"《周礼·春官·典路》载"与其用说"，郑玄引郑司农云："用，谓所宜用也。"《国语·周语中》载"以备百姓兆民之用"，韦昭注："用，财用也。""可施行"就其实用性而言，"役用之"就其被动性（为人所役、服务于人）而言，"宜用"就其适宜性、适合性而言，"财用"就其物质性而言。因而，"用"字已经充分表达了物质世界中对人的生物生命最具关切性和重要性的属性，"用"的价值既适用于物质文化，也适用于自然物质。

不过，我们说"用"是物质世界中对人的生物生命最具关切性和重要性的属性，并不意味着包括自然物质和物质文化在内的物质世界只有物质价值。事实上，物质世界对于人存在的其他层面，包括社会生命、精神生命和信仰生命，都是具有一定价值的。不过，这种价值是非常有限的，远远无法与上文所讨论的那些不同层面的核心价值相提并论。正如钱穆先生所说："我们讲古代文化，定会提到埃及金字塔。……金字塔之伟大，诚然无可否认。由于此项建筑，我们可以连想到古代埃及人的智慧聪明和当时物质运用的能力。若非这些都有一甚高水准，试问怎会创出那些金字塔？但我们也该进一步问，那些金字塔对于埃及的社会人生究竟价值何在？意义又何在？古的不提，且论现代。如我们提及太空人，提及把人类送上月球，不是当前一项惊天动地的壮举吗？这也十足可以说明近代人之智慧聪明及其运用物质的能力，到达了那样高的水准。但我们不免要问，这样一项伟大工作，究竟对于现世界，现人生，实际贡献在那里？其价值何在？意义又何在？……不论你我在太空轨迹中能绕多少圈，谁能先送一人上月球，但人生理想，究不为要送人上月球。送人上了月球，依然解决不了当前世界有关人生的种种问题。换言之，此仍非人生理想以及人生的意义价值所在。"①尽管我们不能说钱先生所罗列的那些物质文化成就毫无意义、毫无价值，它们至少在一定程度上满足了我们生命中与生俱来的好奇心和求知欲，但总起来说它们对人类生存的相关性和重要性的确微乎其微。

　　对"用"的追求，是全人类生物生命的共同追求，因而它是人类共同价值。

---

① 钱穆：《中国文化与中国人》，见《中国历史精神》，收入《钱宾四先生全集》（第29卷），台北联经出版事业公司1998年版，第163、164页。

七、中西价值系统之比较

以上我们从价值的四个层面大致地勾勒出了中西价值系统的基本轮廓，如下表所示。

价值类型	中华价值系统	西方价值系统
信仰价值	安	
精神价值	中、和、乐	真、善、美
社会价值	自然、仁义、慈悲	民主、自由、平等
物质价值	用	

横向地看，在价值的四个层面中，作为最高层面的信仰价值和作为最低层面的物质价值是中西共同价值，也是人类共同价值，而中间两个层面即精神价值和社会价值，都具有鲜明的民族性。这是由各个价值类型的性质决定的。由于物质价值所满足的是人的生物生命，而全人类的生物生命大致相同，都需要物质来维持和延续，因而人类各文明具有相同的物质价值是必然的。与此不同，由于各种主客观条件的限制，各个文明的社会文化千差万别，这就决定了各个文明的社会价值也是丰富多彩的。这样一来，各个文明精神价值的差异，就更容易理解了。一方面，精神文化受制于社会文化，而各个文明的社会文化本来就千差万别；另一方面，精神文化具有更大的主观性和任意性，因而更容易导致价值文化的多样性。不过，无论各个文明的社会价值和精神价值多么不同，全人类的最高追求都是一样的，那就是生命的安顿，也就是信仰价值。

纵向地看，由于中西思维方式和文明形态的差异，中西价值系统
具有不同的特点。首先，在西方分析性思维方式的影响下，西方价值
系统物质价值之外的三个层面之间的界限比较清晰，表现为中断性的
特征；而在中华整体思维方式的主导下，中华价值系统的这三个层面
之间没有明显的界线，甚至你中有我，我中有你，表现为连续性的
特征。其次，中华价值系统立足于主观世界，可称之为"主观型价
值"；西方价值系统立足于客观世界，可称之为"客观型价值"。再
次，正是由于这个原因，中华价值系统注重追求人的内在价值，是一
种"内倾型价值"；西方价值系统则侧重追求外在世界的价值，为一
种"外倾型价值"。对于这一点，钱穆先生有很好的论述。他把人类
文化分为"外倾性"和"内倾性"两种类型，认为西方文化为"外倾
性"的，中华文化属"内倾性"的，并指出："西方人只看重人在外
面的表现，没有注重到它内在的意义与价值。……他们所表现在外的
尽辉煌、尽壮阔，但似乎都未免看重了外面而忽略了人本身的内在意
义与价值，因此不免太偏重讲物质、讲事业。但物质备人运用，事业
由人干济，而人则自有人的内容和意义。"[1]我把中西价值系统分别
称为"外倾型价值"和"内倾型价值"，即借用钱先生的说法。

总起来说，中西价值系统都有其长处，也都有其不足。具有整体
性、主观性、内倾性特点的中华价值系统的优势是充分挖掘人类自身
的价值，牢牢把握主体性，不足是过于忽略外在世界，以致不能自发
产生包括现代科学、民主政治在内的现代性。具有分析性、客观性、

---

[1] 钱穆：《中国文化与中国人》，见《中国历史精神》，收入《钱宾四先生全集》（第29
卷），台北联经出版事业公司1998年版，第175页。

外倾性特点的西方价值系统的优势在于充分认识外在世界，从而自发产生现代性和现代化，其缺陷是导致了人为物役、精神失落乃至价值扭曲等种种弊端。

八、从价值的本原看价值的民族性与世界性

既然如此，应该如何看待价值的世界性与民族性？不同文明的价值系统有无融通的基础与可能性呢？回答这些问题，需要首先厘清价值的本原。

价值从何而来？流行的观点认为，价值是主体与客体之间的意义关系，即客体对于主体的意义。当某种客体能够满足主体的某种需要时，表明它有某种价值。就是说，价值取决于客体，也来源于客体。

但从本文的讨论看，除了作为价值最低层次的物质价值包含自然物质价值外，其他价值皆存在于文化之中，而文化是人创造的，所以价值也是人所创造的，是人的思维和意识的延伸。在这个意义上，价值源于人自身，存在于文化中的价值是人所体认和发现的价值的外化。因此，虽然价值有时候是由外物引起的，就如学者们所说，体现在主体与客体的关系中，但外物并非其产生的必要条件。也就是说，人靠自身的力量便可发现价值、产生价值。更为重要的是，那些由外物引起的价值，并非来自外物，而是来自人的内心，是人的内心借助于外物而形成的。

在这里，我之所以不用"主体"这个概念，是因为它是与"客体"相对的。一旦我们提到"主体"，就意味着它是那个与"客体"相对的事物。但事实上，人并非全然依赖于外物、依赖于所谓的"客

体"而存在。就人的生物生命、社会生命、精神生命、信仰生命四个自下而上的生命层次而言，层次越高，其对外物的依赖性就越低，至于精神生命乃至信仰生命，则往往对外物无所依赖。

不过，人心并不是价值的最终本原。世间的一切，当然包括人类价值，皆来自作为宇宙之本原、世界之本体的道体。

道哲学认为，道体是一个超越的和绝对的本体世界。它无边无际、无穷无尽、无所不包、不生不灭，是一个绝对的"大全"和一切存在者之母。道体由值、气、理三种基本元素构成。其中值是价值的存有、意义的存有；气是质料的存有，为物质世界的本原，也就是古人所说的气之本体；理是理则的存有、知识的存有。值、气、理相搏聚而成太极，这就是被现代科学家称为"奇点"的原始原子。太极生万物（"奇点"爆炸后演变为万物），其自身即存在于万物之中，以成万物之性。就像道体、太极由值、气、理三元素构成一样，人性亦由值之性、气之性、理之性构成（详见本书第十五章）。如此看来，道体才是价值的本原，而通过人性，人自身也成了价值的承载者。这无疑是说，人性乃道、人相合之处。或者按照传统的说法，人性是天人合一之处。至于钱穆先生所说的"只有在人生与宇宙之近合处，乃始有真、善、美存在"，亦当作如是观。这样一来，钱先生所担心的真、善、美三大价值范畴那些"容易引人走入歧途的所在"，也就自然化解了。

人们对价值的体认与发现，一方面来自道体，另一方面来自人性。由于道体是一个无穷无尽的价值源泉，因而人类对道体所蕴含价值的体认与发现也是永无止境的。任何人对道体所蕴含价值的体认与发现皆不过以蠡测海，永远不可能穷尽它。迄今为止，人类对道体所蕴含价值的发现，包括信仰价值、精神价值、社会价值和物质价值，不过沧海一粟而已。至于真、善、美，仅仅是西方的精神价值而已，既不能反映其他文明的精神价值，也不能代表信仰价值、社会价值和物质价值三个价值层面，远远不能涵盖价值的全部。

既然价值是对人的存在最具关切性和重要性的属性，而所有人的存在形式即生命形式是相同的，因而从理论上说所有人对价值的需求也是相同的。在这个意义上，道体所蕴含的所有价值都潜在地适用于所有人。

不过，不同的人、不同的族群和不同的文明都是在社会实践过程中逐渐体认和发现价值的。一方面，由于他们具有共同的价值需求，所以会不约而同地发现相同的价值，作为信仰价值的"安"和作为物质价值的"用"就属于这种情况。另一方面，由于各种主观、客观条件的限制，他们也可能发现价值的不同层面，这就形成了价值的民族色彩，上文阐述的中西精神价值和社会价值就属于这种情况。

这些价值虽然是某个民族首先发现或倚重的，具有民族色彩，但这不能否定其普适性和世界意义。事实上，由于道体所蕴含的所有价值都潜在地适用于所有人，因此不同人、不同族群和不同文明所体认和发现的价值也潜在地适用于所有人。也就是说，这些本来潜在地适用于所有人的价值，只是偶然为某一文明所首先发现或倚重而已。就此而言，不同人、不同族群和不同文明所体认和发现的价值都属于人类共同价值，这就与中国人发明的纸、西方人发明的汽车都适用于全人类一样。这样一来，人类共同价值就可以分为两种，像"安""用"这些已经被全人类认同的价值，可称为"已然的人类共同价值"；那些具有民族色彩而尚未被全人类认同的价值，可称为

"潜在的人类共同价值"。

既然如此，这些具有民族色彩的"潜在的人类共同价值"就是可以相互融通、相互补充的。世界上各个族群、各个文明之间只有相互学习，相互吸收，取长补短，才能更加茁壮，更加强大，世界一体化的进程才能更加平稳，更加踏实。因此，中西价值系统的互鉴与融通势在必行！

第二章
从思维方式看中西文化风格的差异与融通

一、书写形式、思维方式与文化风格[①]

一种文化的风格特点，总是在一种思维方式影响下形成的。那么不同的思维方式又是如何形成的呢？原因是多种多样的，但我认为，书写形式的差异，是一个重要根源。

现代脑科学研究证实，大脑左右两半球的分工是不同的。右半球主要处理各种各样的形象，左半球主要处理形形色色的语言符号。这表明左右两半球的思维工具不同，右半球的主要思维工具是形象，我们可以称这种思维为形象思维；左半球的主要思维工具是符号和语言，我们可以称这种思维为语言思维。语言是形象的象征性符号，形象是语言代表的意义。在大脑中，形象和语言、形象思维和语言思维之间并不是漠不关心的。相反，连接大脑两半球的胼胝体以难以想象的速度传递左右脑的信息。

---

① 本节内容曾以《文字·思维·文化——一个中西比较的尝试》为题刊于《东岳论丛》1988年第3期，收入本书时稍有修改。

　　固然，文字是语言的书写符号，它不同于语言，不等于思维的工具。但是作为人们最经常使用的交流工具，文字对思维无疑有着不可低估的影响。西方语言的书写形式是字母文字，这种文字既不表形，也不表意，而仅仅表音。也就是说，它完全割断了与形象的直接联系，是一种纯粹的记录语言的符号。这种纯粹记录语言的字母文字频繁地、广泛地刺激人们的大脑，就逐渐地形成了西方人长于语言思维的特点，使之语言思维特别发达。而汉语书写符号是方块汉字，它不仅表音，而且还能表形、表意。这种音、形、意互相联系的文字，为形象思维提供了方便的工具，使中国人长于形象思维。

　　文字影响思维方式，思维方式又会进一步影响文化风格。中西文字和思维方式的不同，使中西文化表现出各自的独特风貌。

　　西方学者认为，语言和思维是相互依赖的。如黑格尔就声称："思维形式首先表现和记载在人们的语言里。"[1]杜威也指出："吾谓思维无语言则不能自存。"[2]而我们的语言学教科书则反复强调，语言和思维是外壳和内核的关系。与此相反，许多中国学者却认为自己思想的最高境界是无法用语言表达的，如"道可道，非常道；名可名，非常名"（今本《老子》一章）、"可以言论者，物之粗也；可以意致者，物之精也"（《庄子·秋水》）、"书不尽言，言不尽意"（《周易·系辞上》）、"不著一字，尽得风流"（《诗品·含蓄》）等等。

　　中国人和西方人在思维和语言关系上的差异，直接影响了他们对

---

[1]　黑格尔：《逻辑学》，杨一之译，商务印书馆1966年版，第7页。

[2]　杜威：《思维术》，刘伯明译，中华书局1933年版，第174页。

语言学的兴趣。为了更好地发展、提高自己的思维能力，西方人很早就重视对语言的研究。自古希腊时期以来，语言学就"变成'人文科学'和'自然科学'之间的一门独立学科"①，一直到近现代，西方的语言学仍是遥遥领先的。而中国人的思维对语言的依赖性小，与此相应，中国人对语言研究就不那么重视。在中国古代，语言学一直没有得到独立发展。孔子早就提倡："辞达而已矣。"（《论语·卫灵公》）传统的音韵学就是文学和经学的附庸，人们只是为了写好诗赋和训诂经书才去研究它。学者们甚至把文字、音韵、训诂贬称为"小学"。直到十九世纪末，马建忠才照搬西方的语言理论，写成中国第一部语法著作《马氏文通》。此后，中国的语言学才逐渐独立发展起来。

中西思维的不同特点，还深刻地影响了中西文化的不同气质。中国哲学史上的三大流派"儒、道、佛"都强调内心的反省、体验与觉悟。儒家先贤曾参说过"吾日三省吾身"（《论语·述而》），以反省为必不可少的修身手段。道家则更进了一步，如王弼认为："忘象者，乃得意者也；忘言者，乃得象者也。得意在忘象，得象在忘言。"（《周易略例·明象》）语言，甚至形象都成了束缚思想的桎梏，思想修养达到了一定程度，形象和语言都不存在了。这个传统在佛教徒那里达到了登峰造极的地步。慧能虽然不识文字，却能以力主"顿悟"成为禅宗南宗的鼻祖。后来，禅宗干脆主张"不立文字"，彻底抛弃语言文字，用纯粹的直觉传递那些被认为不可表达的奥妙，"棒喝"就是其主要形式之一。因此，佛教之所以在中国发展起来，

---

① 《语言与语言学词典》，上海辞书出版社1981年版，第201页。

禅宗之所以在中国产生，中国形象思维的土壤是一个不容忽视的原因。与此相应的是，在中国学术史上形成了一系列玄而又玄的概念，如阴阳、元气、意境、神韵、风骨、虚实……举不胜举。

在语言思维影响下的西方文化和西方哲学，表现出了另一种风格。西方哲学家们总是以语言的严密性和思辨性见长。古希腊的哲学家们如此，近现代西方哲学家们也如此。因而，在某种意义上讲，西方哲学是一种语言思辨的哲学。与此相应，西方学术史上的概念也是相当明确的。

专家认为，形象思维具有模糊性，这是中国人思维的特点。相对地讲，语言思维具有精确性，这是西方人思维的特点。中西思维的这种不同特点，在各自的语言体系中都留下了痕迹——固然，这同中国人和西方人对语言研究的不同态度也有一定关系。也就是说，西方语言是比较精确的，汉语，尤其古代汉语则比较模糊（由于大量西方译名的输入，现代汉语正在向精确化发展）。同一个意思，中西哲人的表达风格各异。如老子说："有无相生，难易相成，长短相形，高下相倾，音声相和，前后相随。"（今本《老子》二章）类似的意思在赫拉克利特那里却变成了"统一物是由两个对立面组成的，所以在把它分为两半时，这两个对立面就显露出来了"[1]。孔子对智慧的定义是："知之为知之，不知为不知，是知也。"（《论语·为政》）亚里士多德却说："智慧就是有关某些原理与原因的知识。"[2]虽然把赫拉克利特和亚里士多德的语录译成了现代汉语，但其精确性仍未泯

---

① 上海师范学院等编选：《欧洲哲学史原著选编》，福建人民出版社1981年版，第5页。

② 亚里士多德：《形而上学》，吴寿彭译，商务印书馆1982年版，第3页。

灭，而老子和孔子的语录就必须通过一番领会才能得到其真谛。

从上述比较中我们还可以发现，表面上看，古希腊哲学家的语言具有鲜明的抽象性、概括性，而中国先哲的语言具有突出的具象性、比喻性。但这并不是说中国人的思维缺乏抽象。其实，在这种具象性、比喻性的背后，中国先哲的语言表达了与西方哲人所揭示的同样抽象的道理。所以，有些人认为西方人的思维富于抽象，中国人的思维缺乏抽象，这是一个错觉。有谁能说"得意忘象"不是一种抽象？有谁能说"心通""冥合"不是一种抽象？只是它们扑朔迷离、难以表达而已。甚至一向贬斥中国哲学的黑格尔也不得不承认，《周易》中"那些图形的意义是极其抽象的范畴，是纯粹的理智规定"[1]。

长期以来人们把抽象思维（确切地说是语言思维）与逻辑思维混为一谈，所以那些认为中国人的思维缺乏抽象的人，也往往断言中国人的思维缺乏逻辑。这同样是错觉。所谓逻辑，就是客观规律性。其实，反映客观规律性的思维就是逻辑思维，而形象思维也反映了客观规律性，当然也是一种逻辑思维。

我们不否认，语言思维和形象思维的抽象性、逻辑性具有不同的特点。语言思维的抽象性、逻辑性存在于语言之中，在语言表达中显而易见，因而是外在的，而形象思维的抽象性、逻辑性存在于形象之中，在语言表达中则不那么显著，因而是潜在的。这正是造成以上各种错觉的根源。

中西思维方式的这些特点，造成了中西学者在理论体系上的不同

---

[1]　黑格尔：《哲学史讲演录》（第1卷），贺麟、王太庆译，商务印书馆1959年版，第120页。

风格。也就是说，中国学者的理论体系是潜在的、模糊的，而西方学者的理论体系是外在的、清晰的。也就是说，中国的学术并非没有自己的体系，那种认为中国缺乏理论体系的观点是站不住脚的。

形象思维是通过直观或直觉把握事物的，这就自然地决定了这种思维方式把握的是事物的整体，而非局部——人们用直观或直觉去感知一个事物的局部而舍掉其他部分是相当困难的。当我们想象桌子的形状时，我们的大脑中出现的总是整个桌子，既不是桌子面，也不是桌子腿。同样，我们想象桌子面或桌子腿的形状时，它们总是同整个桌子合为一体的，难分难舍。因而，这种思维方式具有整体性。相反，语言思维的工具是语言，这就给具体分析带来了方便。人们在运用"桌子""桌子面""桌子腿"等语词概念进行思考的时候，它们都是完全独立、互不牵制的。因而，这种思维方式具有分析性。

形象思维的整体性和语言思维的分析性分别给中西文化打下了自己的烙印。中国学者的著作，大多是综合的，一部《论语》，囊括了孔子的政治思想、哲学思想、教育思想、心理学思想、伦理学思想等内容。而西方的学术著作，一般是分门别类的，如亚里士多德的逻辑学著作是《工具论》，心理学著作是《论灵魂》，美学、艺术理论方面的著作则以《修辞学》《诗学》为代表，此外还有《政治学》《雅典政制》等政治学方面的著作。在物质文化方面，以北京故宫、曲阜孔庙为代表的中国建筑，具有鲜明的完整性，而西方的建筑则颇具错落有致、不拘一格的情趣。

语言思维的分析性与精确性是相辅相成的。为了更加精确，必然要求具体分析；只有具体分析，才能更加精确。它们表现在艺术创造上，是求真与再现。西方的艺术家们为了把人体画得更逼真，往往在人体解剖学上下功夫，他们力图再现艺术创造的对象。古希腊、古罗马艺术家们的雕塑品，使当代艺术大师们叹为观止；达·芬奇画蛋的求真态度，已成为妇孺皆知的美谈。这种真的、再现的艺术是符合西方审美观的。亚里士多德就说过："维妙维肖的图象看上去却能引起我们的快感。"①西方艺术的特色，就在于这种如临其境、如闻其声、如见其貌的真实感。

形象思维的整体性与模糊性表现在中国人的美学观上是求似与超脱。中国的艺术家们不在求真上下功夫，而是追求一种"超真"的艺术效果。中国画的特色就在这里，几条线、几点墨就能给人以美的享受，即国画大师齐白石老人所说的"妙在似与不似之间"。无独有偶，司空图早在《诗品》里就说过"离形求似"，可见这是一个传统。无论是中国的画，还是诗，总能给人一片无限想象的天地，使人们回味无穷。"味摩诘之诗，诗中有画；观摩诘之画，画中有诗。"（《苕溪渔隐丛话》前集，卷十五）苏东坡对王维的定评，一语道破了中国艺术的特色。其实，在中国艺术史上，何独王维的诗是如此呢？"平林漠漠烟如织，寒山一带伤心碧"，这不正是一幅用饱蘸忧愁的笔墨描绘出的图画吗？又何独王维的画是如此呢？敦煌壁画中的佛像，那种既大智大悟，又天真纯净，既莞尔而笑，又庄严静思的神态，不正是一首绝妙的诗吗？这都是中国传统思维方式结出的硕果。

综上所述，中华文化和西方文化是人类思维之树上的两朵奇葩，

---

① 亚里士多德、贺拉斯：《〈诗学〉〈诗艺〉》，罗念生、杨周翰译，人民文学出版社1962年版，第11页。

互有优劣，各具独特风貌，在历史上争奇斗艳，各领风骚。因此，不能笼统地划分谁好谁坏，贬低一方，抬高一方。那种贬低方块汉字和形象思维，抬高字母文字和语言思维的论调，事实证明是站不住脚的。

二、科学与技术①

2004年9月3日，杨振宁在北京人民大会堂"2004文化高峰论坛"上做题为《〈易经〉对中华文化的影响》的演讲，认为"《易经》影响了中华文化中的思维方式，而这个影响是近代科学没有在中国萌芽的重要原因之一"。其根据，主要有两条。一曰"中华传统文化的一大特色是有归纳法，可是没有推演法"；二曰"有'天人合一'的观念"，而"近代科学一个特点就是要摆脱掉'天人合一'这个观念，承认人世间有人世间的规律，有人世间复杂的现象，自然界有自然的规律与自然界的复杂现象，这两者是两回事，不能把它合在一起"②。杨先生认为，这两点都是在《周易》的影响下形成的。对此，需要做具体分析。

《周易》本来是一部占卦书，因而许多人想当然地认为，这部书的内容属于迷信思想，与科学无关，甚至是反科学的。其实，这部著作所包含的丰富的科学道理，一直受到充分的肯定。正如《四库总目提要》所说："《易》道广大，无所不包，旁及天文、地理、乐律、

---

① 本节部分内容曾以《近代科学为什么没有在中国产生》为题刊于《中国青年报》2004年10月25日。

② 杨振宁：《〈易经〉对中华文化的影响》，《自然杂志》27卷1期。

兵法、韵学、算术，以逮方外之炉火，皆可援《易》以为说。"①这就不难理解，为什么《周易》曾对中国古代科学技术的发展产生了巨大的影响。其实，此书对西方科学发展的影响，也是有案可稽的。学者们根据莱布尼茨去世当年的通信等文献，证实这位德国著名数学家和哲学家所发明的二进制的确源于先天八卦图。

关于《周易》和近现代科学的关系，学者们的意见颇不统一。有的认为易理合于近现代科学，有的则认为二者不可同日而语。尽管如此，像杨振宁先生这样明确地称《周易》对"中华文化的思维方式"影响"是近代科学没有在中国萌芽的重要原因之一"的，却并不多见，这或许是杨先生宏论一出便引起极大关注的原因之一。

《周易》是否真的只有归纳法，没有推演法？首先，我们看《周易》的形成过程。相传《周易》古经的形成主要经历了两个阶段，即伏羲作八卦和文王将其发展为六十四卦。对此，《汉书·艺文志》是这样记述的："《易》曰：'宓戏氏仰观象于天，俯观法于地，观鸟兽之文，与地之宜，近取诸身，远取诸物，于是始作八卦，以通神明之德，以类万物之情。'至于殷、周之际，纣在上位，逆天暴物，文王以诸侯顺命而行道，天人之占可得而效，于是重《易》六爻，作上下篇。"据此，伏羲作八卦所使用的是归纳法，杨先生说"中华文化的归纳法的来源就是《易经》"即指此而言。但杨先生有所不知，文王"重《易》六爻"，即在伏羲八卦的基础上制作六十四卦，所使用的正是推演法。司马迁在其《报任安书》中曾经准确地将文王制作

---

① 纪昀等：《钦定四库全书总目》（卷一），见《景印文渊阁四库全书》（第1册），台北商务印书馆1986年版，第53页。

六十四卦的过程描述为"文王拘而演《周易》"。这个"演"，正是推演之义。

其次，《周易·系辞》在谈到宇宙论时说："是故易有太极，是生两仪，两仪生四象，四象生八卦。"这种论述所表现的应该属于推演的思维方式。另外，《系辞》对占筮方法的介绍或许更能说明问题："大衍之数五十，其用四十有九。""衍"，即"演"，也就是推演。正是在这个意义上，刘大钧先生说"算卦的方法就是靠推演"[①]。

看来，说《周易》乃至"中华文化的思维方式"中没有推演法并将其当作"近代科学没有在中国萌芽的重要原因之一"，有失偏颇。

关于天人合一观念，我以为杨先生的看法是有道理的。近代科学甚至整个西方传统思维方式的一个重要特点是主客分离，主体将客观世界对象化。用杨先生的话说，即"承认人世间有人世间的规律，有人世间复杂的现象，自然界有自然界的规律与自然界的复杂现象，这两者是两回事，不能把它合在一起"。显然，这与中国天人合一的传统观念是背道而驰的。

不过，也应该承认，这种主客二分的思维方式虽然导致了西方科学技术的突飞猛进和现代化的高速发展，但由此造成的对客观世界的掠夺性开发和能源危机、环境破坏乃至异化现象已经引起世人的忧虑，所谓后现代思潮就是在这种背景下产生的。与此不同，在天人合一观念影响下，虽然中国的科学技术和物质文明始终没有像近现代西方那样突飞猛进，但总的来说，在近代以前，中国的物质文明又时常

---

① 杨猛：《刘大钧驳杨振宁：〈易经〉是否阻碍科学启蒙》，《北京科技报》2004年9月22日。

在西方之上。例如，在中国历史上，元朝是一个相对凋敝的时期，但西方人通过读马可波罗的游记，却不敢相信世界上会存在这样一个经济繁荣的国家。用现在的话说，中国所走的是一种可持续发展的道路。因而，天人合一观念正可避免主客二分和现代化所带来的种种弊病。在我看来，将天人合一观念用于科学，建立一种高于近现代科学的、天人合一的科学观，不失为一种明智的选择。

说到近代科学为什么没有在中国产生，原因是复杂的，而杨先生从"中华文化的思维方式"入手来探讨这个问题是值得称道的。在我看来，西方人擅长的语言思维或概念思维便于将客观世界对象化，而中国人擅长的形象思维便于将主体和客体统一起来。所以，由书写形式所导致的思维方式的不同，应该是形成中国天人合一观念和西方主客二分观念的更深层的根源。

那么，在科学技术领域，为什么中国在古代占优势，西方在近代占优势呢？这个问题使很多人感到迷惑，包括爱因斯坦这样卓越的科学家。我以为，这是由于中西不同的思维方式在不同历史时期显示出来的不同的优势。

分析这个问题之前，我们必须首先明确两点：第一，确切地讲，科学不等于技术，前者是指一种以理论为主的学术体系，后者主要是指在实践经验基础上的发明创造；第二，科技也是由技术创造向科学理论发展的，古代的科技形态以技术创造为特征，近代以科学理论为主要特征。

既然古代科技形态的显著特征（即技术创造）以实践经验为基础，显然中国人的形象思维会大显身手，而西方人的语言思维就相对逊色了。所以，中国能够成为四大发明的故乡——四大发明基本上是技术创造。中国古代的科技著作，主要也是技术方面的，《天工开物》是宋应星对明代手工业生产经验的总结，《本草纲目》是李时珍对中草药的功能与用途研究的记录。另外，中国学者在理论体系和学术概念上的潜在性、模糊性、玄奥性表现在哲学、美学等方面是别具一格的，但与生性精确的近现代科学理论背道而驰。这或许是近现代以来中国科技发展一落千丈的一个深刻原因。而以语言思维为主要思维方式的西方科学家，却正是在这方面得天独厚，故能在近现代科学理论的许多领域中独占鳌头。牛顿的力学、达尔文的进化论等科学理论体系在近代科技史上显示出了语言思维在这方面的优势。

我时常有这样一种想法：中国的科技形态基于人类的原始经验，而西方的科技形态则是对人类原始经验的转折。原始思维研究证明，原始人具有超乎寻常的直觉能力和经验积累。我认为，中国的方块汉字和形象思维在一定程度上延续了这种原始经验，从而形成了中国的科技形态；而西方的字母文字和语言思维则在一定程度上割断了与原始经验的联系，使之另外开辟出一片天地，从而形成了西方的科技形态。

总之，中国和西方的科技形态各有优劣。西方科技尤其近现代的优势已为人们所共睹，但中国的传统科技，尤其中医学，具有巨大的潜在价值，有待人们去发现、去挖掘。

三、哲学与宗教①

中国哲学的合法性是学术界的一个热门话题。那么，中国到底有没有哲学呢？若回答这个问题，首先需要明确什么是哲学。愚见以为，所谓哲学，就是关于世界究极真理和本真状态的学问，反映了哲学家对世界的根本看法。世界究极真理和本真状态具有超验性，而这种超验性正是形而上学所探讨的对象。正是在这个意义上，形而上学才构成哲学的核心，以至于亚里士多德称之为"第一哲学"，堪称哲学的命脉。依此，形而上学是判断一种思想是否哲学的标准，具有形而上学的思想才称得上哲学思想，构成形而上学体系的概念才是哲学概念。由此，我们或许可以把从事学术研究的人分为三个层面。第一个层面是哲学家，他提出了一套关于世界的根本看法和关于存在问题的独到见解，并为之建构了一个超验的形而上学体系。第二个层面是思想家，他虽然没有建构出一套形而上学体系，甚至没有提出一套关于世界的根本看法，但他提出了自己独特的思想，并对现实或历史产生了重要影响。第三个层面是学者，泛指所有从事学术研究的人。这三个层面依次存在着包容和被包容的关系。也就是说，哲学家首先是思想家，思想家首先是学者。而这三个层面分别是哲学史、思想史和学术史研究的对象。就哲学史、思想史和学术史的关系而言，哲学史是思想史的核心，思想史又是学术史的主体。虽然我们可以做出这种划分，但在实际研究中，这三个方面是相互关联、不可分割的。

---

① 本节部分内容曾以《以"自然"的本义观照老子哲学之底蕴》为题刊于《中国哲学史》1995年第3、4期。

因而，判断中国有无哲学这个问题的实质，应该是中国有无形而上学。对于这个问题，需要具体分析中国哲学的构成。

众所周知，西方哲学大致由本体论、认识论、伦理学等部分构成，其中本体论是其形而上学的主体。然而，中国哲学的基本结构却一直是一个不甚明确的问题。愚见以为，中国哲学大致由六个部分组成：本原论、人性论、人心论、人生论、伦理学、政治学。其中"本原"之"原"有原本、源头二义，故本原论包含世界之本质、宇宙之根源两个方面，对二者的探讨分别相当于西方的本体论和宇宙论。

从其性质而言，这六个部分又可进一步归为三类：本原论和人性论由于所研究的对象是超验的，故构成形而上学；人生论、伦理学、政治学由于所研究的对象是具体的和经验的，故构成形而下学；人心论由于所研究的对象人心是由超验到经验、由形而上到形而下转换的中间环节，故可谓之上而下学。耐人寻味的是，这三类的功能又和上述西方哲学的三个组成部分十分类似。形而上学相当于西方的本体论，是哲学的根基和命脉，也是一种思想是否为哲学的依据；上而下学相当于西方的认识论，是形上世界实现的方式和手段；形而下学相当于西方的伦理学，反映了哲学建构者的目标、宗旨和价值观。

既然这套思想体系已经包含形而上学，那么它无疑是一种哲学，那种认为中国没有哲学的论调是没有根据的。

当然，我们也必须承认，中西哲学具有不同的特点。在我看来，其中最大的不同表现在二者的特质上。如果说西方哲学具有客观性、知识性和非功利性的话，那么恰恰相反，中国哲学具有主观性、实践性和功利性。之所以如此，源于二者出发点和归宿点的差异。西方哲学立足于客观世界，以探求纯粹客观知识为宗旨；中国哲学始于忧患，从一开始就关注人生和社会，以安顿人生和治国平天下为圭臬。

思维是一切文化的实际创造者，也是一切文化创造的途径。因而，为了不同的出发点和归宿点而建构的具有不同特质的哲学，仍然基于不同的思维方式。

不管语言思维还是形象思维，都属于大脑的认知功能，具有理智的特征。除此之外，大脑还有一个重要功能，就是对生命的体验和感悟，它具有情欲、意志等特征。前者大致相当于英语中的"brain"，后者大致相当于英语中的"heart"。在这里，我们用中国传统概念——"心"，把前者称为"认知之心"，把后者称为"生命之心"。

认知之心的功能是对世界的认识，其所把握的对象是整个客观世界，包括它自身、生命之心和其他客观事物。生命之心的功能就是对它自身的体验和感悟。一方面，无人心，生命存在的意义不得而知；另一方面，无生命，人心无所附着。正是在这个意义上，梁漱溟说："心与生命同义。"①

心的这两个层面正是从事哲学研究的两个出发点和两种致思方式。在现实中，二者在每个哲学家头脑中都是并存的，只是侧重点往往不同。主要以生命之心为出发点和致思方式所建立的哲学，可称为生命主义哲学；主要以认知之心为出发点和致思方式所建立的哲学，可称为认知主义哲学。我以为，在儒学史上，自孟子至陆王而熊十力、牟宗三一系，可归于生命主义；自荀子至程朱而冯友兰一系，可归于认知主义。

这两种致思方式在形而上学的建构过程中，体现得尤为明显。据

---

① 梁漱溟：《人心与人生》，学林出版社1984年版，第18页。

此，作为哲学核心的形而上学也相应地分为两种类型，即生命形而上学和认知形而上学，它们分别由生命心和认知心所构造。前者乃生命根本特质的投影。哲学家们把他们对心（或者说生命）根本特质的体悟和把握投射到作为宇宙之本源、世界之本体的概念上，然后再用它来规定心、安顿心。后者乃客观世界根本特质的投影。客观世界的根本特质首先投射到认知心，然后又由认知心投射到作为宇宙之本源、世界之本体的概念上，从而以之解释世界。

由于哲学家们对生命根本特质的体悟和对客观世界根本特质的认识各有不同，故形成了各种各样的生命形而上学和认知形而上学。黄梨洲说："心无本体，工夫所至，即其本体。"[1]在这里，我要接着他的话说："存在无本体，工夫所至，即其本体。"既然作为宇宙之本源、世界之本体的概念为心的投影，那么存在的本体，也就是心的本体；"工夫"的不同，决定了心之本体和存在之本体的不同。"工夫"，当然是心的工夫。

中西传统的形而上学属于不同的类型。西方哲学从一开始就是一种"爱智"的学问，由此形成的亚里士多德以后的西方传统形而上学的主流是用科学性的概念、判断、推理的理论知识体系来把握的，这当然是一种认知形而上学。

中国哲学从一开始就立足于生命的价值，因而其传统形而上学的主流是生命形而上学。儒道佛三派形而上学的本原论范畴分别为天、道、真如，这些范畴的实质分别为善、自然、空。就是说，三派对生

---

① 黄宗羲：《明儒学案·自序》，见《黄宗羲全集》（第七册），浙江古籍出版社1992年版，第3页。

命根本特质的体悟分别为善、自然和空。不过，宋明新儒学中的"程朱"一派的形而上学则是一种认知形而上学。它虽然声称其本原论范畴"理"具有普遍性，但在实际论证中更侧重社会人伦的一面，所以与西方的认知形而上学有所不同。

不过，西方近代以来，尤其现代以来出现了一股怀疑、否定传统形而上学的潮流，其实质在于对认知形而上学的背离和对生命形而上学的靠近。这样，一些西方哲学家自觉地从中国哲学中吸收养分也就不足为怪了。

因为生命心的功能是对自身的体悟，所以它既是主体，又是客体，而归根结底它是主体性的实际承载者。这正是中国哲学主客合一特点的根源。与此相反，对象化是认知心的鲜明特征。它总是把客观世界作为对象去认识；即使对自身，它也是先将其对象化再去认知。换言之，认知心与客观世界本来二分，而认知心与作为主体性实际承载者的生命心亦本来二分。这就导致了西方传统哲学主客二分的特点。

需要指出的是，中西哲学的特质也与中西认知方式不无关系。情绪是生命之心最重要的表达方式。根据脑科学的研究，右脑承担较多的情绪处理功能，这在一定程度上说明生命之心的功能主要由右脑来承担，这就使擅长右脑形象思维的中国哲学家在建构其生命哲学的过程中如虎添翼。同样，正如《庄子·逍遥游》所说："名者，实之宾也。"语言本来就是对象化的产物，这就使擅长左脑语言思维的西方哲学家在建构其认知哲学的过程中左右逢源。

既然西方哲学立足于客观世界，以探求纯粹客观知识为宗旨，那么这意味着西方人对人生问题漠不关心吗？当然不是！西方人主要靠宗教来安顿人生。也就是说，在性质上，中国哲学和西方哲学是一致的，二者都是追寻真理的学问，只是前者所追寻的是人生和社会的真理，而后者所追寻的是客观世界的真理；在功能上，中国哲学又与西方宗教是一致的，二者都是为了安顿人生和解决社会问题而建立的，只是前者所采取的途径是哲学，而后者所采取的途径是宗教。就此而言，中国哲学实则涵盖西方哲学和西方宗教两个领域。

既然中国哲学和西方宗教具有相同的功能，那么中国哲学可以称为宗教吗？这要看如何理解哲学和宗教。这两个概念都来自西方，所以一般人观念中的哲学与宗教，都是西方意义上的哲学与宗教，可谓之狭义的哲学与宗教。以这种狭义的哲学与宗教来考量中国的学术思想，严格地说，中国既没有哲学，也没有宗教。如果一定要以这个意义上的哲学与宗教来分析中国学术思想，我们当然可以从中国学术思想中找到类似于西方的哲学和宗教。依此，或许可以这样说：西方思想的特质在于哲学与宗教相分离，印度思想的特质在于哲学与宗教相合一，而中国思想的特质在于以哲学代替宗教。各国的宗教都是为了解决人生的问题，但在中国，哲学就是为了解决人生的问题。中国哲学通过两条途径来安顿人生：一是自然，二是人自身。它们又往往交织在一起。由于它们都为人生而设，所以都具有人文主义特点。就此而言，我们又可以说中国哲学的特质是人文主义。

不过，我们尤其应该注意到，中国的传统思想有自己独特的风貌。按照西方的标准来讨论中国的学术思想是不客观的，也是不公正的。所以，我们应该打破西方中心论的束缚，在更超越的层面上去理解哲学和宗教，对这两个概念从广义上进行重新理解和诠释。我想，如果把"哲学"看作关于世界根本观点的学说、关于对存在问题的思考，把"宗教"看作关于人生的学说、关于信仰的体系，那么，就可以说中国思想具有哲学和宗教的两重性；它既是哲学，也是宗教。中国思想立足于人自身，所以这种哲学是人文主义的哲学，这种宗教也是人文主义的宗教。

既然如此，是不是中国就不需要宗教乃至中国就没有宗教呢？这又不然。在中国，以神灵和偶像为崇拜对象的宗教形式要远远早于哲学而存在，并且贯穿整个中国历史。也就是说，哲学产生以后，宗教并没有退出历史舞台。中国宗教和哲学的共同点，是二者都以安顿人生和解决社会问题为宗旨（关于这个问题，详见本书第七章）。

第三章
从自由的层次看中西自由观的差异与融通 [①]

一、外在自由

德裔美籍思想家埃里希·弗罗姆在《逃避自由》一书中对现代自由观及其缺陷做了非常深刻的分析，影响很大。按照弗罗姆的观点，自由就是个体显现的过程。他指出，个体从与自然界的同一状态中觉醒过来，从原始联系中逐渐显现的过程，即"个体化"过程。弗罗姆指出一个一般性的原则，即由于个体化的逐步发展以及个体逐步获得自由而产生的辩证过程。一方面，个体在发展和表现他自己独特的自我时变得更加自由，不再受原始的束缚；另一方面，这同时也是一个丧失与他人的原始统一性、与他人逐步分离的过程。这一分离可能造成个体的孤寂与凄凉，进而造成强烈的焦虑与不安。

现代自由观源于西方，它的形成是中世纪社会结构逐步瓦解的结

[①] 本章内容曾以《道家与现代自由观念——站在道家的立场上对弗洛姆的回应》为题于1997年10月讲演于德国"道家与现代性"国际学术研讨会，又以《自由何须逃避——回应弗洛姆》为题刊于《原道》第五辑（贵州人民出版社1999年版），收入本书时略做修改。

果。弗罗姆说，在中世纪，尽管从现代意义上看个人是不自由的，每个人都被他在社会秩序中扮演的角色所束缚，可他不会感到孤独和孤立。社会秩序被当作自然秩序，个人作为它的一部分从中获得安全感和归属感。在文艺复兴和宗教改革两次浪潮的冲击下，人们在个人情感的表达和宗教信仰方面获得了自由；资本主义的发展又使人们在经济上、政治上获得自由。但自由的结果是个人失去了以往的安全保障，陷入了孤立无依的境地。自由给人们带来的不是幸福，而是孤独、恐惧、焦虑、苦恼、惶惑，自由像沉重的负担压得人们不堪忍受，从而使人们害怕它，甚至通过极权主义（产生虐待狂和受虐狂）、破坏性、自动适应等方式逃避它。这正是现代自由观的严重缺陷。

如何弥补这一缺陷呢？弗罗姆认为，逃避自由仅能帮助人们忘记自己是处于游离态的个体，并不能恢复他已失去的安全感。弗罗姆提出，唯一的选择是从消极的自由进入积极的自由。他认为，一定存在这么一种积极的自由状态，人可以做到自由而不孤独，独立而不失其为人类整体的一员，获得这种自由的途径是自我的实现和个性的发扬。换言之，积极的自由在于总体的、完整的人格的自发活动。爱和工作是自发活动的主要因素。

现代自由观念，包括信仰自由、政治自由、言论自由、经济自由等等，即弗罗姆所谓的消极的自由，是以确立个体同他人、同自然和社会的相对性为出发点的，自由的实现取决于个体对外在因素的摆脱，可称之为外在自由。这种自由的实质在于个体性，故又可称之为个体自由。

二、思想自由

弗罗姆提出积极的自由这个概念，的确是很有见地的。但是，他所看到的只是冰山一角，其深层部分还有待揭示。

事实上，外在自由只是自由的外在层面。人最本质的部分是人的思想、人的精神、人的心灵。所以，欲探究更深层的自由，就不能回避"心"这个概念。

我以为，更深层的自由就是心的自由，即人心所处的无拘无束、无挂无碍、自由自在的状态。可以这样说，个体自由是个体支配自己的自由，其支配者是人心；而心的自由是人心本身的自由。

心有两个基本层面，一是认知之心，二是生命之心（关于这两个概念，详见本书第二章）。相应地，我们可以把心的自由再进一步分为两个层面，即认知心之自由和生命心之自由。这两种自由，我们也可简称为思想自由和生命自由。

弗罗姆曾经提到"内在自由"这个概念。这种自由意味着人们摆脱毫无主见、人云亦云的境况，从而获得独立地、完全不受外界干扰地、纯粹出于个人内心地进行思维的能力。爱因斯坦也曾提出"内心的自由"。他说："这种精神上的自由在于思想上不受权威和社会偏见的束缚，也不受一般违背哲理的常规和习惯的束缚。这种内心自由是大自然难得赋予的一种礼物，也是值得个人追求的一个目标。"[1]

从弗罗姆和爱因斯坦的论述可以清楚地看出，所谓"内在自由"和"内心的自由"都是指思想自由（弗罗姆用了"思维的"、爱因斯

---

[1]　《爱因斯坦文集》（第三卷），商务印书馆1979年版，第80页。

坦用了"思想上"等概念）。

三、生命自由

对生命自由没有给予足够的重视，是有关自由问题讨论的一个重大缺憾。生命的意义毕竟是由生命之心所体会的，人的主体性归根结底要落实于生命之心。所以，生命自由是自由的最深层、最根本、最核心的部分。

在我看来，真正与个体自由或消极的自由互补的、真正符合弗罗姆积极的自由这一说法的，正是生命自由。因为这种自由是完全由内心决定的，其实现取决于个体心灵对孤独、恐惧、焦虑、苦恼、惶惑等内在因素的摆脱。

在某种意义上可以说，生命自由同个体自由恰恰相反，它不是个体显现的过程，而是个体的心灵通过意识的作用融于自然、融于天地的状态；它不是个体从与自然界的同一状态中觉醒，从而脱离原始联系的过程，而是个体心灵寻回原始联系，返回同一状态的过程；它不是个体孤独感增加的过程，而是真正体会到归属感和安全感的过程。实现这种自由，便可使个体心灵获得一种不可名状的愉悦，自然消除了孤独、恐惧等消极情绪。

人们或许没有意识到，弗罗姆所说的那种个体显现之前的，或者说切断"原始纽带"之前的那种个体与自然界同一的状态，也是一种自由状态。当时，心灵既不支配，也不被支配，完全是一个自在之物，这不正是一种自由的状态吗？我把这种自由称为原始自由。

当然，原始自由与以上所说的生命自由有着本质的不同。前者是一种不自觉的、无意识的、混沌的状态；后者是相对于个体自由而言的，是个体在显现以后，自觉地、有意识地达到的一种内心自由，是对原始自由的升华。

至于个体自由，则恰恰是对原始自由的背离。在整个历史过程中，人类在发展一种自由的同时，却丧失了另一种自由。

弗罗姆所提出的"自发活动"是个富有启发性的概念。但是，"自发活动"的根据是什么？人为什么会有"自发活动"？弗罗姆似乎讲得不太清楚。在我看来，既然个体显现是从原始自由开始的，那么，原始自由就是人的本真状态。我以为，这种本真状态就是自发活动的根据。换言之，在这种状态支配下的活动，就是自发活动。

个体显现的过程，是个体逐渐背离这种本真状态的过程，是人的异化过程。也就是说，个体在获得个体自由的过程中，逐渐丧失了自发活动。不过，个体通过意识的作用回归原始自由，并对其升华，从而达至生命自由，就会使其克服异化，重新回归本真状态。在这种情况下，实现自发活动，也就是自然而然的事情了。

这整个过程，就好像人由于个体显现逐渐远离家园，而后来他又通过生命自由重新回到久别的家园。

总之，对于人类来说，将自由的各个层面结合起来，才是自由的完整概念，缺一不可。个体自由固然重要，但如果没有生命自由的支持，它就会使人失落、孤独，甚至使人害怕它、逃避它，从而失去它固有的价值。生命自由的实现取决于内心，所以它具有相对独立性。当然，如果有个体自由作保障，生命自由就会更加强壮。二者相得益彰。不过，生命的意义毕竟是由人心所体会的，人的主体性归根结底要落实于人心。所以，在这个意义上，生命自由是一种更根本的自由。

　　以上这些想法并不是我凭空臆造的，而是我对中国传统哲学精神的一点体会。对生命自由的探索，正是中华文化卓越的成就之一。儒家所说的"从心所欲，不逾矩"（《论语·为政》）不是一种高超的精神自由吗？道家所说的"乘物以游心"（《庄子·人间世》）、"彷徨乎尘垢之外，逍遥乎寝卧其下"（《庄子·逍遥游》）不是一种无限的内心自由吗？佛家所说的"菩提本无树，明镜亦非台，本来无一物，何处惹尘埃"（《坛经》）不是一种空寂的心灵自由吗？

　　不过，在中国哲学史上真正以生命自由为根本价值理念的，要数庄子。司马迁在《庄子列传》中说："其言洸洋自恣以适己"，深得庄学之精神。

第二篇

传统与现代的整合

第四章
从中国历史分期看现时代 [①]

　　社会形态及其演变不但是历史学的基本问题，也是人文社会科学的一个基本理论问题。切实地研究这个问题，对于正确认识我们所处的时代与未来社会的走向，具有重大意义。关于中国的社会形态及其演变，目前占主导地位的仍然是马克思根据西方历史提出并由斯大林总结的五种生产方式论。但是，这种学说是否符合中国历史的实际，二十世纪五六十年代和八十年代都曾有热烈讨论。我以为，在讨论这个问题之前，应该先明确判定社会形态的标准与根据。

　　顾名思义，五种生产方式论主要是按照生产方式来判定社会形态的。刘泽华先生曾提出分层次地把握社会形态的新设想。他认为有三个层次的问题。其一是基础性的社会关系形态问题。基础性的社会关系即阶级关系以及其他各种社会关系。它是由社会生产力的发展状况决定的，而生产方式决定着社会的基本面貌。其二是社会控制与运行机制形态问题。马克思说过，行政权力支配社会，这对认识中国传统

---

① 本章内容曾以《中国社会形态的四个层面及其历史分期》为题刊于《文史哲》2003年第6期，收入本书时略做修订。

社会有提纲挈领的指导意义。中国传统社会的最大特点是"王权支配社会"。其三是社会意识形态与范式问题，王权主义是整个中国传统思想文化的核心。刘先生按照这三个层次论述了中国社会形态的特点，但没有把这个问题和历史分期联系起来。[①]

尽管我不能完全赞成刘先生的具体论述，但认为他这种分层研究社会形态的方法可谓有识。我进而认为，不但可以从不同层面把握社会形态，而且可以把社会形态本身分为若干层面。社会形态的每个层面不但有各自的特点，而且有各自的发展规律，我们甚至可以据此分层次地进行历史分期。

我仍然沿用传统的概念，把社会形态分为社会经济形态、社会关系形态、社会政治形态和社会意识形态四个自下而上的层面，并以之探讨中国的社会形态和历史分期的问题。

鉴于原始社会或史前时代为世界各民族所共同经历，这个时期世界各民族的社会形态大同小异，而学术界对中国原始时期的社会形态争议也不大，所以本章从略。进入文明时代以后，各民族的文化逐渐异彩纷呈、个性凸显，而有关学术争议也层出不穷，故本章着重讨论进入文明时代以来的中国社会形态问题。

一、社会经济形态及其历史分期

社会经济形态和社会关系形态大致都属于生产方式的范畴，过去学术界对有关问题的讨论已经相当深入细致，所以下面简略地阐述一

---

① 刘泽华：《分层研究社会形态兼论王权支配社会》，《历史研究》2000年第2期。

下我在这方面的看法。

中国经济形态及其演变可以分为三种形态和相应的三个阶段，即农业社会、农商社会和工商社会。

春秋以前，尽管也存在手工业、商业、渔牧业等，但当时社会经济的主流为农业，是为农业社会。

自战国到洋务运动以前的中国经济，大致可以分为三大部门，即农业、手工业和商业。其中，农业和手工业是产业经济，商业是交换经济或市场经济。在产业经济中，又以农业为主，手工业为辅。过去，人们对这个时期商业的发达程度认识是不够的。何兹全教授曾指出："春秋战国之际社会的大变化，是由自足自给的自然经济为主的农业经济向商业交换经济、城市经济转化，由战国开始，交换经济的发展、城市经济的繁荣，一直维持到东汉，有六七百年。""可以大略地说，汉代城市人口大约占总人口的40％。"[1]宁可教授则认为，中国商品经济的另一次大发展是在唐宋以后："唐宋以后，可以看出商品经济市场、货币、城市等等与以前不同的发展，农产品尤其是经济作物如茶、棉的商品化、区域性市场的扩大及市场网络的逐步形成，日用品如粮食的长途贩运，纯经济性市镇的兴发，贵金属白银的使用，土地买卖的兴盛，土地的转佃，出现了定额租、货币代租乃至货币地租，封建国家田赋征取从实物劳役逐渐向货币转化，封建国家对经济、商品和市场的管理、控制也逐步松弛，等等，都显示了商品经济的进一步发展。"[2]可见，商品经济已经成为当时非常重要的一

① 何兹全：《中国古代社会形态演变过程中三个关键性时代》，《历史研究》2000年第2期。
② 宁可：《中国社会形态研究中应当注重的一个方面——商品经济》，《历史研究》2000年第2期。

个部门。所以，我把从战国到洋务运动以前这个阶段整体地称为农商社会。

十九世纪六十年代兴起的洋务运动，标志着中国开始引进西方的大工业生产，也标志着中国经济形态开始发生又一次转变。西方学者将现代西方社会称为工业社会。经济全球化浪潮不可避免地将中国纳入这一经济体系之下。工业社会的重要特点，是商品经济或市场经济的加强和农业经济的削弱。因此，我按照自己的思路，将洋务运动以来的中国经济形态笼统地称为工商社会。

由于历史的原因，中国工商社会经历了异常曲折和痛苦的过程。洋务运动以后，在帝国主义列强的殖民统治下，中国民族工业艰难地发展，逐渐形成了一定的规模。1949年以后，整个世界处于冷战状态，中国重新实行闭关锁国政策，这严重干扰了工商社会的正常发展。至十年"文革"期间，中国国民经济走到崩溃的边缘。1978年十三届三中全会以来，中国推行改革开放政策，取得了令全世界瞩目的巨大经济成就。放在大的历史脉络上来看，中国的改革开放运动，是重建工商社会，或者说是将工商社会的建设和发展纳入健康道路上的过程。

二、社会关系形态及其历史分期

中国社会关系形态也可分为三种形态和相应的三个阶段，即贵族社会、士人社会和公民社会。

金景芳先生曾把夏、商、西周、春秋、战国归为奴隶社会，并把当时社会分为两个对立的阶级：一个是君子，即自天子至士的阶层，属统治阶级；另一个是小人或野人，士之下为庶人工商皂隶牧圉，也可称为小人，他们和野人都从事体力劳动，属被统治阶级[①]。钱穆先生也表达了类似的观点。他指出，当时的中国社会存在两个对立的阶级，一是贵族阶级，二是平民阶级[②]。当然，贵族居支配地位，属统治阶级。鉴于此，我把战国以前称为贵族社会。

按照钱穆先生的看法，秦汉以后的中国，不是一个阶级社会，而是一个流品社会，是一个分为士、农、工、商四流品的社会。其中，士是一个参政的特殊流品。也就是说，秦汉以后的政府，由士人组成，变成了士人政府；秦汉以后的社会，由士人来领导和控制。[③]在这个意义上，我把从秦汉至明清这个阶段，称为士人社会。

辛亥革命以后，由于受西方社会形态的影响和中国自身的原因，中国开始步入公民社会。现代意义上的公民，是指具有一定的国籍，享有宪法和法律所规定的公民基本权利，并必须履行宪法和法律所规定的公民基本义务的人。在公民社会，尽管人们从事着不同的职业，人们之间的社会地位也存在着一定差别，但在法律面前，所有公民具有同等的地位，这是以往的贵族社会和士人社会所无可比拟的。公民社会和现代国家、市场经济是相辅相成的。

由于历史的和现实的诸多复杂的原因，中国公民社会的建立也命途多舛。但随着中国改革开放运动波澜壮阔地发展，市场经济日趋成熟，进一步建设公民社会已成为有识之士的共同目标。

① 金景芳：《论中国奴隶社会的阶级和阶级斗争》，《中国社会科学》1980年第3期。
② 钱穆：《中国历史上的经济》，见《中国历史精神》，收入《钱宾四先生全集》（第29卷），台北联经出版事业公司1998年版。
③ 同上。

三、社会政治形态及其历史分期

中国社会政治形态及其演变要复杂一些，大致经历了五种形态即五个阶段，它们是圣权时代、王权时代、霸权时代、皇权时代和民权时代①。

圣权时代指五帝时期。关于五帝，史学界有两个基本判断：一是传说中的上古帝王，二是属原始社会末期。我认为这两个判断都需要重新考量。

其实，古书中有大量有关五帝的记载，而《史记》开卷便是《五帝本纪》。由于时代久远，这些记载难免有失真之处，但不可因而判定五帝为传说中的人物，甚至怀疑和否定他们的存在。

中国考古工作者在尧都平阳（现山西省襄汾县陶寺村）的发现表明，大约距今四千五百年至四千二百年，即尧舜时期，中国古代国家可能已经形成。首先，从墓葬规格和随葬品看，当时已有阶级的划分。其次，发掘出写有文字的陶器和用红铜制造的铜铃等物件。再次，发现了更重要的可能为城墙的夯土建筑，极可能就是尧舜时期的古城遗址。也就是说，古代国家形成的主要标志，即城址、阶级、金属及文字，都已具备。②如果这项考古发现得到进一步证实，那么它不但有助于消除尧舜的"传说"色彩，而且也表明当时的中国已经走出原始社会，进入文明时代。

先秦各家各派几乎都把五帝称作圣人。在他们看来，五帝既是帝

---

① 这里的几个"权"字颇费踌躇，我曾考虑使用"道"字或"政"字，皆感不确，最后还是用了"权"字，以体现马克思关于行政权力支配社会的论断。

② 据2000年6月15日香港《文汇报》报道。

王，又是圣人，当时的政治是一种圣人政治。这是我提出圣权时代之说的主要根据。

那么，这种圣人政治具有什么特点呢？不妨引用郭店简《唐虞之道》的阐述：

> 唐虞之道，禅而不传。尧舜之王，利天下而弗利也。禅而不传，圣之盛也。利天下而弗利也，仁之至也。故昔贤仁圣者如此。身穷不贪，没而弗利，穷仁矣。必正其身，然后正世，圣道备矣。
>
> 尧舜之行，爱亲尊贤。爱亲故孝，尊贤故禅。孝之方，爱天下之民。禅之传，世亡隐德。孝，仁之冕也；禅，义之至也。六帝兴于古，皆由此也。爱亲忘贤，仁而未义也。尊贤遗亲，义而未仁也。
>
> 禅也者，上德授贤之谓也。上德则天下有君而世明，授贤则民兴效而化乎道。不禅而能化民者，自生民未之有也。[1]

这些论述虽有一些理想色彩，但也一定有其基本的事实依据。据此，我以为圣权时代政治的主要特点是"爱亲"、"尊贤"、"尚德"（"上"通"尚"）、禅让，而其中最根本的是政权交替方式禅让。尽管许多先秦古籍载有尧舜禅让的事迹，但自古一直有人否定这种说法，甚至断定它出于后人假造。现在《唐虞之道》的出土，为禅

---

[1] 据李零：《郭店楚简校读记》，见《道家文化研究》（第十七辑），生活·读书·新知三联书店1999年版。

让说提供了有力的证据。

王权时代为夏、商、西周。这个"王"字，特指三代诸王，所以这里的"王权"也是特指，和一般意义上的王权有所不同。

王权政治的主要特点，自诸侯国国内而言，是废除禅让制，实行王位世袭制，并在此基础上逐渐形成了一套宗法制；自诸侯国之间而言，是中央共主（夏商周前后相继）和四方侯国的关系，势如众星捧月。不过，这种中央共主有很大程度是名义上的和形式上的，因为它不能真正地控制四方侯国。西周初年在政治体制上的重大创举是分封制，这实质上是周王室通过武力对四方侯国进行殖民统治。其结果，不但强化了对四方侯国的控制，而且也使宗法制得到完善。

平王东迁，周室式微，诸侯并起。其成就霸业者，先有春秋五霸，后有战国七雄。它们起初还打着尊王攘夷的旗号，后来干脆自立为王。周室名存实亡，终于为秦所灭。纵观春秋战国之政治局势，一决于霸权，是为霸权时代。

公元前221年，秦始皇灭六国，完成统一，中国政治形态又为之一变。其最大特色是大一统和郡县制，当然这两方面是相辅相成的。由此形成的局势再也不是过去那种中央共主和四方侯国的关系了，而是中央和地方的关系。这种政体一经确立，特别稳定，竟绵延两千余年，至1912年孙中山推翻清朝、废除帝制方告结束。在这两千余年里，尽管也时有分裂，但总起来说统一是常态。另外，地方行政建制也常有变动，但其实质却是与郡县制一脉相承的。秦始皇确定最高统治者的称号为皇帝，这个称号具有象征意义，一直沿用了两千余年，所以我称这个时期为皇权时代。

辛亥革命以后，中国政治形态就开始向民权时代过渡。但是，由于种种因素的干扰，这个过渡极其艰难。可以说，民权政治，正是目前中国政治体制改革的方向。这种政治形态与过去的根本不同是主权在下，即主权在民，而从圣权时代至皇权时代，都属于自上而下的政治体制。另外，过去那几种政治形态的转化，都是中国内部自身演变的结果，可以说是自发型的。而民权政治是在外来文化传入的背景下开始的，可以说是外源型的，所以我们应该很好地借鉴和吸收国外在这方面的经验教训。

民权社会和社会关系形态中的公民社会是密不可分的。

四、社会意识形态及其历史分期

在我看来，社会意识形态大致包含宗教、人文主义、科学主义（或理性主义）等主要方面。根据它们的相互关系以及在历史上的消长起伏来看，中国的社会意识形态及其演变已经经历了四种形态和相应的四个阶段，即宗教时代、宗教人文一体时代、宗教人文独立时代和科学时代，并即将进入第五种形态和相应的第五阶段，即人文主义时代。

在殷周之前，尽管人文主义已经开始萌芽、孕育，但总起来说，当时社会意识形态的主流是宗教，所以我称这个时期为宗教时代。

王国维先生率先提出，殷周之际中国文化发生过一场巨大变革，后来学者们普遍认为那是一场宗教改革运动。我则以为，它首先是一场宗教批判运动、人文主义运动，然后才是一场宗教改革运动。

以文王、周公为代表的周初文化精英，由殷之代夏、周之代殷的历史对传统宗教进行了一次深刻、彻底的反思，终于发现并非"天命不僭"，而是"天命靡常""惟命不于常"，甚至"天不可信"。至于夏、殷两代的废替，皆因"惟不敬厥德，乃早坠厥命"。原来，社会发展变化的最终根据，并不是神秘莫测的天命，而是人的德行。摒弃天命，注重人事，显然是对传统宗教的根本否定和彻底批判，标志着中国人文主义的形成。

与此同时，文化精英们又巧妙地将这种人文主义、宗教批判的成果纳入宗教体系之中。周公提出"皇天无亲，惟德是辅"，主张"以德配天"。在这里，天仍然是人格神，只不过能够根据人的德行扬善罚恶而已。另外，周公还制定了一整套祭祀礼仪制度，用人文主义成果来强化宗法性传统宗教。这一切都意味着宗教改革。

周公等文化精英们之所以一方面进行宗教批判，开创人文主义，另一方面又将人文主义纳入宗教，进行宗教改革，大概是由于宗教具有巨大的影响力和教化功能，也就是说他们是出于社会、政治、信仰等方面的考虑。

这样就形成了一个奇特的现象，自周初至春秋中叶的思想界，宗教和人文主义合为一体，共同组成了主流意识形态；或者说宗教和人文主义一体两面，分别扮演着不同的角色。关于这个特点，相传文王所作的《周易》一书表现得最为明显。从马王堆帛书《要》篇得知，孔子早已发现《周易》的内容包含三个层面，即赞、数和德。其中，赞和数属于宗教，德属于人文主义。这就是宗教人文一体时代。

在我看来，形而上学是哲学的命脉，或者说具有形而上学的思想才可称得上哲学，而先秦的形而上学便是子贡所说的"性与天道"。以是观之，西周时期人文主义的核心是一个"德"字。此"德"字不是后来的"德性"，而是"德行"，乃形而下概念。故知当时的人文主义非形而上学，亦非哲学。

值得注意的是，从《诗经》《左传》等文献看，两周之际，人文主义有了实质性的进展，这就是性与天道问题的提出，或者说人性论和与之相对应的义理之天的形成。人之所以有"德行"，是因为有"德性"，而"德性"是天所赋予的，这个"天"就是义理之天，它是当时人文主义的最高概念。人文主义的义理之天和宗教的主宰之天相抗衡，便逐渐拉开了人文主义和宗教的距离，二者所组成的一体也逐渐演变为两体，终于它们都相对独立了。春秋末期老子和孔子所建立的哲学体系，标志着人文主义的独立，从此历史便进入了宗教人文独立时代。

尽管如此，由于历史渊源和其他方面的原因，作为两种性质不同的意识形态的人文主义和宗教之间仍有千丝万缕的联系。二者相互支持，相互补充，相互影响，相互渗透，导致你中有我，我中有你。就是说，这种人文主义含有宗教的因素和性质，这种宗教也含有人文主义的因素和性质。在这个意义上，这种宗教可以称为"人文主义宗教"，这种人文主义也可称为"宗教人文主义"。但是，如果我们因此将这种人文主义当作宗教，并冠之以"人文主义宗教"，或者将这种宗教当作人文主义，并冠之以"宗教人文主义"，就不合适了。因为宗教因素之于人文主义，人文主义因素之于宗教，都居于相当次要的地位，并非主流，故不可以之定性命名。

"五四"新文化运动不但结束了中国的宗教传统，而且结束了中国的人文主义传统，当然也结束了宗教人文独立的时代。自此以后，一种舶来品成了中国意识形态的主流，那就是科学主义。所以，我把近一百年的历史称为科学时代。

照理说，信仰是非科学的。宗教可以成为人们的信仰，人文主义也可以成为人们的信仰，唯独科学不具备这种特性。然而，在这个特殊时期的中国，科学代替了信仰，甚至科学变成了信仰。科学主义不但成为意识形态的主流，而且成了信仰的主流。不过，科学和信仰毕竟禀性各异，不可同日而语。可以说，这种信仰是虚幻的、苍白的，总有一天会轰然倒塌。时至今日，科学主义的弊端已日益彰显。人们惊呼："中国陷入了信仰危机！中国变成了人文主义的荒漠！"一个拥有悠久的宗教传统和人文主义传统的国家，突然失去自我，甚至陷入信仰危机、变成人文主义的荒漠，这怎能不让人痛心疾首！

如何才能摆脱危机、走出荒漠？学者和政治家们不约而同地想到了传统。的确，对于有着五千年文明史的中华民族来说，传统就是我们的精神家园。目前，弘扬传统文化的呼声越来越高。不过，人们对传统宗教和传统人文主义的态度还是有所区别的。大致地说，传统人文主义受到了比较充分的肯定。可以预见，在不久的将来，中国将进入人文主义时代，这在很大程度上是以复兴传统人文主义为基础的。不同的是，由于"宗教是精神鸦片"的说法影响甚深，一时难以消除，加之其他复杂的原因，人们对传统宗教的态度还是有所保留的。所以，传统宗教虽然有所恢复，但它能否重振雄风，恢复国家宗教的地位，还是一个未知数。

五、一般意义上的社会形态与历史分期

不难看出，中国的社会经济形态、社会关系形态、社会政治形态和社会意识形态呈现出不同的历史发展阶段，其各个阶段的转换时代

也不尽相同，有重叠，也有交叉。虽然将社会形态分为这四个层面，但并不意味着我们不能从整体上把握社会形态。可以说，四者共同构成了社会形态的整体。当然，各个层面在整体性的社会形态或者说一般性的社会形态中的地位是不同的。在这四个层面中，何者是最根本的，决定着整个社会形态基本格调的层面呢？答案是：社会政治形态。马克思关于行政权力支配社会的论断是千真万确的。所谓行政权力，是社会政治形态的核心内容。

同样，社会政治形态的演变也是判定一般性历史分期的主要根据。古今中外几乎所有的历史著作都以政治演变为主要线索，道理就在这里。也就是说，在一般意义上，社会形态主要指社会政治形态，历史分期主要是指社会政治形态的演变阶段。照此而言，中国自有文明以来，经历了圣权时代、王权时代、霸权时代、皇权时代和民权时代五种社会形态和发展阶段。

如此，"生产方式决定着社会的基本面貌"的看法需要进一步分析。我的理解是生产方式或经济形态首先决定着政治形态，然后通过政治形态才能决定社会基本面貌。换言之，直接决定社会基本面貌的是政治形态。如果只能把决定社会基本面貌的因素理解为那些基本的东西，我想，人类赖以生存的地球算得上最基本的因素了，我们总不能根据地球的自然演化来判定社会形态吧！所以，在整个社会形态中，经济形态只是基本的层面，而不是根本的层面，它对社会基本面貌的影响是间接的。关于社会经济形态乃至社会关系形态在中国历史中的作用，学者们的讨论已非常详备，兹不赘述。

其实，社会意识形态同样决定着政治形态并进而决定社会基本面貌。就是说，社会形态的形成固然取决于生产方式，但同时也取决于意识形态、学术思想。

何兆武先生在其新作中批判了那种历史是不以人的意志为转移的传统观念，阐述了人的思想和意志对历史发展的深刻影响甚至决定作用："既然历史的进程不以人的意志为转移，那么人的意志的努力对于历史的进程便无能为力，也无所作为；努力也罢，不努力也罢，都是毫无意义和不起作用的。但事实却又大谬不然。全部人类的历史乃是彻头彻尾贯穿着人为的努力的；没有人的意志的作用，就没有人类的文明史，而只能是人类的自然史（可以与蚂蚁史、蜜蜂史或猴子史之类等量齐观），——尽管历史结局往往不符合人们原来的愿望。归根到底，历史终究是人的思想和意志所创造的，没有它就没有人类文明（或野蛮）的历史。故而经典的说法便有：人民、只有人民才是创造世界历史的动力。"①

按照这种看法，社会意识形态理所当然地会对社会政治形态（一般意义上的）及其演变产生极其深刻的影响甚至决定作用。我以为，欧洲进入和走出中世纪、中国没有中世纪都是显证。

古希腊哲学的最初形式是自然哲学，然后才转向人，从而具有人文主义性质，但它没有经过殷周之际那样的宗教反思和批判运动，这就为宗教留出了一定的空间。所以，在古希腊哲学发展的后期，哲学终于和来自东方的宗教合流了，由此进入中世纪哲学时期。然而，正是由于西方没有经历过殷周之际那种宗教反思和批判运动，所以西方的哲学和宗教始终禀性各异。其哲学是理性的、人文主义的，其宗教是非理性的、神本主义的。终于，经过文艺复兴运动，哲学与宗教分

---

① 何兆武：《社会形态与历史规律》，《历史研究》2000年第2期。

道扬镳了。就这样，西方重新确认了久违的人文主义传统，并跨入近现代社会。可以说，西方的近现代文明是西方人的思想从中世纪的枷锁中挣脱出来的结果，所以它表现出对中世纪激烈批判的意识。

但是，由于经历了殷周之际的宗教反思和批判运动，所以从那时起，中国的思想就一直贯穿着人文主义。可以说，人文主义是中国历史的一个基本特点。正因如此，中国没有中世纪，也不存在什么封建社会，就像不存在奴隶社会一样。也正因如此，中国人没有必要从中世纪的枷锁中挣脱出来，重新认定人文主义传统，因而也不可能经历像西方那样的文艺复兴运动。

多少年来，学者们千方百计地用马克思的五种社会形态来对中国历史进行分期，费尽心思地寻找中国历史上的文艺复兴运动，猛烈批判中国的封建主义、专制主义……所有这一切，皆迹近无的放矢。诚然，中国古代社会有它的弊病、有它的缺陷，甚至有严重的弊病和缺陷。然而，这就是封建主义吗？这就是专制主义吗？让我们来看一下对中国历史极有造诣的钱穆先生的意见吧！

> 谈者好以专制政体为中国政治诟病，不知中国自秦以来，立国规模，广土众民，乃非一姓一家之力所能专制。故秦始皇始一海内，而李斯、蒙恬之属，皆以游士擅政，秦之子弟宗戚，一无预焉。汉初若稍稍欲返古贵族分割宰制之遗意，然卒无奈潮流之趋势何！故公孙弘以布衣为相封侯，遂破以军功封侯拜相之成例，而变相之贵族擅权制，终以告歇。博士弟子，补郎、补吏，为入仕正轨，而世袭任荫之恩亦替。自此以往，入仕得官，遂有一公开客观之标准。"王室"与"政府"逐步分离，"民众"与

"政府"则逐步接近。政权逐步解放，而国家疆域亦逐步扩大，社会文化亦逐步普及。总观国史，政制演进，约得三级：由封建而跻统一，一也（此在秦、汉已完成）。由宗室、外戚、军人所组之政府，渐变而为士人政府，二也（此自西汉中叶以下，迄于东汉完成之）。由士族门第再变而为科举竞选，三也（此在隋、唐两代完成之）。惟其如此，"考试"与"铨选"，遂为维持中国历代政府纲纪之两大骨干。全国政事付之官吏，而官吏之选拔与任用，则一惟礼部之考试与吏部铨选是问。此二者，皆有客观之法规，为公开的准绳，有皇帝（王室代表）所不能摇，宰相（政府首领）所不能动者。若于此等政制后面推寻其意义，此即《礼运》所谓"天下为公，选贤与能"之旨。就全国民众施以一种合理的教育，复于此种教育下选拔人才，以服务于国家；再就其服务成绩，而定官职之崇卑与大小。①

钱先生对这个问题有许多精辟的论述，由于篇幅所限，我们只能引用这个小片段。

当然，我们说人文主义是中国历史的一个基本特点，是就主流而言的，并不能因此否定中国政治传统中含有专制主义因素。有时这种专制主义因素还是很突出的，如人所共知的秦始皇的专制统治。另外，钱穆先生说元、清两代也是皇帝专制。他进一步指出："西洋人来中国，只看见清代。今天的中国人不读历史，也不知清代故事，只随着西洋人说话，因此大家说中国政治是专制的。积非成是，我来述

---

① 钱穆：《国史大纲·引论》（修订本），商务印书馆1996年6月修订第3版，第14、15页。

说历史真相，反而认为是故发怪论了。"[1]

所以，中国古代至少没有西方那种封建主义和专制主义。中国的许多问题，我们应该直面现实，只有这样才能真正地、切实地提高自己，推动社会的发展。

---

[1] 钱穆：《中国历史精神》，见《钱宾四先生全集》（第29卷），台北联经出版事业公司1998年版，第44、45页。

第五章
从现代化进程中的传统复兴看中西古今之争 [①]

现代化是一个需要在实践中不断摸索和认识的问题。

自从中国被鸦片战争的炮火无情地卷入现代化的洪流以来，中国的现代化可谓一波三折、命运多舛。中国应该如何进行现代化的问题一直萦绕在中国人的心头，意见纷呈，争论不休，不时掀起波澜。

阵阵喧闹已渐远去，唯有问题兀自留下。在新的世纪，新一代中国人若不对这个关系到民族前途命运的问题交上自己的答卷，将何以向祖先交代、向历史交代、向世界交代！

中国是一个有着悠久文明传统的国家。因此之故，在历次文化讨论（更确切地说是现代化讨论）中，传统与现代的关系总是一个不可回避的核心问题。故笔者不揣浅陋，拟从这个命题入手，对有关问题略加省察，庶几可为引玉之砖乎！

---

① 本章内容曾以《"中体西用"新释》为题在1998年12月讲演于台北"中华人文传统学术研讨会"，以《现代化：从科技革命到传统复兴——重探中国现代化之路并就教于李泽厚先生》为题在1999年10月讲演于哈佛大学哈佛儒学研讨会，以《"中体西用"新释》为题刊于《国际儒学研究》第七辑（国际文化出版公司1999年版），收入本书时略做修订。

一、现代化、现代性与传统性

我们通常所说的现代化，其实只是对现代化概念的一种狭义的理解，即发生于西方，蔓延于全球，目前仍在进行的现代化进程。

"现代"这个概念是相对的，历史上任何一个时代的人都可以把自己所处的那个时代称作现代。所以，在广义上，任何一种文化从旧范式向新范式转化的过程，都是现代化的过程。

如果可以把人类文化分为价值系统和知识系统两个方面的话，那么，不管哪一方面的更新，只要发展到足以促成新旧范式的转化，都可看作现代化过程。在很多情况下，这两方面是相互影响的，即知识系统的现代化往往引起价值系统的现代化；同样，价值系统的现代化也往往引起知识系统的现代化。这两个方面的现代化也常常是交织在一起，同时进行的。

这个过程是由人类的新知识和新价值的社会化造成的。由于世界是异常复杂的，加之每个个体和社会的经验、知识构成、环境等各种主客观条件的限制，任何一个个体和社会也不可能揭开世界的全部奥秘，他们往往从不同角度去认识和体会世界的不同方面。当他们的认识和体会所得社会化，并足以改变某一文化范式时，现代化就发生了。

新知识和新价值的社会化当然不是说用新的因素去完全代替和更换旧的因素，而是用新的因素去补充和更新旧的因素。因此，从本质上讲，所谓现代化，就是由新的因素引起的文化系统的调整与转型过程。

现代化的模式是多种多样的。

从发生机制看，学者们一般把现代化分为自发型（indigenous）和外源型（exogenous）两种基本类型。前者指在社会内部自发地产生新质，并且新质的发展导致了社会范式的转化；后者指另一社会将这种新质引入本社会，并导致本社会范式的转化。

就狭义的现代化而言，的确可分为这两种类型。但如果考虑到广义的现代化，我想应该再加上第三种类型，即文化融合型。

有时，虽然从总体上看，文化并没有产生新质，但由于种种原因，不同社会的文化发生融合，从而相关社会范式更新，这也是一种现代化。所谓文化融合，意味着某一社会吸收了其他社会的文化，而所吸收的文化对于本社会来说是新的，足以改变本社会范式的更新。所以我把这种情况称为文化融合型现代化。在历史上这种例证不胜枚举，而各种由民族融合造成的民族文化融合就更不用说了。

事实上，外源型现代化也是一种文化融合，只不过它所引入的文化本身就是一种现代化文化而已。

从范围和规模看，现代化可分为地区性和全球性的现代化。

地区性现代化指发生在世界某一地区的现代化，如地中海东部和西亚各地的希腊化文明的形成。中国早期华夏文化对四夷文化的渗透、同化也是一种地区性现代化过程。这一过程始于西周初年的分封制，一直到汉武帝时推行"罢黜百家，独尊儒术"的政策才算大致完成。当时华夏文化较为发达，四夷文化相对落后，因而对于四夷地区来说，这是一个现代化的过程。从文化史的角度，可把这一时期称为华夏化时代。

在历史上，世界性的现代化发生过三次。第一次是人类由野蛮时代进入文明时代，其主要特征是城市的出现和文字的使用。第二次是德国哲学家雅斯贝斯提出的轴心文明时代。这一时代的根本特征是什么？过去的看法是，它是以对超越的向往和超越实体的出现为典范的。不过，犹太思想家鄂尔堪纳对这一提法作了修正。他认为，第二序思想的出现，即反思能力的出现，是轴心时代文明发展的突破。所谓反思能力，即对思想本身进行反思[①]。第三次就是下文将专门讨论的狭义现代化[②]。

从涉及的领域看，现代化可分为全方位的和局部的两种形态。前者涉及政治、经济、思想、艺术等人类生活的各个领域，如三次世界性现代化就属这种情况；后者只涉及人类生活的某一个或几个领域，如古代中国对印度佛教的吸收，主要是思想领域的事情。

所有广义的现代化都可以为狭义的现代化提供借鉴。这正是我们探讨广义现代化的原因。

现在现代性这个概念受到越来越多的重视，人们似乎在寻找现代性的确切含义。其实，现代性是一个历史概念，其内涵并不是一成不变的。

现代性与现代化是一对相辅相成的概念。现代性是现代化所造成的不同于现代化之前的文化特征或特性，现代化则是现代性形成与实现的过程。这意味着，现代性是在现代化过程中实现的。

现代化是一个相当长的历史过程。随着现代化的不断发展、不断深入，现代性也不断实现、不断变化。而某种典型的、具有深远意义的现代性的实现过程，便呈现为现代化的某个阶段。

就是说，在整个现代化过程中，现代性的内涵是在不断更新的，不同的现代化阶段具有不同的现代性。因而，现代性这个概念是相对

---

① 参见杜维明：《现代精神与儒家传统》，生活·读书·新知三联书店1997年版，第35、36页。
② 由猿到人的进化或许也可看作一次世界性现代化过程，其特征有直立行走、制造和使用工具等。但这一过程只具有生物学和文化发生学的意义，而不具有文明性质。

的。当新的现代性形成以后，以往的现代性就退居次要地位，甚至逐渐进入传统领域，逐渐转变为新传统，尽管这种新传统不同于现代化之前的旧传统。

现代性是相对于传统性而言的，二者固然有所不同，然而，现代性与传统性是完全对立的吗？

过去，学术界对这个问题的认识是不够的。人们一般想当然地以为，现代性不同于传统性，因而二者是对立的。

这其实是一种错觉。

现代性与传统性之间是血肉相连、难舍难分的。就知识系统的现代化而言，一方面，新的知识系统不可能是凭空产生的，它总要以传统知识系统为基础；另一方面，一些已有的知识被以不同方式运用到新的知识系统中，在新的知识系统中复活了。因而，在现代性中我们总会发现传统的影子。

就价值系统而言，我以为在人类的轴心时代，各大文明的基本价值就已经确立。在其后各个时期的价值系统的转型中，尽管我们不能说在实质内容上没有新的发展，但是，传统的价值观被运用到新的价值体系中，更是一种普遍现象。我们不是经常注意到这种现象吗？许多被我们当作现代性的东西，一查古典，原来早已有之。按照雅斯贝斯的说法，在轴心时代以后，人类的每一次重大转折，总要回过头来从轴心文明中汲取智慧，就是这个缘故。这也是雅斯贝斯把人类那个辉煌时期称为轴心时代的原因。

当然，并不是所有传统都可以直接运用到现代化中，它们往往要改头换面，采用现代的形式，即所谓"新瓶装旧酒"。有些传统，还需要加以改造，才能重新被运用到现代化中。

就这样，传统性在不知不觉中转换为现代性。这个过程，我们可以称为传统的现代化过程，即化传统为现代的过程。所以，在某种意义和程度上，我们毋宁说，现代性就是传统性。人们之所以将二者对立起来，主要是由于这种传统性被罩上了一层现代的面纱。

现代性与传统性的这种关系，我们从现代化的过程中可以看得更加清楚。

现代化首先意味着新质的产生或引进。这些新质好像现代化的酵母，在旧的文化系统内部引起连锁反应，导致一系列的变动、调整与革新。在这个过程中，新旧因素相互影响、相互适应、相互促动，最终形成一种新的文化范式。就传统而言，有些方面被摒弃，也有些方面以新的形式凸显出来，甚至成为时代的主旋律，从而令新质相形见绌。也就是说，经过现代化的洗礼，传统再生了、复兴了。

按照我的理解，所谓现代性就是在现代化过程中最能体现时代精神的那些因素。准此，那些引起现代化的新质固然是现代性，而那些在这个过程中重新扮演重要角色的传统因素同样是现代性。就后一种情况而言，现代性中包含着传统性，而传统性中亦蕴含着现代性。这就是现代性与传统性的辩证关系。

当然，在现代化过程中，传统在文化各个层面中所起到的作用是不同的，这又导致各个文化层面的发展形态有所不同。一般说来，知识系统产生了更多的新质，所以它的发展模式是多变的、跳跃的；相反，价值系统，特别是其实质内容，继承了更多的旧有因素，所以它的发展表现出更明显的恒常性和稳定性。

如果按照物质文化、制度文化和精神文化这种文化分类法，也许问题可以看得更清楚一些。翻阅历史不难发现，人类的精神文化在轴心时代已经发展到空前的高度，此后，它的发展虽然时有起伏，但一直没有达到轴心时代的高度。所以，到目前为止，我们仍然可以说轴心时代的精神文化的繁荣程度是空前绝后的。相反，物质文化的发展是在不断更新的，高潮迭起，且一浪高过一浪，当它达到一个空前的高度以后，又会被另一个高度所取代。所以，我们虽然可以说现代的物质文化繁荣的程度是空前的，但不可以说它是绝后的。至于制度文化的发展，则介于精神文化和物质文化之间。

对于外源型和文化融合型现代化来说，情况要复杂一些。由于知识本身就具有兼容性和相融性，所以，知识系统之间的引进和融合是比较容易的。但是，价值系统是一个民族在漫长的历史中形成的，每个民族都有一套独特的价值系统，它是一种文化的本质，也是自我认同的基础。所以，价值系统之间的引进和融合是一件相当困难甚至痛苦的事情。同理，物质文化之间的引进与融合最为容易，制度文化次之，精神文化最难。

从现代化的结果看，新文化与旧文化的关系如何呢？

自发型现代化，其新旧因素是融为一体、密不可分的。一方面，新质是在已有文化的基础上产生的；另一方面，在新的社会范式中，许多传统的东西以种种方式被保存下来。

在外源型现代化和文化融合型现代化所铸造的新的社会范式中，新旧因素所占的比例是千差万别的。旧文化被完全同化者有之，如先秦鲁国本属东夷故地，成为周公的封地后，周公之子在鲁国推行全盘华夏化的政策，"变其俗，革其礼，丧三年然后除之"（《史记·鲁世家》），"启以商政，疆以周索"（《左传·定公四年》），从而使这一地区全盘华夏化了。新旧因素平分秋色者有之，如地中海东部和西亚各地始于亚历山大时代持续到基督教时代之初的希腊化文明，就是希腊文明与亚洲文明的混血儿。当时希腊文明是一种较发达的文明，上述地区将希腊文明与当地文明融合起来，改变了其文明范式，形成一种希腊化文明。对于当地来说，这其实是一种现代化过程。已有文化对新因素进行一定程度的同化，然后将其纳入自己体系者有之，如中国哲学对佛教哲学的吸收。如此等等。

当然，在这千差万别中，并不是没有规律可循的。一般来说，越是深厚、强壮、发达的文化，就越有生命力，其在新的文化范式中就占越大的比例，并成为一种主导性文化。至于若干种文化势均力敌，那么它们之间的引进与融合，将立足于本社会的文化去吸收、引进其他文化。也就是说，在新的文化范式中，本社会的文化，仍为主导性文化。所以，在现代化过程中，较为弱小、落后的文化的价值系统将被较强大和发达的文化的价值系统同化掉。也就是说，那种弱小、落后的文化将面临失去自我的境地。反之，一种较为强大和发达的文化的价值系统，则会吸收和同化其他弱小、落后的或与自己势均力敌的文化的价值系统。

值得特别强调的是，在新的文化范式中，新旧文化的因素并不是机械地拼凑在一起的，而是水乳交融，共同构成一个有机的整体。之所以如此，那是因为主导文化将从属文化中与自己秉性发生冲突的部分同化了。

二、全球化过程中的现代化趋势

那么，如何理解狭义的现代化，即我们这个时代仍在进行中的现代化？它是如何演变的？又将向什么方向发展？

就世界范围内的现代化而言，我们仍可以说，现代化就是由新质的产生引起的整个文化系统的调整的过程。

在三次世界性现代化中，前两次是各个文明在相互隔离的状态下进行的。我之所以称之为世界性的，那是因为它们具有世界意义。但是这第三次不仅具有世界意义，而且是在世界一体化过程中进行的。因此，这场现代化事实上是和世界秩序的变动、调整交织在一起的。

亨廷顿教授认为，冷战结束以后的多极的世界新秩序主要由七个或八个文明构成，它们是中华文明、日本文明、印度文明、伊斯兰文明、东正教文明、西方文明、拉丁美洲文明和可能存在的非洲文明[1]。尽管如此划分世界文明是否合适还有待商榷，我也不同意其将世界新秩序的主要特征归结为文明的冲突的观点，但是亨廷顿教授把文明作为世界新秩序基本单位的见解，的确是极有眼力的。

我想，文明也正是我们研究世界现代化进程的基本单位。

从历史和可以预见的未来来看，整个世界范围内的现代化进程大致可以分为四个阶段：第一阶段为西方的现代化过程；第二阶段为西方现代化向其他文明推广，亦即其他文明引进、吸收西方文明的过程；第三阶段为其他文明自身的现代化，确切地说，为各文明传统的现代化过程；第四阶段为包括西方在内的各大文明之间相互调适、相互吸收、相互融合，逐渐形成一种普遍的现代性的过程。

由于这场现代化的复杂性、长期性和广泛性，各个阶段之间并没有一条明显的分界线，它们往往是交叉进行的。

---

① 亨廷顿：《文明的冲突与世界秩序的重建》，新华出版社1998年版，第29—33页。

西方是这场现代化的发源地，并且现在仍处在现代化的最前沿（对于西方来说，这当然是一场自发型现代化）。

有些学者认为，现代化最早发生于文艺复兴时期，还有一些学者主张现代化是从十七、十八世纪开始的。这是因为，在持后一种观点学者的头脑中，文艺复兴时期的现代化和现代性已经进入传统领域。

如果从文艺复兴算起，则西方的现代化大致经历了三个时期。第一期即文艺复兴时代，其现代性是文艺复兴运动所表现出来的思想、文学艺术领域的风格与精神，而人文主义是其基本特征[①]。第二期为工业化时代，其现代性当然是工业文明。第三期即当代，或可称为后工业化时代。如何理解其现代性？西方学者比较一致的意见是，现代性包括市场经济、个人主义和民主政治三项内容。我想，工业文明仍应为现代性之一，只是退居相对次要的地位而已。

这三个时期的现代性都同西方传统存在着密不可分的关系。"文艺复兴"（Renaissance）一词的字面含义是"再生"。文艺复兴运动旨在复兴古希腊罗马文化，使这一古老传统"再生"。工业文明虽然起初主要表现为知识的更新与创造，但仍离不开已往的科学技术成就。至于西方学者所认同的现代性的三项内容，我们仍可从西方传统中找到其根源。

亨廷顿教授曾把现代化之前的西方文明的主要特征归纳为八条：古典遗产、天主教和新教、欧洲语言、精神权威和世俗权威的分离、

---

① 过去人们一般认为，"文艺复兴精神"不仅改变了思想和文学艺术领域，而且也改变了包括政治、经济、宗教等各方面。现在多数学者不再认同这一看法。参阅菲利普·李·拉尔夫等著：《世界文明史》（上卷），赵丰等译，商务印书馆1998年版，第809、810页。

法制、社会多元主义、代议机构、个人主义[①]。看来，在三项现代性中，个人主义本来就是西方的遗产。民主政治的基础则是精神权威和世俗权威的分离、法制、社会多元主义、代议机构等。正如亨氏所说，西方传统文明中的各种代议机构"提供了在现代化过程中演变为现代民主体制的代议制形式"[②]。市场经济是资本主义的主要特征，而马克斯·韦伯早已对新教伦理与资本主义精神的关系做过精彩论述。在这里，我想补充的是，市场经济与西方传统中的商业文明恐怕也不无关系。

可见，在很大程度上西方的现代性就是西方的传统性，西方的现代化就是西方传统的现代化。

不过，西方现阶段的现代化已经发展得相当充分，也就是说，西方的现代化又处在一个新的转折点上。

有人说，世界（主要指西方）将进入"后现代化"时代。我不赞成这个提法，关键在于如何理解"现代化"这个概念。

在我看来，现代化是一个漫长的过程，包含若干发展阶段。当整个变革过程结束以后，即文化进入一个新的持续稳定的态势以后，现代化才算完成，才会出现后现代化的问题。但是，现在并没有迹象表明，现代化过程即将结束，或现代化即将完成。因此，所谓"后现代化"，不过是现代化的一个新的阶段，不过是新的现代性实现的过程。

那么，新的现代化阶段和新的现代性是什么呢？

---

① 亨廷顿：《文明的冲突与世界秩序的重建》，新华出版社1998年版，第60—63页。

② 同上书，第62页。

我以为，关于西方的现代化目前所面临的转折这个问题，只有将其置之于更广泛的世界现代化背景中才可以看得清楚。

当世界范围内的现代化进入第二阶段，问题要复杂得多。对于西方以外的社会来说，现代化是从西方引进的，所以属于外源型现代化。

当现代化的浪潮无情地冲击着这些古老的土地的时候，人们往往被两个不得不面对的问题困扰着，一个是西化与现代化的关系，另一个是传统与现代的关系。他们思考着，争辩着，甚至斗争着，由此形成了种种观点。

关于西化与现代化的关系，过去普遍的看法是将二者等同起来。但是到晚近，越来越多的学者将二者区分开来。例如亨廷顿教授在阐述了古典遗产、个人主义等八条西方文明的主要特征后指出："它们是西方之为西方的东西，但不是西方之为现代的东西。"至于非西方社会对西方和现代化的回应，他总结出三个模式："拒绝现代化和西方化；接受两者；接受前者，拒绝后者。"①尽管亨氏把西化和现代化毫不含糊地区别开来，但是他似乎并没有提供出二者之间的明确界限。

我的意见是，把二者完全区分开来不但是困难的，而且是不可能的。我不赞成西方文明的那些主要特征"是西方之为西方的东西，但不是西方之为现代的东西"的观点。如上文所述，在某种意义和某种程度上，西方的现代化可以说其现代性就是其传统性。换言之，一些西方文明的主要特征，既是西方之为西方的东西，也是西方之为现代的东西。退一步说，即使我们把西方现代化之现代性中的传统因素全

① 亨廷顿：《文明的冲突与世界秩序的重建》，新华出版社1998年版，第63页。

部过滤掉，仅就其现代性中的纯粹新质而言，在发生学上，它仍然是西方的。因此，西方以外社会的现代化，只要是引进西方的现代化，无论如何都是一个西化的过程。

不过，尽管这种西化就是现代化，但这并不意味着现代化就等同于西化。从世界范围的现代化进程看，其他文明对西方现代化的吸收，即西化过程，仅仅是一个阶段或一个方面。

当这个阶段结束以后，甚至在这个阶段进行的同时，另一个问题，即传统与现代化关系的问题，便提到日程上来了。

从实质上说，这只是一个问题的两个方面。如果将现代化完全等同于西化，那便将传统与现代化完全对立起来、完全否定传统。事实上，现代化等同于西化的观点，只有在一种情况下才可以成立，那就是一些弱小文化完全为西方的现代化所同化，实行全盘西化，从而失去自我。对于一种较为强壮的文化来说，完全不是这么回事。

毫无疑问，世界各大文明，不管是西方文明，还是其他文明，都是在漫长的历史中形成和壮大的，它们发源于不同的地区，形成于不同的时代，都有自己独特的风格、深厚的底蕴和完整的文化系统。以致亨廷顿教授说："文明是人类最高的文化归类，人类文化认同的最广范围，人类以此与其他物种相区别。"[1]因此，任何一种大的文明都不可能被其他文明完全同化或吞并（我以为在亨氏所列的八个文明中，只有西方文明、中华文明、印度文明和伊斯兰文明四个是最基本的，其他四个都可并入这四个文明中）。

由于各个文明的独特性，每一个文明都有自己的优势，也都有自

---

① 亨廷顿：《文明的冲突与世界秩序的重建》，新华出版社1998年版，第26页。

己的局限性。这就是各个文明之间可以相互吸收和融合的根据，也是其他文明吸收西方现代化进行现代化建设的基础。

各文明都有深厚的底蕴和完整的文化系统，或者用亨廷顿的话说，"文明是最高的文化归类，人类文化认同的最广范围"，所以，各个文明对其他文明文化的吸收，是立足于本文明的。一种文明吸收其他文化的最终目的，是发展和壮大自己，而不是认同其他文明，取消自我。这就是说，各种文明在现代化过程中，其传统的价值系统仍然是其文化的核心部分。

然而，既要保持传统，又要吸收其他文化，进行现代化，这是可能的吗？

对于西方以外的社会，吸收西方的知识系统，并不困难，因为那些东西拿来可用，一般不需刻意改造。价值系统的引进和吸收要复杂得多。价值系统作为文化的组成部分，不但具有排他性，而且具有互补性。所以，吸收西方现代化的价值观，同样是必要的。

吸收西方现代化的价值观有两个方面的工作需要进行。一是对于西方的价值观，相容的部分可直接拿来，不相容而有必要吸收的部分，则需要一番改造功夫。二是对于传统的价值系统，与现代相容的部分，可直接继承，虽有冲突但有必要继承的部分，则需加以整理，使之适合现代的形式。由于价值系统的稳定性，传统价值系统的基本内容会保留下来的。

事实上，这第二个方面，也就是传统的现代化过程。如上所述，对于西方的现代化来说，这一工作早已进行，而其他文明似乎刚从欧风美雨中觉醒，对这个问题有待进一步认识。

照理说，世界现代化进程由第二阶段转入第三阶段，即西方以外的社会对西方现代化的吸收转入各自传统的现代化，是一个很自然的过程。但是，这一转折被政治因素严重干扰了。一开始西方就是用坚船利炮打开一个个古老文明的大门的，后来又发生了两次世界大战和一次冷战，这严重阻碍了各文明现代化的进程。所以，在世界现代化进程中，这是一个迟到的转折。

对于各文明的现代化来说，第一阶段，即吸收西方现代化阶段或西化阶段，是一种外源型现代化过程；第二阶段，即传统的现代化阶段，则是一种自发型现代化过程。当然，后一过程是由前一过程引起的。

当各大文明的传统充分现代化以后，各个文明之间的相互引进、相互吸收便提上日程了。在这个过程中，有望形成一种普遍的现代性。这种普遍的现代性，是由各大文明中具有普遍意义的现代性构成的。这便是世界现代化进程的第四阶段。

尽管西方文明最早进行现代化，其知识系统也明显比其他文明发达，但这不意味着它在总体上是一个比其他文明更高级的文明。它也有自己的局限性，也存在吸收其他文明文化的问题。包括西方学者在内的有识之士早已指出，其他文明，尤其中华文明正可弥补西方现代化的不足。

向其他文明学习，从中汲取新的智慧，是西方文明健康发展之道。很有可能，这正是西方现代化目前所面临的转折的正确方向。这个转折，意味着西方现代化由自发型转向外源型（对于引进其他文明的现代化而言）或文化融合型（对于吸收其他文明的古老文化而言）。

这就是说，在新的时期，不管是西方文明，还是其他文明，都将把目标转向其他文明中那些古老的、尚未经受现代化洗礼的传统。

就目前的情况看，西方文明中具有普遍意义的部分已为世人所共睹，但其他文明中具有普遍意义的部分仅仅初露端倪，还有待进一步挖掘。

不过，当各大文明中具有普遍意义的部分都进入公共领域并形成普遍的现代性以后，各个文明仍会保持各自的地方色彩，其情形类似于儒道之于中华文化。儒道分别产生于黄河流域和长江流域，本属地方文化，但随着文化的融合，它们都作为具有普遍意义的文化进入公共领域，成为统一的中华文化的主要组成部分。尽管如此，黄河流域和长江流域至今仍保持着各自的地方色彩。

以上所论世界范围内的现代化进程，与世界秩序的演变是完全一致的。在西方入侵其他文明之前，各个文明之间是相对独立发展的。西方的入侵，标志着各个文明现代化的开始，也标志着世界一体化的开始。在世界化过程中，西方凭借其最早现代化的优势，成为当时世界上的优势文明。当时的现代化，便意味着西化。当其他文明的现代化发展到一定程度，便开始认同自我，回归传统，从而走出西方的阴影，在一体化的世界中找到自己适当的位置。从另一个角度看，这个现象就是亨廷顿教授无可奈何地发出"西方的衰落"的悲叹的原因。也正是在这一点上，亨廷顿的世界新秩序与世界现代化进程的新转折吻合了。应该保持清醒头脑的是，不管是世界现代化，还是世界新秩序，都是历史发展的必然趋势，谁也奈何不得。

可见，到目前为止的世界现代化进程，正是世界秩序在一体化中调整的过程。

学者们业已指出当今世界存在着两股看起来相互矛盾的潮流，这就是全球化和地方化同时进行。实际情况是，经济的和科技的全球化与价值理念的地方化交织在一起。这种现象是西方的现代化与非西方文明的现代化之间、物质文化与精神文化之间的关系在世界现代化过程中的综合反映。

三、略析对中国现代化的种种误解

至此，我们或许可以对中国应该如何进行现代化的问题有一个更加清晰的认识了。

众所周知，关于这个问题的讨论，主要是围绕着中、西、体、用四个范畴展开的，并形成"中体西用"、"西体中用"和"全盘西化"等主要观点。

自从鸦片战争打开中国的大门以后，如何对待传统文化和外来文化的问题，就一直萦绕在中国人的心头。保守派认为，应该保全传统，拒斥一切西方文化。如清末大学士倭仁说："立国之道当以礼义人心为本，未有专恃术数而能起衰振弱者。天文算学只为末议，即不讲习，于国家大计亦无所损。"[1]

中体西用为洋务派所倡导，洋务派认为"中国学术精微，纲常名教，以及经世大法，无不毕具。但取西人制造之长补我不逮足矣"[2]。不必引进西方的意识形态和政治制度，只需吸收西方的科学技术以补己之不足。在中西或新旧关系上，主张"中学为体，西学为用"[3]和

---

① 中国史学会主编：《中国近代史丛刊·洋务运动》（第2册），上海人民出版社1961年版，第28页。

② 张之洞：《劝学篇》，上海书店出版社2002年版，第41页。

③ 此说最早见于南溪赘翁（沈毓桂，字寿康）：《救时策》，《万国公报》（第七十五卷），1895年4月版。

"旧学为体，新学为用"①。这种现代化是十分有限和片面的，只适合现代化进程的特定阶段。其是其非，留到后边讨论。

全盘西化是"五四"时期一批热血青年提出的。此派将现代化完全等同于西化，主张在全盘引进西方文化的同时，彻底否定中国传统文化。如陈独秀提出的中国前景就是"建设西洋式之新国家，组织西洋式之新社会"②。其豪言壮语大家耳熟能详，兹不赘述。

西体中用这个概念是李泽厚先生在二十世纪八十年代提出的，用以概括康有为等人的观点。李先生本人力主此说，并为之"新释"③，成为此派在新时期的代表人物。

在近代，西体中用派是作为中体西用派的对立面而出现的。针对后者对西方政治制度的拒斥，康有为反其道而行之，指出："臣窃闻东西各国之强，皆以立宪法、开国会之故。国会者，君与国民共议一国之政法也。盖自三权鼎立之说出，以国会立法，以法官司法，以政府行政，而人主总之。立定宪法，同受治焉。……今变行新法，固为治强之计，然臣窃谓政有本末，不先定其本，而徒从事于其末，无当也。"④这就是说，西方的政治制度，即"立宪法、开国会""三权鼎立"是本，其他都是末。

---

① 张之洞：《劝学篇》，上海书店出版社2002年版，第41页。

② 陈独秀：《宪法与孔教》，《新青年》第2卷第3号，见吴晓明编选《陈独秀文选》，上海远东出版社1994年版，第55页。

③ 李泽厚：《漫说"西体中用"》，原载《孔子研究》1987年第1期，收入《中国现代思想史论》，东方出版社1987年版；《再说"西体中用"》，原载《原道》（第三辑），中国广播电视出版社1996年版，收入《世纪新梦》，安徽文艺出版社1998年版。下引李说，皆见二文。

④ 康有为：《戊戌奏稿》，《续修四库全书》（第511册），上海古籍出版社2002年版，第709、710页。

　　对于中西体用的关系，严复做了更加清晰的界定："中学有中学之体用，西学有西学之体用，分之则并立，合之则两亡。"严复进一步指出，如果"西艺"是指科学技术，"则西艺实西政之本"。①

　　李泽厚先生说，他的中体西用论，"从历史说，则可看作是对康有为改良思想更为明确的继承和发展""所谓'更为明确'，是对'西体中用'中的'体'，我做了一种以前没有的新解释"。

　　我体会李先生的"体"大概有三层含义。一是"把'体'说成社会存在"："'学'（学问、知识、文化、意识形态）不能够作为'体'；'体'应该指'社会存在的本体'，即人民大众的衣食住行、日常生活。因为这才是任何社会生存、延续、发展的根本所在。'学'不过是在这个根本基础上生长出来的思想、学说或意识形态。"他的一个小标题"'体'乃新解：衣食住行为根本"对此表达得更为直接、明确。

　　第二层含义是导致这个"体"发生变化的科学技术和现代大工业："现代化首先是这个'体'的变化。在这个变化中，科学技术扮演了非常重要的角色。科学技术是社会存在的基石。因为由它导致的生产力的发展，确实是整个社会存在和日常生活发生变化的最根本的动力和因素。就是在这个意义上，我来规定这个'体'。所以科技不是'用'，恰好相反，它们属于'体'的范畴。""在这个最根本的方面——发展现代大工业生产方面，现代化也就是西化。我提出的'西体'就是这个意思。"

---

① 严复：《与〈外交报〉主人书》，见《中国现代学术经典·严复卷》，河北教育出版社1996年版，第622、623页。

第三层含义是西学："如果承认根本的'体'是社会存在、生产方式、现实生活，如果承认现代大工业和科技也是现代社会存在的'本体'和实质；那么，生长在这个'体'上的自我意识或'本体意识'（或'心理本体'）的理论形态，即产生、维系、推动这个'体'的存在的'学'，它就应该为'主'，为'本'，为'体'。这当然是近代的'西学'，而非传统的'中学'。所以，在这个意义上，又仍然可说是'西学为体，中学为用'。"

李先生一方面说包括学问、知识、文化、意识形态在内的"学"，"不能够作为'体'"，另一方面又把显然属于"学"的范畴的科学技术乃至西学作为"体"，似乎容易引起逻辑混乱。

李先生对"中用"的解释也是全新的："这个'中用'既包括'西体'运用于中国，又包括中国传统文化和'中学'应用为实现'西体'（现代化）的途径和方式。"看来，"用"即西学之"用"或中学之被"用"。

在这种西体中用的格局中，中国传统文化占有什么地位呢？严复从体用一如的观点出发，主张从"体"到"用"都学习西方，用西学代替中学。康有为虽然没有从正面否定传统，甚至打着孔子托古改制的旗号，但其实质与严氏无异。

在这一点上，李先生表达得"更为明确"。他说："要用现代化的'西体'——从科技、生产力、经营管理制度到本体意识来努力改造'中学'，转换中国传统的文化心理结构，有意识地改变这个积淀。""在新的社会存在的本体基础上，用新的本体意识来对传统积淀或文化心理结构进行渗透，从而造成遗传基因的改换。"他认为，在这个过程中，"用"是关键。"在这个'用'中原来的'中学'就被更新了，改换了，变化了。"

如果"中国传统文化和'中学'应用为实现'西体'（现代化）的途径和方式"，如果"中学"被"西学"所"改换"，那可想而知，中国传统只是作为现代化过程中的一种手段而存在，而在新的文化结构中，完全失去了作为一个组成部分而存在的价值，完全失去了主体性。

这等于把五千年的中华文明给消解了。对于这一点，李先生也没有掩饰："我以为中国传统文化或文化传统是一个庞然大物，首先必需分析它、解构它，然后才可能谈建设谈继承……"然而，依这种西体中用的模式去解构，中国传统将成为什么样子？我想，不过几块残砖断瓦而已，谈何继承与建设！

因此，尽管李先生称他的西体中用说是针对中体西用和全盘西化两说而提出的，但其实质，与全盘西化派并无二致。所不同的只是，一个用露骨的方式推翻传统，一个以温和的手段消解传统；一个欲将传统杀得片甲不留，一个欲在被解构的传统废墟中捡得几块残砖断瓦；一个激进，一个渐进。如此而已。因此，所谓西体中用派，确切地说，就是温和的全盘西化派。

从世界现代化进程看，中国的现代化一定存在一个西化阶段，所以在特定时期，西化主张对中国现代化的进程的确会起到一些推动作用。但是，如果像西化派，包括激进的西化派和温和的西化派所坚持的那样，把全盘西化当作现代化的总方针，那显然是我们不能接受的。

问题出在什么地方呢？

首先谈语词问题。李先生对"体""用"的解释，新则新矣，意有未达。

在汉语语汇中，尽管人们对"体""用"做过各种各样的解释，但万变不离其宗。也就是说，"体""用"都是名词，前者为事物根源性的、主要的部分，后者为事物派生性的、次要的部分；二者相对而立，相互依存。这个原则是不能变的。而李先生只把"体"当作名词，把"用"释作动词"运用""应用"，这就完全取消了"体""用"的对应性，完全消解了二者作为一对范畴的意义。

所以，尽管李先生称他的西体中用说是"针对"中体西用说而提出的，但我实在看不出二者之间有什么"针对"性。洋务派的"体""用"是从汉语语汇中自然发展出来的，而李先生的"体""用"是他自己制造出来的，和汉语语汇中的"体""用"不可同日而语。

看来，一心想"改换"传统文化"遗传基因"的李先生，连"体""用"这对传统范畴的基本意义也"改换"了，其"改换"不可谓不彻底。

除了语词问题外，在思想上李先生的第一个失误是他对"社会存在的本体"的理解。

什么是"社会存在的本体"？是衣食住行、经济形式、科学技术，还是政治制度、思想文化、意识形态？李先生提供给我们的答案是前者。在这一点上，李先生更接近于严复（严氏主张"西艺实西政之本"），而与康有为有异（康氏以西方的政治制度为本）。他说："我讲的'体'与张之洞讲的'体'正好对立。一个（张）是以观念形态、政治体制、三纲五伦为'体'，一个（我）首先是以社会生产力和生产方式为'体'。"

所谓社会存在，说到底，是人的存在，这也正是李先生讨论社会存在问题的出发点。

李先生把社会存在、科学技术乃至西学作为"体",是有其思想根源的。他说:"我在1979年出版的《批判哲学的批判》一书里,把制造—使用工具作为人与动物的分界线,作为人类的基本特征和社会存在的本体所在,也就是把发展科技生产力作为进入现代社会的根本关键,这也就是'西体'。"

由人与动物的区别来讨论"人类的基本特征和社会存在的本体所在",这个思路当然是正确的。问题是,人与动物的分界线到底是什么?目前学术界尚无定论,学者们提供了许多不同的答复。或许这种分界线本来就有若干种,而不是唯一的。我想,如果依此来界定"人类的基本特征和社会存在的本体所在",那就一定要抓住人与动物最本质的区别。这样,问题非得上升到人性论的高度才可以讨论。制造和使用工具的确是由猿过渡到人的一个重要标志。但是,如果把它作为人性论的范畴,那显然是过于肤浅了;而如果因之推论"人类的基本特征和社会存在的本体所在",则是危险的,甚至可能导致本末倒置、混淆是非的后果。

我很赞赏根据人和动物的本质区别来推究人类的根本特征和社会存在之本体所在的思路。其实,这正是中国传统哲学的思维方式,而孟子的论述最精彩、最有代表性。李先生说:"我以为将'道德''心性'作为社会的本体,这还是张之洞那一套,我是极不赞成的。……我认为这倒恰恰违背了原典儒学的精神。"李先生不赞成此种看法,作为一种学术观点,无可厚非;但如说"这倒恰恰违背了原典儒学的精神",作为一种经典解读,不可不辨。

衣食住行归根结底属于生理本能的范畴,李泽厚先生以之为

"体"的"根本"。孟子是怎么看生理本能的呢？针对告子"生之谓性"的论断，孟子反问："生之谓性，犹白之谓白与？""白羽之白也，犹白雪之白；白雪之白，犹白玉之白与？""然则犬之性犹牛之性，牛之性犹人之性与？"（《孟子·告子上》）如果只把生理本能当作人性，那么人和动物还有什么区别！针对告子的"食色性也"之论，孟子也作出了同样的反驳。

孟子的意思是说，生理本能是人和动物的共同特征，不能据以将二者区别开来，就像不能根据白色把白羽、白雪和白玉三种事物区别开来一样。所以，生理本能不是人之为人的根本特性，不能把它当作人性。

那么，什么是足以判别人禽的人的根本特性（即人性）呢？孟子说："人之所以异于禽兽者几希，庶民去之，君子存之。舜明于庶物，察于人伦，由仁义行，非行仁义也。"（《孟子·离娄下》）从上下文看，人不同于禽兽的"几希"，指仁义礼智之端绪，即"恻隐之心""羞恶之心""恭敬之心""是非之心"。这"四端"在孟子看来，就是人之为人而不同于动物的本质特征，即人性；而社会存在之本体所在，即仁义礼智，即人的精神生活。

然而，人毕竟也是一种动物，也有生理本能。精神生活和生理本能在人这种存在中的地位各是如何呢？孟子提出了其著名的"大体""小体"之说。赵岐曰："小，口腹也；大，心志也""大体，心思礼义；小体，纵恣情欲"（《孟子章句》）。朱子曰："贱而小者，口腹也；贵而大者，心志也""大体，心也；小体，耳目之类也"（《孟子章句集注》）。综之，"大体"即心，即精神生活；"小体"即感官，即生理本能。

孟子认为，"大体"和"小体"的功能是不同的："耳目之官不思，而蔽于物。物交物，则引之而已矣。心之官则思。思则得之，不思则不得也。"（《孟子·告子上》）耳目等感官不会"思"，故为物所蒙蔽，并会被物引向歧途。心是会"思"的。心之"思"的对象是什么？即"思则得之"的"之"字指什么？"思"是孟子的一个特殊的哲学概念，其对象就是仁义礼智，也就是人性："仁义礼智，非由外铄我也，我固有之也，弗思耳矣。"（《孟子·告子上》）

应该如何处理"大体"和"小体"的关系呢？既然"耳目之官不思，而蔽于物""心之官则思"，那么孟子就主张："先立乎其大者，则其小者不能夺也""无以小害大，无以贱害贵"（《孟子·告子上》）。

孟子进一步认为，对"大体""小体"态度的不同，决定了一个人的修养层次："养其小者为小人，养其大者为大人""从其大体为大人，从其小体为小人""饮食之人，则人贱之矣，为其养小以失大也"（《孟子·告子上》）。

孟子的这些见解都是极其深刻的，至今仍闪耀着真理的光辉。时下那些腰缠万贯而心灵空虚的人们，不就是"以小害大""以贱害贵"吗？不就是"养小以失大"吗？

因此，"四端"、仁义礼智、精神生活，就是人之为人从而区别于动物的根本特征，就是社会存在之本体所在，就是"体"。这表明，将"道德""心性"作为社会的本体，正是原始儒学的精髓。

不过，李先生称，他对"体"的新解已经在孔孟原典中找到了根据："孔子很注意发展经济，讲'富之''教之''足食、足兵'。宋明理学所特别推崇的孟子，也讲'救死而恐不赡，奚暇治礼义？'即第一位的问题是吃饭。孟子说'盍反其本矣'，这个'本'乃是

'五亩之宅，树之以桑……老者衣帛食肉，黎民不饥不寒'等等。"李先生忽略了一点，孔孟的这些话都是关于政治的（孔子回答"子贡问政"、孟子回答齐宣王的政策咨询），其"本"为政事之"本"，而非人之为人的"本"，亦非"社会存在之本体所在"。这完全不是一个概念。按照孟子的学说，把衣食住行作为"体""本"，不但没有抓住人的根本特征，反而泯灭了人禽之别。这大概是以人禽之别为出发点的李先生所始料未及的。

所以，在各种社会存在中，衣食住行只是基本的，而不是根本的，更不是"社会存在的本体"。

由这种对"体"、对"社会存在的本体"的理解，李先生作出的第二个错误判断是：一定的生产力、生产方式与生长在其上的观念形态、政治体制是一个不可分割的整体，"生产力和生产方式的变化必定带来生活方式和意识形态、政治制度的改变"，因此，我们在引进现代西方大工业生产和科学技术的同时，也要全面实行现代西方的生活方式和意识形态、政治制度，并以之"改换"中国传统文化。

其实，这也正是所有西化派的基本立场，不管激进的全盘西化派，还是温和的全盘西化派。严复体用一如，以西学代替中学的主张不正是如此吗？其他如陈序经说"文化本身是整个的"[1]，"事实上中国已在全盘西化的路上"[2]。胡适也说"一方面学习科学，一方

---

[1] 陈序经：《对于一般怀疑全盘西化者的一个浅说》，见《走出东方：陈序经文化论著辑要》，中国广播电视出版社1995年版，第221页。

[2] 陈序经：《东西文化观》（二），见《走出东方：陈序经文化论著辑要》，中国广播电视出版社1995年版，第373页。

面恢复我国固有文化……老实说，这条路是走不通的"①。在这个问题上，李先生特别引用了李大钊的一段话作为自己的根据："他（指孔丘）的学说，所以能在中国行了二千余年，全是因为中国的农业经济，没有很大的变动，他的学说适宜于那样经济状况的原故。现在经济上生了变动，他的学说，就根本动摇，因为他不能适应中国现代的生活、现代的社会。"②

这的确是一个重要的理论问题。

首先需要明确的是，文化产生的过程和文化系统之间交流融合的过程是不同的，这是两个问题，应该区分开来。

世界本来就蕴含着无限的潜在的知识和价值。因其无限，所以人类永远也不可能穷尽它。由于各个民族、各种社会主客观条件的限制，人类只能发现这个潜在世界的某个侧面或某个部分，并由此造就了形形色色的文化。

诚然，一定的政治制度、意识形态、价值观念是在一定的经济基础上产生的。一个民族为什么采取这种而不是那种经济形式呢？这既有必然性，也有偶然性。一方面，人们总要在一定的自然环境中生存，而自然环境就是一种必然因素；另一方面，由于潜在世界是无限的，人们发现它的哪一侧面或哪一部分又往往是偶然的。这就是说，各种必然因素和偶然因素决定了一定的经济形式，而一定的经济形式又决定了一定的政治制度、意识形态和价值观念。从发生过程看，一

---

① 胡适：《再论信心与反省》，见《胡适学术代表作》（下），安徽教育出版社2006年版，第360页。
② 李大钊：《由经济上解释中国近代思想变动的原因》，见《中国近代名家名作宝库：李大钊》，内蒙古人民出版社2000年版，第85页。

定的经济形式同一定的政治制度、意识形态、价值观念的确是一个不可分割的整体。

但是，我们也必须知道，潜在世界也潜在地为全人类所拥有，只是由于各种必然的和偶然的因素才使某些社会发现了它的某些侧面或某些部分，而另一些社会发现了它的另一些侧面或另一些部分。所以，各个社会所发现的知识与价值，本来就潜在地为全人类所拥有，它们也必然潜在地适用于各个民族、各个社会。从这个意义上看，它们既是民族的、时代的，又是超民族、超时代的。时下人们常常重复这样一个似乎矛盾的真理：越是民族性的，就越具有世界性。其奥妙就在这里。

所谓"潜在的"是说各种已被发现的知识与价值只是一种潜在的资源，各个社会在采用其他社会的文化时，要根据自己的现实需要，各取所需。

因此，在文化融合过程中，那些已经形成的完整的文化体系的各个组成部分之间，是完全可以分离的；人们在引进某一文化体系的某一部分时，完全不必连同其整个体系一起引进。这就是说，当一定的政治制度和意识形态一旦形成，就具有相当大的独立性。它们不但适应其所由来的那种生产力和生产关系，也可适应其他类型的生产力和生产关系。

我们说经济基础的变化必然导致上层建筑的变化，这是毋庸置疑的。但是，对于这个问题也要具体地看待。如果可以把上层建筑分为政治制度、意识形态、价值观念等若干由浅入深的层面的话，愈往深层，所受经济基础变化的影响就会愈小。这个道理已在上文强调过了。

其实，在继承自己的传统时，也是如此。有人说，由于儒学是一个完整的思想体系，我们在吸收其合理因素的时候，不可能避免其不合理因素。诚然，就一个思想体系本身看，它是完整的，不可分割的。但是，在历史过程中，这个思想体系的各种因素是完全可以分开的。例如，仁和礼是孔子的主要思想，也就是说，在孔子思想中，仁学和礼学是不可分割的，它们共同组成了一个完整的思想体系。但是，战国时期的大儒孟子和荀子就分别继承和发展了孔子的仁学和礼学。从这个意义上说，孔子的思想体系又是可以分开的。

在历史的长河里，一个思想家的思想体系尚可分开，何况一个庞大的文化系统。

这种论断并非象牙塔里的抽象演绎，在历史和现实中，我们不知道可以找到多少例证！当年我们在引进印度佛教的时候，并没有连同引进它所产生的印度的生产力和生产关系；"东亚四小龙"在引进西方现代化的同时，并没有根除反而有意识地强化了自己的传统……难道这不说明问题吗？亨廷顿教授在经过研究后得出了一个更具普遍性的结论："非西方社会在没有放弃它们自己的文化和全盘采用西方价值、体制和实践的前提下，能够实现并已经实现了现代化。"[①]难道这还不说明问题吗？

接着，李先生自然地得出了第三个错误判断，即存在着"现代化与传统的尖锐矛盾"。"现代化与传统在文化的各个方面都有尖锐的冲突和不断的交锋，真是千头万绪"，这也是所有西化论者的一个基本立场。

关于现代性与传统性之间相互包容、难舍难分的关系，上文已有

---

① 亨廷顿：《文明的冲突与世界秩序的重建》，新华出版社1998年版，第70页。

所讨论，兹不赘述。

值得注意的是李先生由"现代化与传统的尖锐矛盾"推导出前现代与所谓"后现代"的对立。李先生说："例如，对待自然，前现代和后现代也许更强调人与自然和谐或重视人回到自然怀抱，现代化则重点致力于征服自然，改变环境；前者重视精神的自由享受，后者首先着力于物质生活的改善。对待社会，前现代和后现代也许更重视财富平均，社会福利，而现代则主要是个人竞争、优胜劣败。对待人际关系，前后现代都追求心理温暖，现代则基本是原子式的异化的个人。对待人生，在前后现代，伦理和审美占重要地位，人本身即目的、超功利、轻理性，否认科学能解决人生问题；现代则突出工具理性，关注于目的、功利、前景和合理主义，人自身常常成了手段。在思维方式上，前后现代均重直觉、顿悟和个体经验，现代则重逻辑、理智。在前后现代，每个人都是重要的，几乎无分轩轾。现代则是明星、天才、领袖、名家、奇理斯玛（Charisma）的世界。"

从这些描述可以看出，前现代和"后现代"都强调精神生活，更具有人文色彩；而现代更重视物质生活，更具有功利色彩。李先生是怎样看待前现代和"后现代"的这种相似性的呢？他说："所有这些描述，是非常粗陋和简单化了的。之所以作这种描述是想指出，尽管前现代与后现代有某些接近或相似之处。但两者在根本实质上是不相同、不相通的。现代与后现代尽管在表面上有些不同，在实质上却更为相通和接近。"为什么？李先生答道："因为现代和后现代基本上建筑在同一类型的社会存在的'本体'之上，即大工业生产之上，与前现代建立在农业小生产自然经济基地的'本体'上根本不同。"

原来还是"社会存在的本体"在作祟！上文我们已经说明衣食住

行之类包括大工业生产和农业小生产不是"本体"，所以李先生在这里的推论也是不能成立的。

按照本文的观点，衣食住行之类固然是人类得以生存的基础，但是，当满足了最基本的生活条件以后，人的精神生活则具有很强的独立性，在很大程度上不受物质因素的制约。子不云乎："饭疏食，饮水，曲肱而枕之，乐亦在其中矣"（《论语·述而》）；"贤哉，回也！一箪食，一瓢饮，在陋巷，人不堪其忧，回也不改其乐。贤哉，回也！"（《论语·雍也》）

不难想象，在前现代的一个遥远岁月，物质生活极为贫乏，而哲人庄子却在那里"逍遥游"；两千多年以后，美国已"走向后现代化社会"，物质生活异常丰富，而哲人李泽厚先生也时常在那里享受"后现代"的恩惠。两者有什么"根本不同"呢？至少我不认为前者的精神生活质量比后者有所逊色！

如此看来，历史就不需发展、社会就不必现代化吗？非也！非也！李先生说："我不同意绝对的文化相对主义。这种文化相对主义认为任何文化、文明均有其现实的合理性，从而不能区分高下优劣。原始文化与现代文明、农业文化与工业文化都是等价的，因为它们不能用同一标准去衡量，人们在这不同文化里的生活和幸福也是不能区分高下优劣的。这样，就甚至可以推论根本不必现代化。"对此，我深表赞同。

那么，如何看待社会的发展呢？按照本文的看法，由于文化各个层面的发展模式不同，所以至少从轴心期以后，历史的进步首先表现在物质文化的发展，其次是制度文化的发展，最后才是精神文化的发展。这个规律仍然适用于我们时代的现代化。所以，前现代与"后现代"的主要区别首先在于物质文化，其次在于制度文化，而不在于精神文化。

当然，物质生活与精神生活之间也不是漠不关心的，物质生活的发展肯定有助于精神生活。但是，由于精神生活的独立性，物质生活的影响是有限的。这正如李先生所说："除了物质生活，人各有其不同的精神需要，并且这种需要渗透在物质生活本身之中，也推动、影响、制约物质文明的发展，影响着物质文明所采取的具体途径。"这种"渗透在物质生活本身之中"的"精神需要"之实现，其实也就是我所说的物质生活对精神生活的影响。

这正是我和文化相对主义者们的分野。

最后需要指出的是，李先生对现代化概念的理解是狭隘的，甚至可以说是落后的。他"把发展科技生产力作为进入现代社会的根本关键"，认为"在这个最根本的方面——发展现代大工业生产方面，现代化也就是西方化"。这种对现代化的理解，不但是西体中用说的一个重要根据，也是其他西化派的思想根源。但是，他们没有意识到，工业化只是现代化的一个阶段或一个方面，并且一些学者已经不再把它作为现代化的主要特征或现代性的主要内容了。

在以上诸说之外，傅伟勋教授曾经提出"中国本位的中西互为体用论"。他解释道："此辞的真意是，只要有助于中国传统思想文化之批判的继承与创造的发展，西学西潮不论体用，皆可吸纳进来，而与中学融为一炉。"①

---

① 傅伟勋：《中国大陆讲学三周后记》，见刘志琴编《文化的危机与展望——台港学者论中国文化》（下册），中国青年出版社1989年版。

傅先生大概混淆了中西文化的体用和中西文化融合的体用这两个不同性质的问题。诚然,中学有中学之体用,西学有西学之体用,但是,中西文化融合,并不是两种文化系统机械地拼凑在一起,并不是中体与西体相加,中用与西用相加。实际情况是,在中西文化融合的过程中,必然会产生一种新的体用关系,它必然会打破和取代过去的体用关系。文化融合不是杂乱无章的,而是有其根本原则的,这个根本原则就是体。相对而言,其他东西,不管本来是体还是用,统统都属于用的范畴。

这个根本原则、这个体,就是我们进行文化融合和现代化的立足点。既然是立足点,它就是独一无二的,要么立足于中华文化或其某种因素,要么立足于西方文化或其某种因素,而不可能既立足于前者,又立足于后者。因而,"中西互为体用论"是难以成立的。

其实,所谓"本位",也就是立足点,也就是体。傅先生一面讲"中西互为体用",一面又强调"中国本位",却没注意到二者之间的内在矛盾。

四、中国现代化之路

如此看来,对中国现代化的种种设想,都在不同程度上误入歧途。路在何方?

中国现代化是全球现代化的一部分,它实质上是由吸收西方现代化引起的一次文化整体结构的调整和转型。从全球现代化的趋势看,中国的现代化之路大致可分为三个阶段:一是引进西方现代化,也就是西化的阶段;二是中国传统的现代化阶段;三是中国文明由一种地方文明成为普遍文明的一个组成部分，从而为全世界广泛认同的阶段。在第三个阶段，我们要进一步吸收世界上各种文明的一切优秀成分，以完善自己的现代化。

依此，中国现代化的第一阶段远未完成，第二阶段亦未真正开始。所以，目前的主要任务有二：一是全方位地引进西方现代化，二是全方位地进行传统的现代化。这两方面不是对立的，而是一致的，并且可以同时进行。

方针是什么？许多人认为，"体""用"这对范畴是早已过时的陈词滥调，连提出西体中用的李泽厚先生也说自己是不得已而用之。他多次强调："如果没有'中体西用'和'全盘西化'这两种思想、理论、主张、看法以及语词，我也就不会提出和使用'西体中用'。"

但愚以为，"体""用"虽然古老，但不陈旧，更谈不上过时，它们深刻体现了中国古人的智慧，有极强的生命力，而以之分析中国的现代化问题，尤其中西文化的关系，是十分允当的。我甚至认为"中体西用"作为中国现代化的一种方针和宗旨，是完全可以接受的。套用李泽厚先生的话说——"关键在于解释"，所以，我也想尝试着对"中体西用"做一番新解。

诚如李泽厚先生所说，体用这对概念"含义模糊，缺乏严格的定义或规范"。严北溟先生主编的《哲学大辞典·中国哲学史卷》"体用"条下有三个义项，归纳得很好。其一，"体指形体、形质、实体；用指功能、作用、属性"。其二，"体指本体、本质，用指现象"。其三，"体指根本原则，用指具体方法"。[①]

---

① 严北溟主编：《哲学大辞典·中国哲学史卷》，上海辞书出版社，第349、350页。

洋务派的中体西用说之体用即属体用第三义。严复批评道："体用者，即一物而言之也。……故中学有中学之体用，西学有西学之体用。分之则两立，合之则两亡。"①这是以体用的第一义攻第三义，不足为据。

且严氏有所不知，洋务派的体用，非指西学之体用，亦非中学之体用，而是中国现代化之体用、中国新文化之体用。也就是说，其体用是"即一物而言之也"，此"一物"就是中国现代化或中国新文化，因而洋务派本来没有违背体用一如的原则。严复此误，或为一时疏忽，但后世学者不假思索便随声附和，以致谬种流传，不亦悲夫！

我仍然沿用洋务派对体用的用法。

事实上，何者为体、何者为用是相对的。我以为，根据上文对人的根本特征和社会存在之本体所在的理解，用来分析社会文化现象，体用可作三层解释：其一，在整个人类生活中，文化为体，衣食住行、日常生活，即李泽厚先生所说的社会存在为用；其二，在文化体系中，价值系统为体，知识系统为用；其三，在价值系统中，价值系统的核心和根本特质为体，其具体内容或构成为用。

不幸得很，按照这种解释，衣食住行、日常生活，即所谓社会存在，无论在哪个层面上都不能当作"体"。看来，是李泽厚先生把事情搞颠倒了。

按照这种解释，洋务派中体西用说之局限性的思维方式根源也显露出来了。原来，他们对体用的理解只停留在第二层面，即以价值系

---

① 严复：《与〈外交报〉主人书》，见《中国现代学术经典·严复卷》，河北教育出版社1996年版，第623页。

统为体，以知识系统为用。体作为根本原则当然是不能变的，故传统的纲常名教不可变；而知识系统作为具体方法是可变的，故西方的科学技术作为一种新知识可以吸收。这就是洋务派的逻辑。

应该如何用体用范畴来处理中西关系或传统与现代化的关系呢？知识系统具有兼容性和相融性，所以引进西方的科学技术，不但是必要的，而且是易于实行的。关键在于价值系统。所以必须超越以上对体用解释的第二层面，超越洋务派，而将问题深入到第三层面，深入到价值系统内部。

就这个层面而言，中国传统价值系统的核心和根本特征是体，不能变；中国传统价值系统的具体内容为用，是可变的。

中华文化的核心和根本特征是什么呢？是中国的人文精神。中国的人文精神形成于殷周之际。以文王、周公为代表的周初政治文化精英由殷之代夏、周之代殷的历史，对传统宗教进行了一次深刻、彻底的反思，终于发现并非"天命不僭"，而是"天命靡常""惟命不于常"，甚至"天不可信"。至于夏、殷两代的废替，皆因"惟不敬厥德，乃早坠厥命"。原来，社会发展变化的最终根据，并不是神秘莫测的天命，而是人的德行。摒弃天命，注重人事，标志着中国人文主义的形成。

中国传统价值系统的核心和根本特征，当然也是整个中华文化的核心和根本特征。所以，在最广泛的意义上，只有中华文化的核心和根本特征是体，是不可动摇的，其他都是用，都是可以改造的。

因而，在中国现代化和中国新文化中，中华文化最高层面的体仍为体，这是立足点。用包括两类，一是中华文化的其他部分，二是被引进的西方文化。就后一类而言，不管它在西方文化中本来是用的部分，还是体的部分，都转化为中国现代化之用。换言之，中学有体的部分，有用的部分，而西学只能是用。中国对西方文化的引进和吸收，正是中学中之用的部分与作为用的西学之间的融合。

这就是说，对于中国现代化和中国新文化中的中学与西学的关系而言，中学为体，西学为用。

在现代化中，这种中体西用的模式具有普遍的意义。印度对西方文化的吸收何尝不是印体西用？同样，西方对中国和印度文化的吸收又何尝不是西体中用（当然不同于李泽厚先生的"西体中用"）、西体印用？

其实，对于文化发展的这个基本规律，古人早有明察。尽管当时还没有运用体用范畴进行分析，但他们已经清楚地意识到，在文化的发展演变中，其核心部分是永恒不变的，其边缘部分是可变的。

先来看孔子的意见吧。他说："殷因于夏礼，所损益可知也；周因于殷礼，所损益可知也；其或继周者，虽百世，可知也。"（《论语·为政》）孔子所说的"礼"已不仅仅指礼仪制度，而是泛指包括意识形态在内的制度文化和精神文化。孔子认为，在文化的发展演变中，有"因"即不变的部分，也有"损益"即可变的部分。正因为"礼"中有永恒不变的部分，所以，就这部分而言，"其或继周者，虽百世可知也"。哪是"因"的部分、哪是"损益"的部分呢？《论语·八佾》载："林放问礼之本。子曰：'大哉问！礼，与其奢也，宁俭；丧，与其易也，宁戚。'"孔子又说："礼云礼云，玉帛云乎哉？乐云乐云，钟鼓云乎哉？"（《论语·阳货》）看来，关键在于内在精神。这就是"礼之本"，这就是人文精神，也就是"因"的部分。自然，那些"玉帛""钟鼓"等外在的礼仪制度，是非本质的部分，是可以"损益"的部分。孔子还进一步认为，对于礼仪制度的"损益"也要根据"礼"的内在精神："麻冕，礼也。今也纯，俭，吾从众。拜下，礼也。今拜乎上，泰也。虽违众，吾从下。"（《论语·子罕》）礼帽由麻改纯，不违背礼的内在精神，且较节省，故孔子接受这种改革；但由"拜下"改为"拜上"，则"泰也"，违背礼的内在精神，故孔子反对这种改造，坚持传统。

对于这种历史观，《礼记·大传》表述得更加清楚："圣人南面而治天下，必自人道始矣。立权、度、量，考文章，改正朔，易服色，殊徽号，异器械，别衣服，此其所得与民变革者也。其不可变革者，则有矣。亲亲也，尊尊也，长长也，男女有别，此其不可得与民变革者也。"用我们今天的话说，"亲亲"等是价值系统的核心内容，是人文精神的体现，是本，是体，故"此其不可得与民变革者也"。而"立权、度、量"等属制度文化，"异器械"等属物质文化层面，这些都是末、是用，故"此其所得与民变革者也"。

古人常常将人文精神归结为"道"。尽管人们对"道"的理解不同，但几乎所有哲学家都认为"道"是不可以改变的，以至董仲舒得出"道之大原出于天，天不变，道亦不变"（《汉书·董仲舒传》）的论断。唐代韩愈又明确提出"道统"之说。其"道统"之"道"，非客观之"道"，而是关于"道"的思想学说。所以他说的"轲之死，不得其传焉"，并不是说孟子死后"道"就不存在了，而是指关于"道"的思想学说中绝了。

遗憾的是，这些深邃的思想被洋务派的政治家们忽视了，否则他们不会把引进西方的政治制度排除在改革方案之外的。至于今人，一方面把这些闪耀着智慧之光的东西当作保守落后甚至反动的毒素扫进历史的垃圾箱，一方面陷入不知所措的境地，尤其可悲。呜呼哀哉！

所以，我主张不仅要全方位地引进西方的科学技术和大工业生产，而且也要全方位地引进西方的精神文化和制度文化，包括意识形态、伦理道德观念、社会政治思想、政治制度、经济体制等各个方面。所谓全方位，并不是说要将传统文化抛弃，全部换上西方文化，而是在中华文化的基础上，引进西方文化，做一些结构上的调整。这个过程，是用西方文化"充实""改进"中华文化，而不是像李先生说的那样"改换"中华文化。所谓全方位，也不是说引进全部西方文化，而是有选择地引进，选择的根据就是中国的现实需要。

值得注意的是，当这些西方价值被引进中国以后，会逐渐地被中国深厚的文化底蕴所同化，这是一个中国化的过程。同时，中华文化也会被西方文化所渗透。不过，不同的文化层面所受渗透程度是不同的，愈往深层，所受渗透的程度就越轻。至于中国的人文精神，是不能有丝毫动摇的，因为它是中华文化的核心与根本特征，是体中之体。

说到这里，我不禁又想起中国对佛教的引进和吸收，这件事留给我们的经验教训实在是太丰富、太深刻了！

佛教之所以能够在中国大行其道，首先归根于中国的现实需要，具体地讲，就是儒学的缺陷和危机。余敦康教授曾经指出，从汉代开始，儒学的发展偏于外王而忽视内圣，以至在心性之学的研究上毫无建树。在某种意义上，蕴含于孔孟儒学中的许多关于塑造理想人格的重要内容也失传了。一旦礼法名教社会产生了严重的异化，追求外在事功的道路被堵塞，迫使人们不得不退回到内心世界去寻找精神支柱，儒学就真正显露危机了。同佛教的那一套系统完备的心性之学相比，不仅汉唐经学存在着严重的缺陷，连孔孟儒学也相形见绌。①

佛教之在中国兴起，还要归因于佛教的中国化过程。陈寅恪先生不无感慨地说："释迦之教义，无父无君，与吾国传统之学说，存在之制度无一不相冲突。输入之后，若久不变易则决难保持。是以佛教学说能于吾国思想史上发生重大久长之影响者，皆经国人吸收改造之过程。其忠实输入不改本来面目者，若玄奘唯识之学，虽震荡一时之人心，而卒归于消沉歇绝。"②

这个中国化过程，意味着民族本位是万万不可丢掉的。陈先生接着说："道教对输入之思想，如佛教摩尼教等，无不尽量吸收。然仍不忘其本来民族之地位。既融成一家之说以后，则坚持夷夏之论，以排斥外来之教义。此种思想上之态度，自六朝时已如此。虽似相反，而实足相成。从来新儒家即继承此种遗业而能大成者。"

当今对西方文化的吸收，包括对各种思潮和意识形态的吸收，当以此为鉴。这是头等重要的事情。所以陈寅恪先生在发出上述精辟见解之后，又语重心长地提醒世人："窃疑中国自今日以后，即使能忠实输入北美或东欧之思想，其结局当亦等于玄奘唯识之学，在吾国思想史上既不能居最高之地位，且亦终归于歇绝者。其真能于思想上自成系统，有所创获者，必须一方面吸收输入外来之学说，一方面不忘本来民族之地位。此二种相反而适相成之态度，乃道教之真精

---

① 余敦康：《内圣与外王的贯通》，学林出版社1997年版，第269—272页。
② 陈寅恪：《冯友兰中国哲学史审查报告》，见冯友兰：《三松堂全集》（第三卷），河南人民出版社2001年版，第461页。

神，新儒家之旧途径，而两千年吾民族与他民族思想接触史之所诏示者也。"①

应该如何全方位地进行传统的现代化呢？

固然，就世界范围内的现代化趋势而言，目前的主流仍然是西化，而其他各大文明传统的现代化刚刚揭开序幕。正是在这一背景下，学术界所讨论的现代性仍然是西方文明的现代性。例如，为学者所认同的现代性的三项内容，即市场经济、个人主义和民主政治，无一不是在西方文明的土壤中形成的。然而，按照笔者的看法，西方以外的各大文明传统也必将像西方文明传统那样完成现代化，并形成自己的现代性。而这种现代性，也必像西方的现代性那样，由一种地方知识转化为普遍知识。

无疑，基于中国传统的现代性尚未形成。既然这种现代性是由传统转化来的，那么首先应该搞清我们的传统是什么，祖先留下了哪些遗产。亨廷顿教授曾经把西方文化的传统（当然是优秀传统）列了一个清单，我们也可以这样做。

我尝试着把中国传统文化的主要特征和遗产列了十五条，不一定恰当。它们是：

1. 中华元典，包括"五经"和先秦诸子的著作。

2. 儒、道、释三教，这里指汉代以后的中国主要精神遗产。

3. 人文精神和哲学人生。西方的人生价值主要寄托于上帝，寄托于宗教。自从周初的人文主义运动以后，中国的人生价值，除了寄托

---

① 陈寅恪：《冯友兰中国哲学史审查报告》，见冯友兰：《三松堂全集》（第三卷），河南人民出版社2001年版，第462页。

于宗教外，更主要地寄托于自性，寄托于哲学。所以，中国人的人生观，是一种哲学人生观，即对人生抱着哲学的态度。过去儿童入学要读"四书"，而"四书"是儒家哲学最重要的典籍，它们对中国人的人生观产生了深刻影响。

4. 天人合一，万物同源。在西方，自然是人类改造的对象，也就是说，人和自然处于一种对峙之势。但中国的情况完全不同。早在中华文明的黎明时期，天是自然和社会的最高主宰，人们的行为必须顺从天意，就是说，天和人之间存在一种相通的关系，这是天人合一观念的萌芽。后来，天人合一观念获得了哲学的阐释。天人合一的观念意味着人与万物是同源的，应该亲和相处。到了北宋，张载则明确地提出："民吾同胞，物吾与也。"

5. 主客合一。西方人注重探究客观世界，并形成了一套博大精深的知识论体系，也形成了主客分离的特点。中国人注重探究内心世界或主观世界，所研究的对象就是主体自身。由此建构的理论，中国哲学家们也谓之"知"，不过这种"知"不是客观知识，而是一种关于主体自身的知识，这造就了主客合一的特点。

6. 直觉思维。这种思维方式具有极强的创造性和极高的审美气质，人们尚未充分意识到它的价值。

7. 实用理性。这个概念是李泽厚先生提出来的，很妙。

8. 和而不同，多元一体。西方人较为强调不同事物之间的对立与矛盾，而中国古人则强调不同事物之间的和谐。如老子说："和曰常，知常曰明。"（《老子》五十五章）孔子说："礼之用，和为贵。"（《论语·学而》）又说："君子和而不同，小人同而不和。"（《论语·子路》）在这里，孔子强调"和"与"同"的区别。所谓"和"，是指不同的事物结合，又处于一种和谐的状态。所谓"同"，同一种事物的相加，显得十分单调。因而，和而不同又意味着兼容并包与追求和平。在这种思维方式影响下，形成了中国社会和文化多元一体的格局，这与亨廷顿所强调的西方多元社会有所不同。

9. 德性学说与伦理情怀。中国文明的特质形成于殷周之际。正是殷周之际的宗教批判运动，导致了中国文明与其他文明的巨大差异。就道德观念而言，中国人认为道德的根据是人的内在品质，也就是德性；而西方人却认为，道德的根据是外在的上帝或外在的理念。这也是中西人性论的差别。中国古代的农业经济决定了血缘的稳定性，而这又导致了传统的价值系统弥漫着伦理气息，使中华文化很有人情味。

10. 自由观念。现在人们一谈起自由，便想到西方，殊不知中国早就有别具一格的自由观念。如果说西方的自由观是一种外在自由或者个体自由的话，那么中国的自由观则是一种内在自由或精神自由、生命自由。

11. 个人主义与集体主义。个人主义不是西方的专利。西方的个人主义，主要就人与人之间、就社会立论。与此不同，中国的个人主义就人的内在心性立论。它充分地肯定每个人都具有同样的心性，主张"人皆可以为尧舜"。

12. 民族意识。统一的汉民族意识是在汉代开始形成的，它不仅促成了强大的民族凝聚力，使中国最终保持统一，而且是中华文化源远流长，一直保持连续性的重要原因。

13. 政治智慧，包括文官政治、德治、礼治思想，以及民本主义等等。中国有学而优则仕的传统，从知识分子中选拔人才，这就在很大程度上保持了社会管理系统的先进性。在管理模式上，重德礼，轻政法，强调以教育为本。至于民本主义，则足以与西方的民主主义相提并论。

14. 古代汉语。主要指它的书面语。不掌握这种书面语，就休想真正进入古人的内心世界，真正进入传统。方块汉字不但是汉族各方言共同的书写形式，而且为其他少数民族广泛运用，甚至被引进到其他国家。这种文字与直觉思维之间存在密切的内在联系。

15. 文学艺术。这也是中国古代突出的成就之一。毕加索曾经说，在世界艺术之林，中国艺术是最杰出的。我想这不是溢美之词。

凡此种种，都应该在现代化过程中发挥其应有的作用，都应该在新的文化范式中找到自己的位置。在我看来，它们大抵是中华文明中永恒的、不可革除的部分，大抵是具有普遍意义并可以转化为普遍的现代性的部分。

传统的现代化大概可以通过两种途径进行：一是"我注六经"，即对传统进行现代解释；二是"六经注我"，即将传统纳入新的思想体系。

按照这种中体西用模式所形成的文化会不会是一种大杂烩、大拼盘呢？这种顾虑是可以消除的。

首先，如果认真比较一下中西文明的主要遗产，就不难发现，其互补性远远大于冲突性，它们完全可以在一个新的文化范式中和谐共处，并逐渐相互同化。

中西文明固然有很大不同，但是，不同并不仅仅意味着冲突，它还意味着互补。过去的研究者往往片面地夸大冲突而忽视互补，并导致一系列的误解。这种偏差已到了非纠正不可的时候了。马克斯·韦伯说从儒道中不能发展出资本主义，或许是有道理的。但他进一步推论儒道会阻碍资本主义的发展，那就过于武断了，现有东亚的经济奇迹为证。韦伯的败笔就在于错把互补当冲突。

其次，中体西用不是将两种事物简单地相加，而是一个创造、创新的过程。在这方面，宋明时期的儒学大师们引进佛学，并发展出理学这种新范式，仍可为我们提供许多启发。

《诗经》云："周虽旧邦，其命维新。"我已隐隐地感觉到，古老的中华文明经过一番痛苦的磨难与调整，就要以新的风姿展现它的价值、它的博大与精深！

五、余论

我在重新解释中体西用的过程中，突然发现一个有趣的现象。如果我的新释尚可备一说的话，那么从洋务派提出中体西用以来，关于中、西、体、用问题讨论的轨迹，正好构成一个马鞍形。如下图所示。

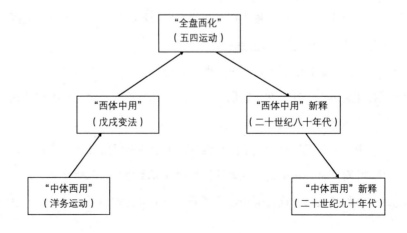

　　这就是说，一个本来正确的方针，由于提出者的片面理解和时人的情绪化等因素，一步步地偏离了；而当事情发展到极端，又开始一步一步地回归。真是物极必反、反者道之动！当然，这种回归不是原路返回，而是有所超越、有所创新。唯其如此，这个轨迹才是马鞍形的。

　　这个马鞍形的意蕴何止于此！它不正是中国国际地位失落而后提高的过程吗？不正是我们民族自信心丧失而后恢复的经历吗？……所有这一切，当然都不能孤立地看待。

　　具有讽刺意味的是，被李泽厚先生奉为"西体中用"派之典范的康有为，最终归于"中体西用"。他晚年对中国传统文化极为推崇："吾国经三代之政，孔子之教，文明美备，万法精深，升平久期，自由已极，诚不敢妄饮狂泉、甘服毒药也。"①他甚至提倡以孔教为国教，认为"夫孔子道，本于天。……则普大地万国之人，虽欲离孔教须臾而不能也"②。在他看来，"吾国人之所以逊于欧人者，但在物质而已""中国之病弱，非有他也，在不知讲物质之学而已"。所以"中国救急之方在兴物质""吾所取为救国之急药，惟有工艺、汽电、炮舰与兵而已"。③于是，他对自己在戊戌维新变法运动中的所作所为悔恨不已："追思戊戌时，鄙人创议立宪，实鄙人不察国情之

---

① 康有为：《法国大革命记》，见《康有为全集》（第八集），中国人民大学出版社2007年版，第202页。

② 康有为：《孔教会序二》，见《康有为全集》（第九集），中国人民大学出版社2007年版，第343页。

③ 康有为：《物质救国论》，见《康有为全集》（第八集），中国人民大学出版社2007年版，第71页。

巨谬也！"①这些观念与洋务派并无二致。

如何看待康有为由改良主张向"中体西用"回归呢？流行的观点认为，这是倒退，这是堕落。这种评价显然过于粗暴和简单化了。君不见，康氏的结论是他在游历欧洲各国达十一年之久，并对中西做了认真的比较研究后得出的。用他自己的话说，即"鄙人于八年于外，列国周游，小住巴黎，深观法俗，熟考中外之故，明辩欧华之风，鉴观得失之由，讲求变革之事"②。所以，这种回归固然不完全正确，但必有其深层的、理性的根据。

事实上，在中国近现代史上，向传统回归的何止康氏一人，又何止改良派！毋庸讳言，有些鼎鼎大名的激进派人物不是也和康有为一样最终走上了回归传统之路吗？这个奇妙的现象恰与上述那个马鞍形不谋而合，怎能不令人反省、发人深思呢？

---

① 康有为：《国会叹》，见《康有为全集》（第十集），中国人民大学出版社2007年版，第124页。

② 康有为：《法国大革命记》，见《康有为全集》（第八集），中国人民大学出版社2007年版，第202页。

第六章
从价值取向二元化的世界潮流看儒学与民主的关系 [①]

近年来，随着现代化建设和改革开放事业向纵深发展，民族自信心日益提高，传统文化也越来越受到政府和社会各界的重视。那么，作为中国传统文化主干的儒学在当今中国到底应该占有什么样的地位？它同作为现代主流价值的民主主义思潮的关系如何？这是我们不得不面对、不得不回答的重大理论问题。

一、现代社会基本价值取向二元化的世界潮流

现代化和全球化的浪潮给人类社会带来了翻天覆地的变化，它意味着历史的列车由传统文明跨入现代文明，而它对价值领域的冲击尤为剧烈，乃至完全改变了其基本结构。从世界范围来看，现代价值与传统价值，或者说普遍价值与民族价值二元并行的趋势已经越来越清

---

① 本章内容曾以《第三个儒学范式与全球化视野下的中国民族主义意识形态》为题在2006年9月讲演于北京"孔子儒学与中国现代社会"国际研讨会，以《国家意识形态与民族主体价值相辅相成——全球化时代马克思主义与儒学关系的再思考》为题刊于《哲学动态》2007年第3期，收入本书时略做修订。

楚地呈现出来。

这里所说的现代价值或普遍价值，指进入现代社会之后形成的，最能体现现代性的，并为现代人们所广泛接受的价值观；而传统价值或民族价值，指进入现代社会之前，在漫长的历史过程中逐渐形成的，最能体现民族意识的，并为民族成员所广泛认同的价值观。现代价值或普遍价值的核心部分，主要是文艺复兴运动以来形成的自由、平等、民主等价值观，我们可以笼统地将其归结为民主主义思潮。它是随着时代的脉搏而流动的，故称之为现代主流价值。在不同的国家，现代主流价值在不同程度上表现为国家意识形态。传统价值或民族价值的核心部分，主要是能够代表民族精神和民族信仰的文化形式。虽然它在现代社会仍有极强的生命力，但其本身已经成为完整形态的民族传统，故称之为民族意识形态。

由于近代民族国家的兴起，人们对"民族""国家"等基本概念的理解存在着许多歧义。有鉴于此，早在1926年吴文藻就在其名著《民族与国家》中对这两个概念做过十分中肯的界定。他说："民族乃社会的人类学研究之对象，故为一文化的及心理的概念。"他认为，判断民族之标准，所重者三，一是语言文字，二是历史，三是文化。此三者"为人文精神之所寓，故民族者，乃一文化之团体也"。而"国家乃政治学，国际法学，社会学，及其他种种社会科学研究之对象"[1]。可见，大致言之，"民族"乃一文化概念，"国家"属于政治范畴。

---

[1] 吴文藻：《民族与国家》，原刊《留美学生季报》1926年第11卷第3号，收入《吴文藻人类学社会学研究文集》，民族出版社1990年版，第19—36页。

社会是由不同层次的人类共同体组成的，所以，作为文化共同体的民族，也存在层次之分。在较低层次上，像法兰西、德意志、汉族、蒙古族、藏族等等得以成立，这是狭义的民族。在较高层次上，像西方民族、中华民族、印度民族、阿拉伯民族等等得以成立，这是广义的民族。这个层次上的民族，其实已经与通常意义上的文明相当了。我们知道，在漫长的历史过程中，地球上逐渐形成了四个最基本的文明圈，即西方文明、中华文明、印度文明和伊斯兰文明。按照上述对民族概念的辨析，这四大文明的主体，也可以看作四大民族。

在现代化以前，这些文明圈相对独立发展，并各自形成了其基本价值取向。除中华文明外，这些传统文明的基本价值取向多为宗教。鉴于文明和广义民族的对应关系，我把各大文明中这些传统社会的基本价值取向称为民族意识形态。

在四大文明圈中，西方文明率先启动了现代化和全球化之旅。十四世纪到十六世纪的文艺复兴运动揭开了现代化的序幕，十五、十六世纪的地理大发现则扬起了全球化的风帆。自此以后，现代化和全球化这两股大潮便交织到了一起，结束了各大文明独立发展的历史，共同导演了一段悲壮的真正意义上的世界历史。

文艺复兴是在思想和文学艺术领域，打着复兴古代文化的旗帜，高扬人文主义精神的一场运动，其矛头直指中世纪神学，即西方传统社会的基本价值取向。所以，从本质上讲，这是一场价值观的革命。在这场运动中，一种新的、世俗的价值观成为时代的最强音，这就是自由、平等、民主等观念。如果说文艺复兴是第一波现代化浪潮的话，那么，这种新的价值观就是最早的现代性。作为一种现代性，它从一开始就显示出了其普遍性。可以说，现代化浪潮波及哪里，它就流行到哪里。纵观六百余年的世界近现代史，这种现代价值观几乎成了所有现代国家立国的根本理念，成了这些国家的现代主流价值和国家意识形态。

那么，以现代化程度最高的西方为例，是不是现代和传统针锋相对呢？新的价值观形成后，旧的民族意识形态是否就被抛弃了呢？回答是完全否定的。我们从西方现代化本身可以了解他们这种价值系统的转变。虽然文艺复兴以后，自由、平等、民主成为时代的主旋律，但传统价值即基督教作为西方的民族意识形态，并没有因此而退出历史舞台，而至今仍然是西方的民族意识形态。它同新的价值观一起，共同构成了现代西方的基本价值取向。当然，在现代化产生以后，西方的传统宗教已不是原本中世纪的基督教，而是经过宗教改革运动洗礼的基督教。同文艺复兴思潮一样，改革之后的基督教也渗透着人本主义和个人主义精神，强调个人信仰高于一切，甚至也提出了平等、自由等主张。所以在马克斯·韦伯看来，新教伦理对于西方资本主义的发展起到了重大的促进作用。总之，经过宗教改革以后的基督教，是与现代社会相适应的。如果说文艺复兴缔造了现代主流价值的话，那么宗教改革重塑了西方民族意识形态。

耐人寻味的是，正是来自基督教内部的改革推动了现代西方基本价值取向二元化格局的形成。以马丁·路德和加尔文为代表的宗教改革家们不但承认教会和国家的区别，而且还由此区分了信仰和理性的作用，认为信仰主宰着"属灵的王国"，构成人的精神家园；而理性则指引着"世俗的王国"。就这样，基督教虽然主动向国家和世俗社会让出了半壁江山，但同时又保住了自己在精神信仰领域的权威，其结果必然是现代主流价值和民族主体意识并行两立。

在全球化时代，现代西方基本价值取向的这种二元化格局是否具有普遍性呢？我认为它在其他文明中也是行得通的。不错，现代化发源于西方，其他文明的现代化始于对西方现代化的引进和吸收。那么，这是否就意味着其他文明需要全盘移植西方文明呢？这个问题曾在近一百年来的中国学术界被不断地讨论。在相当长的一个时期内，主流的看法是，所谓现代化就是西方化。不过，事实胜于雄辩。美国学者亨廷顿通过对世界各地现代化进程的考察得出结论："现代化并不意味着西方化。非西方社会在没有放弃它们自己的文化和全盘采用西方价值、体制和实践的前提下，能够实现并已经实现了现代化。西方化确实几乎是不可能的，因为无论非西方文化对现代化造成了什么障碍，与它们对西方化造成的障碍相比都相形见绌。正如布罗代尔所说，持下述看法几乎'是幼稚的'：现代化或'单一'文明的胜利，将导致许多世纪以来体现在世界各伟大文明中的历史文化的多元性的终结。相反，现代化加强了那些文化，并减弱了西方的相对力量。世界正在从根本上变得更加现代化和更少西方化。"[1]他认为其他文明在实现现代化的过程当中所接受的是西方之为现代化的东西而不是西方之为西方的东西。

这种将现代化和西方化区分开来的观念极其重要。然而，在西方文化中，哪些是现代化的东西、哪些是西方化的东西呢？在我看来，自文艺复兴、启蒙运动、工业化时代、后工业化时代等西方现代化各个时期所形成的现代性，诸如上文所提到的自由、平等、民主以及科

----

[1]　亨廷顿：《文明的冲突与世界秩序的重建》，新华出版社1998年版，第70、71页。

学、理性、市场经济、个人主义等等，都是西方的现代性。除此之外
的部分，就是西方化的东西，其中最核心的就是作为西方民族主体价
值的基督教，它集中反映了西方民族的核心价值。对于西方以外的其
他文明来说，实现现代化，就是要吸收产生于西方的现代性，而不是
那些西方化的东西。许多现代化国家将自由、平等、民主作为主流价
值和国家意识形态，就是其吸收西方现代性的明证。至于这些文明的
根本价值，仍然是民族的。就是说，对于一个现代化国家来说，现代
价值和传统价值、普遍价值和民族价值是并行不悖的；前者是推动全
球化浪潮的动力，而后者则是在全球化浪潮中各种文明和各个民族之
间相互区别的标识。

在这里，有几点值得特别强调。第一，西方的现代性脱胎于西方
文明，是西方文明现代化的结果。在这个意义上，现代化和西方化是
不可能截然分开的。第二，西方现代化及由之形成的现代性只是世界
现代化的一部分。在世界现代化进程中，其他文明在吸收西方现代
性、推行现代化的进程中，那些古老文明也将实现现代化，并最终形
成其现代性，从而为别的文明所吸收，进入全球化旅程。这将是全球
化的新阶段。不过，迄今为止，所谓现代性基本上仍然是西方的现代
性，其他文明的现代性尚未鲜明地呈现出来。因此，以世界眼光看，
这是一种片面的、一元化的现代性。由各种文明现代性构成的多元现
代性将使各个文明相互学习，取长补短，相得益彰。第三，现代性是
一把双刃剑，对它的滥用将导致严重的后果。现代科学技术的发展所
导致的核危机、环境污染、自然资源过度开发等问题，已经为世人所
深恶痛绝。避免滥用的根本途径是建构多元现代性。第四，各个文明
在吸收其他文明的现代性的过程中，并不是完全照搬，而是根据自己

的实际情况对其加以改造。第五，各个文明对自己传统的继承，也不是完全照搬，而是根据时代需要加以改造，使之适应甚至促进现代化事业的发展，一如西方的宗教改革运动。

二、中国的民族意识形态及其历史变迁

中国作为一个国家同近代意义上的民族国家不可同日而语。十六世纪初期以前，欧洲是一个以基督教为基本价值体系、以教皇为精神领袖、以基督教教仪为社会习俗、以拉丁文为官方语言的"基督教共同体"。随着文艺复兴和宗教改革运动的发展，欧洲各国纷纷挣脱教皇的羁绊，掀起了民族独立的浪潮，近代意义的民族国家就这样诞生了。与十六世纪以前欧洲的"基督教共同体"相似，先秦时期的中国是一个以华夏族主体国家为核心，统摄"诸夏"、掌控"四夷"的政治文化共同体，是一个天下一体化的社会（详见本书第八章）。西周末年，平王东迁，王权衰微，诸侯纷纷称王，大有近代欧洲民族国家独立之势。但历史的结局同近代欧洲完全相反，天下一体化的传统观念和种种历史因素最终导致了秦的统一，形成了一个中央集权的、多民族的统一国家。暴秦旋即覆灭，为汉朝所代替，这个由许多民族融合而成的泱泱大族从此被称为汉族。近代以后，汉族同中国境内其他少数民族一起被称为中华民族。可见，近代欧洲的民族国家是民族独立的结果，恰恰相反，统一的中国是民族融合的结果。在这个意义上，中国或中华文明同由若干民族国家构成的西方文明相当，中华民族也同由若干狭义的民族构成的广义的西方民族相当。由于这个缘故，中国传统的民族意识形态，表现为古代中国的国家意识

形态。

本书第四章谈到中国古代的社会意识形态及其演变大致经历了宗教时代、宗教人文一体时代、宗教人文独立时代等阶段。从国家意识形态或民族意识形态的角度，我们可以把这里的宗教和人文主义分别表述为国教和官学，因此可以说中国古代的国家意识形态大致经历了三个阶段，即国教时代、学教合一时代、学主教辅时代。

殷周之际以前，尽管学术思想已经开始孕育、萌芽，但总起来说，当时国家意识形态的主干是以敬天法祖为核心的中国传统宗教，这是古代中国的国家宗教，我称之为"天地祖先信仰"（关于"天地祖先信仰"，参见本书第七章），这就是国教时代。

中国的学术思想，当形成于以文王、周公为代表的政治精英和以巫史为代表的官方知识集团，所以一开始就是以官学的身份出现的。正如章学诚《校雠通义》所说："后世之文字，必溯源于六艺。六艺非孔氏之书，乃周官之旧典也。《易》掌太卜，《书》藏外史，《礼》在宗伯，《乐》隶司乐，《诗》领于太师，《春秋》存乎国史。夫子自谓'述而不作'，明乎官司失守，而师弟子之传业，于是判焉。……三代盛时，《礼》以宗伯为师，《乐》以司乐为师，《诗》以太师为师，《书》以外史为师，《三易》《春秋》亦若是则已矣，又安有私门之著述哉？"①可见，周代学术本于王官，存于"六经"，春秋以前并无私家著述。

据此，殷周之际宗教批判和宗教改革运动所形成的宗教人文一体

---

① 章学诚：《校雠通义·原道第一》，见《校雠通义通解》，上海古籍出版社1987年版，第2页。

局面，就表现为国教和官学合为一体，共同组成了国家意识形态，或者说宗教和学术一体两面，分别扮演着不同的角色。所以，我称这个时期为学教合一时代。

平王东迁，诸子蜂起，学术开始与宗教相分离，取得了独立的地位，而学教合一的国家意识形态格局也随之解体。秦统一之后，采用法家思想作为国家意识形态，而西汉初年则采用黄老思想作为国家意识形态，但皆昙花一现。所以，自春秋末到汉初，一直没有形成稳定的国家意识形态。至汉武帝采纳董仲舒"罢黜百家，独尊儒术"的建议，新的稳定的国家意识形态才正式确立。

在诸子百家中，历史之所以选择了儒学，并不是偶然的。一方面，"六经"为春秋以前中华文明之结晶，而孔子以"六经"为教材，最为全面地继承了传统文化。在这个意义上，可以说儒学代表了中国思想之正统。正如熊十力所说："夫儒学之为正统也，不自汉定一尊而始然。儒学以孔子为宗师，孔子哲学之根本大典，首推《易传》。而《易》则远绍羲皇。《诗》《书》执礼，皆所雅言，《论语》识之。《春秋》因鲁史而立义，孟子称之。《中庸》云仲尼祖述尧、舜，宪章文、武。孟子言孔子集尧、舜以来之大成。此皆实录。古代圣帝明王立身行己之至德要道，与其平治天下之大经大法，孔子皆融会贯穿之，以造成伟大之学派。孔子自言'好古敏求'，又曰'述而不作'，曰'温故知新'。盖其所承接者既远且大，其所吸取者既厚且深。故其手定六经，悉因旧籍，而寓以一之新意。名述而实创。是故儒学渊源，本远自历代圣明。而儒学完成，则又确始于孔子。但孔子既远承圣帝明王之精神遗产，则亦可于儒学而甄明中华民族之特性。何以故？以儒学思想为中夏累世圣明无间传来，非偶然发生故。由此可见儒学在中国思想界，元居正统地位，不自汉始。"①
另一方面，儒学为"内圣外王"之学，最为全面地探讨了人生、社
会、宇宙的道理。正如余英时所言："儒学不只是一种单纯的哲学或
宗教，而是一套全面安排人间秩序的思想体系，从一个人自生至死的
整个过程，到国、家、天下的构成，都在儒学的范围之内。"②

　　值得强调的是，儒学本为诸子百家学说之一，当它升为国家意识
形态之后，并未改变其学术性质。换言之，儒学是作为一种学术思想
而不是宗教来承担国家意识形态任务的。因而，汉代以后，儒学是官
学而不是国教。

　　真正作为国家意识形态扮演国教角色的，仍然是天地祖先信仰。
学教合一的格局解体以后，尽管官学一直漂泊不定，天地祖先信仰却
一直稳居国教的位置。汉武帝定儒学为官学以后，天地祖先信仰的国
教地位得到了进一步巩固。这就是说，自西汉至辛亥革命两千年间，
中国的国家意识形态是由官学和国教两部分组成的。就其各自在国家
意识形态中的地位来说，是官学为主，国教为辅，所以我称这个阶段
为"学主教辅"时代。

　　由于历史渊源和其他方面的原因，官学和国教，或者说作为两种
性质不同的意识形态的人文主义和宗教之间仍有千丝万缕的联系。二
者相互支持，相互补充，相互影响，相互渗透，并导致你中有我，我
中有你。就是说，这种人文主义含有宗教的因素和性质，这种宗教也
含有人文主义的因素和性质。在这个意义上，这种宗教可以称为"人

---

① 熊十力：《读经示要卷二》，见《熊十力全集》（第三卷），湖北教育出版社2001年版，第747、748页。
② 余英时：《现代儒学论》，上海人民出版社1998年版，第230页。

文主义宗教"，这种人文主义也可称为"宗教人文主义"。但是，如果我们因此将这种人文主义当作宗教，并冠之以"人文主义宗教"，或者将这种宗教当作人文主义，并冠之以"宗教人文主义"，都是不合适的，因为宗教因素之于人文主义，人文主义因素之于宗教，都居于相当次要的地位，并非主流，故不可以之定性命名。所以，儒学是一种宗教人文主义，而不是一些现代新儒家学者所谓的人文主义宗教。

这样，儒学同天地祖先信仰共同组成了中华民族的精神家园，只不过作为精神家园的天地祖先信仰立足于非理性的宗教信仰，而作为精神家园的儒学立足于理性的人文信仰。

这一点，恐怕是与世界上许多民族以宗教为唯一信仰的文化风格大相径庭的。如果说西方在十四、十五世纪文艺复兴运动以后才形成基于宗教信仰的意识形态和基于理性的意识形态共同构成的基本价值体系的话，那么我们可以自豪地说，早在公元前十一世纪的周初，中国就形成了类似的基本价值体系。更为重要的是，这一系统具有极强的生命力，一直延续到二十世纪初，在外力的冲击下，方告中断。所以，数千年的中华文明史一直为浓浓的人文主义色彩所覆盖，不曾出现被称为"黑暗时代"的中世纪，也不存在所谓封建社会。现在人们由于不了解中国历史及其与欧洲历史的不同，更受西方中心论的影响，便照着欧洲中世纪的葫芦画中国古代社会的瓢，张冠李戴，混淆黑白，以至积非成是，实在可叹！

三、儒学何以能够成为当代中国的民族意识形态

学主教辅的国家意识形态体系依附于皇权政体。1911年孙中山领导的辛亥革命推翻了清政府，标志着皇权政体的覆灭，也标志着学主教辅国家意识形态体系的解体。那么，作为古代中国的国家意识形态，儒学能否像其他文明的传统宗教那样在现代社会继续扮演民族主体价值的角色呢？整个二十世纪，中国的主旋律是西化。而在西化论者看来，儒学是与现代社会格格不入的封建遗毒，是阻碍中国现代化的罪魁祸首，应该被扔进历史的垃圾箱。

1949年以后，多数中国学者的一个共识是我们不能接受传统价值或传统文化。他们的主要根据是马克思主义的基本原则：一定的上层建筑一定是和经济基础相适应的，经济基础没有了，建立在其上的上层建筑随之消亡，所以他们认为传统文化是建立在小农经济基础上的，不属于现在这个时代。这种看法非常流行，和这种观点比较接近的是余英时和列文森的看法。列文森在其名著《儒教中国及其现代命运》中断言，君主制结束后，伴随着西方文化的强烈冲击，儒学已经失去存身之地，已经死亡，或者说已经被"博物馆"化了。[①]余英时进一步提出了"游魂"说："近百余年来，中国的传统制度在一个个地崩溃，而每一个制度的崩溃即意味着儒学在现实社会中失去一个立足点。等到传统社会全面解体，儒学和现实社会之间的联系便也完全断绝了""儒学死亡之后已经成为一个游魂了"。[②]

---

① 　列文森：《儒教中国及其现代命运》，广西师范大学出版社2009年版，第352页。

② 　余英时：《现代儒学论》，上海人民出版社1998年版，第232、233页。

列文森和余英时的思路如出一辙，二人都将儒学的现代命运和中国传统制度的命运完全等同起来，从而自然得出儒学已经死亡，甚至成为游魂的结论。如何来看待这个问题呢？我们先来看上层建筑和经济基础这个问题，我承认从发生过程看，一定的上层建筑是在一定的经济基础之上产生的，中华文化是在中国经济基础上产生的。但上层建筑一旦产生，就成为人类共同的财富，完全可以和产生它的经济基础相脱离。

什么是普遍价值？这就如盲人摸象，每个人摸到的是大象的不同部位，都属于大象的整体，其实大象就是普遍价值。因而，不同民族、国家所发现、所创造的文化具有共通性、普遍性，是为整个人类共同享有的，只是某个民族发现了某些部分而已，也就是说他们发现的本来就潜在地适用于所有民族、所有人。因此，上层建筑一旦形成是具有独立性的。例如，佛教是在印度种姓制度的经济基础上产生的，但我们在两汉之际引入佛教时并没有连同引进印度的种姓制度；西方文艺复兴时激活了古希腊的文艺形式，但并没有恢复古希腊的奴隶制；"东亚四小龙"吸收了西方的现代化，但也没有放弃自己的传统。

列文森和余英时的这种政治制度论和国内学术界的经济基础论并无本质区别。两种观点都认为，在文化融合过程中，一种思想文化与其所产生的经济基础或政治制度是一个不可分离的整体，或者整体继承或吸收，或者整体拒斥。经济基础论也好，政治制度论也好，说到底，其思维方式的根源都在于严复的体用一如论。

我们承认，传统儒学中也蕴含着一些由旧经济和旧制度滋生出来的，同现代社会相抵触，并受到猛烈批判的消极因素，但这不能构成我们抛弃儒学的理由。相比之下，用现代科学的眼光看，中世纪的基督教总比传统儒学更反动吧，文艺复兴时期对它的批判恐怕也不亚于"五四"新文化运动对儒学的批判，但它不照样成为现代西方的民族意识形态吗？

正如余英时所说，儒学"是一套全面安排人间秩序的思想体系"。儒学不光考虑某一个方面，而是对人生、社会的全面安排，所以儒学有其完整性，至少包含着社会制度、"人伦日用"和精神信仰。这样看来，列文森和余英时所谈的制度儒学只是儒学的一个侧面，甚至是最外层的侧面，并不能代表整个儒学，而作为"人伦日用"和作为精神信仰的儒学才是儒学的更深层面。中国传统制度的崩溃，只意味着作为社会制度的儒学，或者说作为国家意识形态的儒学失去了依托，并不表明整个儒学生命的消亡。事实上，作为"人伦日用"和作为精神信仰的儒学，已经进入中国人的潜意识中，已经渗透到中国人的血液中，甚至已经成为中华文化遗传基因的主要组成部分，并不仅仅寄托于传统制度。亨廷顿曾经说过："文明是人类最高的文化归类，人类文化认同的最广范围，人类以此与其他物种相区别。"[①]在这个意义上，几千年来作为中华文明核心价值的儒学，是同中华民族生死与共的，它的根系永远存活在中国人的肌体中。只要地球上有中国人一天，儒学就会存在一天。因此，儒学从来没有，也永远不可能成为"游魂"。

总之，按照上述亨廷顿的现代化理论，那种以为现代化"将导致许多世纪以来体现在世界各伟大文明中的历史文化的多元性的终结"

———
① 亨廷顿：《文明的冲突与世界秩序的重建》，新华出版社1998年版，第26页。

的观点，是"幼稚的"。同基督教、印度教、伊斯兰教在各自文明的现代社会中继续扮演民族意识形态一样，儒学也必将重新成为现代中国的民族意识形态（关于这个问题，可参考本书第五章）！

四、当代中国的基本价值取向及其趋势

因此，正确的选择是价值系统的二元化，但最近几十年来，中国基本上只采用了以现代价值来压制传统价值的方式。

现代主流价值在中国凝聚为国家意识形态，这就是中国的民主主义，也就是中国化的马克思主义。虽然马克思主义是作为资本主义的批判者出现的，但从大的脉络上看，它是文艺复兴运动所开创的现代思潮的继承者和发展者，文艺复兴时期形成的自由、平等、民主的理念，仍然是其基本理念。所以，尽管社会主义和资本主义两大阵营的意识形态有鲜明的不同，但自由、平等、民主却是它们共同的意识形态基础和立国之本。这正是我说自由、平等、民主为几乎所有现代国家的国家意识形态的理由。

在这种历史背景下，中国共产党领导的革命取得了胜利。1949年中华人民共和国成立后，马克思主义被理所当然地确立为国家意识形态。在马克思主义的指引下，我们已经取得了社会主义现代化建设的辉煌成就。不过，我们应该清醒地认识到，一方面，马克思主义是现代化和全球化的产物。作为一种先进的外来思想学说，它本来不带有中华文明和中华民族的印记，所以必然存在中国化的问题。另一方面，在现代社会，民族主体价值起着不可替代的作用。所以，中国的马克思主义者向来十分重视继承和吸收优秀的传统文化。早在二十世

纪三十年代，毛泽东就指出："今天的中国是历史的中国的一个发展；我们是马克思主义的历史主义者，我们不应当割断历史。从孔夫子到孙中山，我们应当给以总结，承继这一份珍贵的遗产。"[①]

但是，新中国成立以后，这个正确意见被抛到了九霄云外。人们将现代化和传统对立起来，将马克思主义同传统文化对立起来，儒学被当作封建主义的总代表受到空前摧残。与此同时，人们又试图以国家意识形态来消灭和取代民族主体价值，致使民族主体价值在现代社会完全缺位。

历史已经证明，这种做法造成了极其严重的后果。

首先，文化创新危机。越来越多的有识之士意识到，在全球化时代，未来世界的竞争说到底是文化的竞争。然而，任何新的文化形式都不是凭空产生的，而是在漫长的历史积淀的基础上建立起来的。割断历史传统的当代中华文化状况如何呢？据报载，英国撒切尔夫人曾说，中国不会成为超级大国，因为"中国没有那种可用来推进自己的权力，从而削弱我们西方国家的具有国际传染性的学说。今天中国出口的是电视机而不是思想观念"[②]。对于拥有五千年灿烂文明的中国人来说，这是一个多么巨大的讽刺！

其次，民族认同危机。民族认同基于文化认同。两千余年间作为中华文化主干的儒学轰然倒塌了，中国人遂失却了文化认同；两千余年间作为官方学术的儒学陡然废弃了，中国人遂失却了民族认同。一个半世纪的历史不正是中国人取消自我、淹没于世界民族之林的过程

---

① 毛泽东：《中国共产党在民族战争中的地位》，见《毛泽东选集》（第二卷），人民出版社1966年版，第499页。

② 赵启正：《文化复兴是民族振兴的基础》，《中国证券报》2006年3月10日第A04版。

吗？当全球化的浪潮劈头盖脸地袭来的时候，中国人猛然清醒，发出沉痛的呐喊——"我是谁！"紧接着，开始焦急地踏上寻找自我的旅程。于是，所谓儒学热，所谓国学热，所谓传统文化热，如此等等，都紧锣密鼓地登上了历史舞台。从民间的读经运动，到大学兴办国学院、儒学院的举措，以至官方的祭孔仪式，无不折射出从历史中寻回民族印记的心态。

再次，社会风尚危机。在社会道德教育方面，长期以来，我们的基本思路是以政治思想教育来消灭和取代传统伦理道德和信仰习俗，并为此曾经提出一个又一个口号，掀起一场又一场运动，但收效甚微。当今的中国社会时有道德败坏、信仰迷失以至杀人越货的事件，令人触目惊心！

这一切，难道不是民族意识形态的缺失造成的吗？

回顾历史，在四大文明古国中，文化传统绵延五千年而未尝中断者谁？唯我中华！我们为此而自豪。放眼世界，在现存的各大文明圈中，自觉放弃自己文化传统者谁？唯我中华！我们为此而痛惜。所以，重振民族意识形态是中国的当务之急！

根据现代社会基本价值取向二元化的世界潮流，结合中国的历史和现实，我认为，在全球化背景下，中国现阶段的基本价值取向应包含两个部分：一是国家意识形态，即中国化的民主主义，亦即中国化的马克思主义；二是民族意识形态，即经过改革的儒学和天地祖先信仰。前者是治国方针，决定着国家的政治体制，制约着国家发展的方针政策，更多地出于现实的需要；后者是民族灵魂，规范着伦理道德，护持着风俗习惯，支撑着精神信仰，维系着民族认同，更多的是出于历史的延续。前者的主要作用体现在政治领域，同时会在文化生活中担当重任，并成为建构中国当代文化体系的重要思想源泉；后者的主要作用体现在文化领域，同时会对政治生活产生越来越深刻的影响，并成为建构中国当代政治学说的宝贵文化资源。也就是说，国家意识形态和民族意识形态扮演着不同的角色，它们相辅相成，缺一不可。

当然，作为民族意识形态的儒学，面临着顺应时代潮流进行改革、建构当代理论形态的新任务。

这场改革的方向，是使儒学适应现代社会，其性质类似于文艺复兴时期的宗教改革。由于种种因素的干扰，这场改革一直没有顺利进行。

正如古代中国国家意识形态的最后范式为学主教辅一样，当代中国的民族意识形态也将继续维持这一格局，即以儒学为主干，以天地祖先信仰为辅助。当然，天地祖先信仰也应根据时代的需要做适当的改造。

作为古代中国国教的天地祖先信仰，在历史上虽有所损益，但其基本形态却相当稳定。所以，我们只要对它稍加改造，便可将其直接用于建构当代中国民族主体价值。我以为，经过损益的天地祖先信仰至少应该保持以下内容，即上天崇拜、民族始祖崇拜、祖先崇拜、圣贤崇拜、自然崇拜、社会习俗、传统节日等。首先，在中国人的传统观念中，天具有至高无上的地位。早在夏商周三代时期，这个"天"就不仅仅是自然之天、宗教之天，更为重要的还是义理之天。它既是中国人的价值源泉——《诗经》云"天生烝民，有物有则；民之秉彝，好是懿德"，又是历史发展和民意的总根据——《尚书》云"天视自我民视，天听自我民听"。所以，天是信仰和理性的统一体，其在中国文化中的地位，超过上帝在西方文化中的地位。作为一个中国人，理应保持对天的敬畏。其次，这里的民族始祖主要指中华民族具有象征意义的始祖炎帝和黄帝等，祖先为家族祖先，圣贤主要为孔子和其他历代圣贤，他们是中国人的生命之源和文明之根。再次，自然崇拜包括社稷、日月、山川等，它们既是人类赖以生存的物理基础，也是人们的精神寄托。最后，社会习俗、传统节日则大抵是上述种种宗教崇拜的表现形式，蕴含着几千年的文化积淀。

近几年，祭祀炎帝、黄帝和孔子，已经逐渐由民间行为演化为政府行为，以孔子生日为教师节、以传统节日为法定假日的呼声也越来越高，这无疑是一个令人欣慰的开端。但我们也应该注意到，有关的典礼和措施尚待进一步完善和落实，各种风俗习惯也有待恢复。

总之，中国化的马克思主义和经过改革的儒学不但相互补充、相互配合，而且相互吸收、相互渗透。作为西方文明先进思想的马克思主义和作为中国传统文化主干的儒学的结合，预示着中西文化融合进入实质阶段。我深信，在马克思主义和儒学共同构成的基本价值体系的推动下，中华文明必将迎来伟大的复兴。到那时，中国不但成为政治大国和经济大国，而且成为文化大国；不但出口电视机，而且出口思想学说。

即便如此，并不意味着中国对世界构成威胁。"和而不同"是以儒学为主干的中国文化的根本精神，在处理地缘关系上，儒家主张推行"近者悦，远者来"的和平外交政策。中国政府近年提出的"和平崛起""和谐世界"等主张，正是中国传统思想的延伸，尤其是儒家王道政治的继续。

同样，我们说马克思主义、儒学和天地祖先信仰构成基本价值体系，只是说这几种意识形态具有较强的全民性和代表性，并不意味着拒斥文化的多元化。自古以来，中国文化就是多元一体的，是保持文化生态平衡的典范。所以，就像古代中国除了国家意识形态之外还存在形形色色的学术流派、宗教形式一样，以马克思主义为国家意识形态、以儒学和天地祖先信仰为民族主体价值的中国新文化，也将包容一切积极的、健康的思想文化，不管它是历史遗产、民间传统、民族信仰，还是舶来品。就是说，中国新文化将一如既往地维持多元一体的格局，也一如既往地维护文化生态平衡。

第三篇

中华文化何以开启人类未来文明

第七章
中华信仰——打开新轴心时代之门的钥匙 [①]

　　当今世界有两个主要趋势。一是从世界秩序的调整来看，主要趋势是全球化。全球化给我们带来的最重要的积极意义是文化融合，就是说不同的文明走到一起互相交流，取长补短；而给我们带来的最大挑战就是亨廷顿教授提出的"文明的冲突"。"文明的冲突"是一个笼统的说法，文明冲突的背后是价值的冲突，也就是说持不同价值、不同观念的人走到一起而意见不一致引起的冲突，这包括不同的族群、不同的地区、不同的国家、不同的民族，更重要的是不同的文明之间的冲突。二是从文明形态来看，主要趋势是现代化。现代化给我们带来的积极影响，最明显的是极大的物质享受，包括衣食住行等各个方面；其次是制度方面的建构，现代化以后民主制度为我们广泛接受；而现代化给我们带来的最大挑战是精神迷茫、价值失落，甚

---

①　本章内容曾以《中国传统价值理念与中国人的信仰问题》为题在2000年11月讲演于美国波士顿北美华人基督教学会；以《中国人的信仰系统》为题在2009年9月讲演于北京"纪念孔子诞辰2560周年国际学术研讨会"；以《略谈中国传统信仰》刊于《人民政协报》2014年2月17日；以《中华文化对第二个轴心期的应有贡献》刊于《儒学的当代理论与实践》（人民出版社2017年11月版），收入本书时做了修订补充。

至有人认为这是一个道德滑坡、道德沦丧的年代。这到底是怎么造成的呢？我想这就是现代化给我们带来的挑战。看到这种现象，我经常想到清代学者顾炎武的一句话："有亡国，有亡天下。亡国与亡天下奚辨？曰：易姓改号谓之亡国。仁义充塞，而至于率兽食人，人将相食，谓之亡天下。"亡国不同于亡天下。什么是亡国呢？改朝换代是亡国。什么是亡天下呢？"仁义充塞，而至于率兽食人"，道德沦丧是亡天下。按照顾炎武的说法，我们今天有亡天下的可能性，所以我们每个人都有责任挽救这个时代、重建我们的文明，尤其要重视精神文化建设。

在我看来，所谓的精神文化主要有三个支柱：一个是艺术的支柱，一个是道德的支柱，一个是信仰的支柱。这三个支柱是互相融合、互相渗透的，没有明确的界限。不过，在整个精神文化中，这三个支柱并不是平起平坐的，其中信仰是占主导地位的，决定着整个精神文明的方向，所以进行精神文化建设最重要的是信仰的建设。

一、信仰何谓？

信仰是人之为人的本质。那么什么是信仰呢？我以为，信仰是人们对其所持人生真谛的坚信与景仰，是生活意义的源泉，也是行为准则的根据。我们可以按照层次的不同，将信仰分为终极信仰和一般信仰两大类。终极信仰是对生命根本意义的坚信与景仰，由此可以获得心灵的最高自由、最高自在、最高快乐、最高满足、最高安顿。我把这种状态称为生命巅峰状态或巅峰体验。可以说，它体现了生命的终极关怀，是人类最终的、真正的精神家园。与之相对的，一般信仰是对某种主义、学说和事物的坚信与景仰，由此可以在一定程度上得到心灵满足。由金钱或物质崇拜所获得的心灵满足，便是极其短暂和微弱的，不是生命最终的关怀。不过，终极信仰又往往表现为某种主义和学说。这样的主义和学说，当然属于终极信仰的范畴。依此，信仰其实包含广、狭二义，狭义的信仰就是终极信仰，广义的信仰还包括一般信仰。我们这里所要讨论的是狭义的信仰，即终极信仰。

既然终极信仰体现了生命的根本意义和终极关怀，是人类最终的精神家园，那么从价值论的角度，可以称之为"终极价值"，在文化系统中具有至高无上的地位。终极价值和终极信仰是相应的，也就是说由终极信仰所体现的价值，是生命巅峰状态所体现的价值；那些并非直接关涉终极关怀的价值，诸如一般信仰所蕴含的价值以及伦理价值、社会价值、政治价值等等，我统统归之于一般价值。

价值的内涵是什么？大家会立刻想到"真善美"。"真善美"的概念是从西方传来的，西方人认为"真善美"就是价值的所有内容了。对这个问题，钱穆先生早就提出质疑。他说："其实此三大范畴论，在其本身内涵中，包有许多缺点。第一，并不能包括尽人生的一切。第二，依循此真善美三分的理论，有一些容易引人走入歧途的所在。第三，中国传统的宇宙观与人生观，亦与此真善美三范畴论有多少出入处。"[①]他认为"真善美"并不能包括人生的所有价值，更不能涵盖中国自古以来往圣先贤所讨论的价值。我非常赞同钱穆先生的观点。结合上面所讲的终极价值一起讨论，我以为，"真善美"三大范畴是达到生命巅峰状态各种途径所体现的价值，而不是生命巅峰状

---

① 钱穆：《人生十论》，广西师范大学出版社2004年版，第8页。

态本身所体现的价值。换言之，它们只是达到终极价值的手段和途径，不但不能涵盖所有价值，而且不是最高价值。

那么生命巅峰状态本身所体现的价值是什么呢？我用一个"安"字来表达。"安"字的本义是家中有女人，因而安宁、安静、安定、安心、安顿。这当然是站在男子的角度说的。由于生命巅峰状态是人类真正的精神家园，故我用"安"字来表达处在这一精神家园中人们精神的最高自由、最高自在、最高快乐、最高满足、最高安顿等状态。这才是价值的最高形式，这才是终极价值。

因此，我将价值的三大范畴扩大为四大范畴：真、善、美、安。其中，安与真、善、美不在同一个层面上，而是凌驾于真、善、美之上的终极价值。

那么如何达到终极信仰、达到安的状态？我认为获得终极信仰和终极价值，或者说达到生命巅峰状态的途径大致可以分为五种。一是自心了悟的路径，像庄子提到的"心斋""坐忘"、佛教谈的"顿悟"，通过内心体悟达到这种状态；二是各种身心修行的路径，各种宗教、有关人生的学说都有这种讨论，比如佛教的渐修；三是道德的路径，通过伦理道德达到安的状态；四是审美的路径；五是神灵的路径。这五种路径中，第一种到第四种是通过人自身实现的，其中，第一种路径是人心无所凭借、直截了当的对生命根本意义的彻悟和洞察，是最高超的体道路径。第二、三、四种路径虽然分别借助于修行、道德和审美，但仍然是依赖人心自身的认识能力。第五种则主要靠他者，借助外在的神而实现。

在现实生活中，这五种路径是互相包容的，尽管不同的人群会有不同的侧重。一般说来，利根之人易于采用第一种路径，其次采用第

二、三、四种路径，而对于普通大众来说，则采用第五种路径更为便捷。所以，神灵虽然不是高超的体道路径，却是最为广泛运用的体道路径，这就是宗教的重要价值之所在。

各种人生学说和生命体验对五种路径各有倚重。大致地说，自心了悟的路径和身心修行的路径为儒、道、释三家所并重。不过，对儒家来说，道德的路径显得更为重要。至于审美的路径，向来为文学家、艺术家所青睐。而基督教和伊斯兰教，则对神灵的路径情有独钟。

因而，就各大文明系统的情况看，除审美的路径为各种文明所并重之外，中华文明侧重于前三种路径，印度文明侧重于前两种路径，西方文明和伊斯兰文明则以最后一种路径为主。

这五种路径表现在信仰领域是有两种信仰形式，即恃人信仰和恃神信仰。二者殊途同归，要达到的目标是一样的，也就是安的状态（关于价值问题，参见本书第一章）。

二、信仰对于我们这个时代意味着什么？

目前我们处在什么时代？让我们用德国哲学家雅斯贝斯在《历史的起源与目标》一书中提出的"轴心期"理论来把把脉吧！

"轴心期"这个概念自雅斯贝斯在二十世纪四十年代末提出来以后，虽然争议不断，但至今魅力不减。雅斯贝斯本来是个历史学家，由历史转入哲学，所以很有历史眼光。他用哲学思维对世界历史发展脉络的宏观把握，对我们今天研究文明转型来说，仍然极具启发意义。

雅斯贝斯曾经用两个概念来分析人类历史的演变，一是"起步"，指出"人类看来好像从新的基础起步了四次"。第一次始于人类刚刚诞生的史前时代，也就是普罗米修斯时代；第二次始于古代文明的建立；第三次始于轴心期；第四次始于科技时代，我们正在亲身体验这个阶段。[①]

这四个时期的本质特征各是什么呢？雅斯贝斯认为，第一个时期的标志是语言、工具的产生和火的使用。[②]第二个时期的表征是文字和文献、建筑和作为其先决条件的国家组织、艺术品，"然而，这些文明缺乏奠立我们新人性基础的精神革命"[③]。第三个时期，即公元前800年到前200年间在中国、印度和西方不约而同发生的轴心文明，是一种"精神过程"。[④]"这个时代的新特点是，世界上所有三个地区的人类全都开始意识到整体的存在、自身和自身的限度。人类体验到世界的恐怖和自身的软弱。他探询根本性的问题。面对空无，他力求解放和拯救。通过在意识上认识自己的限度，他为自己树立了最高目标。他在自我的深奥和超然存在的光辉中感受绝对。这一切皆由反思产生。"[⑤]"它与人性的整个有意识的思想方面的精神的历史发展有关。从古代文明产生起，这三个具有独特性的地区就在基督降生前的1000年中，产生了人类精神的全部历史从此所依赖的创造成

---

① 雅斯贝斯：《历史的起源与目标》，魏楚雄、俞新天译，华夏出版社1989年版，第32、33页。

② 同上书，第32页。

③ 同上书，第55页。

④ 同上书，第7页。

⑤ 同上书，第8、9页。

果。"①为什么叫作轴心期呢？是因为在这之前的各种文明都汇集到这一文明时代，而其后的各种文明又由此文明中生发出来，所以这个时期犹如一个轴心。拿中国来说，通过整理"六经"，三代文明都汇集到孔子这里，而后来各个时期的儒学又从先秦儒学中开出。董仲舒建立新儒学是回到了孔子，宋明新儒学也回到了孔子，而我们现在发展儒学，复兴传统文化，仍然要回到孔子，这就是轴心期的意义之所在。第四个时期，也就是我们这个时代。在这个时期出现的"全新全异的因素，就是现代欧洲的科学和技术"②。

以上是雅斯贝斯对整个人类到目前为止发展脉络的洞察。那么人类文明将来会向何处去呢？对此，雅斯贝斯用另外一个概念加以描述，这就是"呼吸"。他认为："我们视线内的这个人类历史如同进行了两次大呼吸。第一次从普罗米修斯时代开始，经过古代文明，通往轴心期以及产生轴心期后果的时期。第二次与新普罗米修斯时代即科技时代一起开始，它将通过与古代文明的规划和组织相类似的建设，或许会进入崭新的第二个轴心期，达到人类形成的最后过程。"③

显而易见，在雅斯贝斯看来，人类将进入第二个轴心期，从而"达到人类形成的最后过程"。那么第二个轴心期的本质特征是什么呢？进入第二个轴心期的标志是什么？现在是否已经进入第二个轴心期了？目前学术界主流的看法是，第二个轴心期的特质就是现代性。这种观点认为，随着现代化的开展，现代性早已成为现代社会的基本特征，因而人类历史早已进入第二个轴心期。例如，艾森斯塔特

① 雅斯贝斯：《历史的起源与目标》，魏楚雄、俞新天译，华夏出版社1989年版，第22页。
② 同上书，第95页。
③ 同上书，第33页。

（Shmuel N. Eisenstadt）在《迈向二十一世纪的轴心》一文中明确指出，第二个全球轴心时代的本质是现代性。他说："现代性，即现代文化和政治方案是在伟大轴心文明之一——基督教欧洲文明的内部发展起来的，它通过含有强烈诺斯替教成分（gnostic components）的异端理想的转型而得以形成。"因而，"大革命和启蒙运动开启了第二个轴心时代"，是欧洲的现代化"开动第二个轴心时代"。[①]不言而喻，按照这种理论，第二个轴心时代不但早已开始，而且是以西方文明为主导的。

事实果真如此吗？如果雅斯贝斯地下有知，会断然否定的！雅氏曾经将人类历史的起源与目标做了符号性的总结："'人类之诞生'——起源；'不朽的精神王国'——目标。"[②]这就是说，和第一个轴心期一样，第二个轴心期的实质仍然是一种"精神过程"。其实，对于我们这个时代的定位，雅斯贝斯早已给予了明确的回答："我们现在所处的状况是十分明确的，现在并非第二轴心期。与轴心时期相比，最明显的是现在正是精神贫乏、人性沦丧，爱与创造力衰退的下降时期""这整幅画面给我们的印象是，精神本身被技术过程吞噬了"。[③] "如果我们寻求一个我们时代的类似物，我们发现它不是轴心期，而更象是另一个技术时代——发明工具和使用火的时代，对这一时代我们完全不了解。"[④]从这些论述中，我们可以进一步确认，在雅斯贝斯眼中，第二个轴心时代的本质特征是精神创造、精神

① 艾森斯塔特：《迈向二十一世纪的轴心》，香港《二十一世纪》2000年2月号。
② 雅斯贝斯：《历史的起源与目标》，魏楚雄、俞新天译，华夏出版社1989年版，第34页。
③ 同上书，第112页。
④ 同上书，第113页。

突破。我认为第二个轴心期类似于孔子所提出的"大同社会"，因此它并没有到来。

综合人类历史的四期说和"两次大呼吸"说，可以得知，人类的过去、现在和未来可以分为五个大的时代，即史前时代、古代文明时代、轴心时代、科技时代和第二个轴心时代。

我把文化分成两类：一类是工具文化，另一类是精神文化。据此来分析五大时代的演变，是有规律可循的。在这整个过程中，包含四次大的文明转型：第一次是人类由野蛮时代进入文明时代，或者说由史前时代进入古代文明时代；第二次是由古代文明进入轴心文明；第三次是由轴心文明进入科技文明；第四次是由科技文明进入第二个轴心文明。就其性质而言，第一次和第三次为"工具的突破"，第二次和第四次为"精神的突破"。其中，第一次是"工具"本身的革命，由史前时代语言、工具、火之类的低级"工具"，上升到古代文明时代文字、金属工具、国家之类的高级"工具"。第二次是精神文化突破性的发展。其后，便是"工具的突破"和"精神的突破"交替进行。"工具"和"精神"就像人类文明的两极，当历史的车轮驶向其中一极并达到顶点以后，便调转车头，驶向另一极；当达到另一极的顶点以后，又会重新调转车头，驶向对面。这个情形，犹如周敦颐笔下的太极图："太极动而生阳，动极而静；静而生阴，静极复动。一动一静，互为其根；分阴分阳，两仪立焉。"（《太极图说》）就像动与静、阴与阳两极一样，作为人类文化两极的工具文化和精神文化，也是相互促进，相互派生的。这个现象实际上是人性的反映。在最初的人类文明时期首先要满足人类的生存需要，生存问题解决以后开始产生精神需要，然后就产生了精神文化；当我们有了丰富的精神文化之后又开始追求物质享受，就产生了现代物质文明，进入现在的科技时代；现在物质享受已经非常充分了，人们又开始考虑精神需求了，所以就会产生新的精神突破，进入第二个轴心时代。

难道历史只是机械地重蹈覆辙吗？当然不是！每一次突破都使人类文明上升到一个新台阶，都有一系列前所未有的新质的整体呈现。

另外，我们用工具文化和精神文化这对概念来表达人类文化的两极，并不意味着这两种文化对人类的意义是旗鼓相当、地位平等的。早在两千多年以前，孟子对人的本质曾有深刻的揭示："体有贵贱，有大小。无以小害大，无以贱害贵。养其小者为小人，养其大者为大人。""耳目之官不思，而蔽于物。物交物，则引之而已矣。心之官则思，思则得之，不思则不得也。此天之所与我者。先立乎其大者，则其小者弗能夺也。此为大人而已矣。"（《告子上》）用我们今天的话说，作为"耳目之官"的"小体"就是生理需要、物质享受，是人和动物共有的；而作为"心之官"的"大体"是精神寄托、价值诉求，是只有人才具有的，是人之为人的本质。依此，我们可以说工具文化所满足的主要是作为"耳目之官"的"小体"，即生理需要、物质享受，而精神文化所满足的主要是作为"心之官"的"大体"，即精神寄托、价值诉求。换言之，精神文化是人的高级需要，工具文化是人的低级需要，或者说精神文化是人的目标，工具文化是实现这个目标的途径和手段。这样我们也就不难理解为什么雅斯贝斯把"不朽的精神王国"作为人类的最终目标了。

原来，我们所处的科技时代的主题不过是工具文化。沉浸于此，为物所役，人们早已失去目标，无家可归了。所以，发现自我，重返久违的精神家园，乃当务之急，也是第四次文明转型即由科技文明进入第二个轴心文明的根本任务。也就是说，当今世界所面临的大转折，是人类文明两大时期的转折，也是两种文化的转折。鉴于信仰在精神文化中的地位，进入第二个轴心时代的关键是"重建信仰"。

三、何为中华信仰？

既然是"重建信仰"，当然就不是凭空而起，而是以传统信仰为基础。那么，中华传统信仰可以为我们提供什么资源呢？我们可以从恃神信仰和恃人信仰两个方面来看中国人的信仰系统。

谈起中国宗教，一般人首先想到的是道教和佛教，但是道教和佛教只是为一部分人所信仰，其信众不是全体中国人，所以道教也好，佛教也好，都不能称为中国的国教，或者说是代表我们民族的宗教。那么在道教和佛教之外，中国在历史上有没有为广大人民所信奉的宗教呢？我认为是有的，这个宗教简单地说就是敬天法祖之教，其核心是对上天和祖先的崇拜。

过去人们一直把这种宗教看作封建迷信。这个判断是非常值得商榷的，实际上学术界很早就有人研究这种宗教。在二十世纪六十年代初，美籍华人学者杨庆堃就在其名著《中国社会中的宗教》中提出："当道教和佛教作为正式的宗教体系被大众广泛认可时，中国原本土生土长的宗教在历史的记载中常被遗忘了。我们称之为传统宗教，因为它从周朝到西汉时期，在外来佛教的影响形成和道教作为宗教出现之前已经得到充分的发展。任何对现代中国宗教生活的整体性研究，都会发现古代信仰和神明仍然有广泛影响。可以认为原始宗教的核心是对天、次于天的众神以及祖先的崇拜。"①"原始宗教——一种本土宗教,在商、周和西汉时期得到了发展和成熟,并在没有外界影响的相对封闭的情况下形成体系——包括四个关键部分:祖先崇拜、对天及其自然神的崇拜、占卜和祭祀。"②如何称呼这种宗教呢?杨庆堃先生除了称之为"传统宗教"和"原始宗教"之外,还称之为"分散性宗教"(diffused religion)。"分散性宗教"是和"制度性宗教"(institutional religion)相对应的。他认为像基督教、伊斯兰教等是制度性的宗教,而中国这种宗教制度性不强,所以是分散性宗教。

在二十世纪末,国内也有不少学者很重视对中国这种传统宗教的研究。牟钟鉴先生指出,中国历史上有"一种大的宗教一直作为正宗信仰而为社会上下普遍接受并绵延数千年而不绝",这就是中国宗法性传统宗教或原生型宗教。这种宗教"以天神崇拜和祖先崇拜为核心,以社稷、日月、山川等自然崇拜为羽翼,以其他多种鬼神崇拜为补充,形成相对稳固的郊社制度、宗庙制度以及其他祭祀制度,成为中国宗法等级社会礼俗的重要组成部分,是维系社会秩序和家族体系的精神力量,是慰藉中国人心灵的精神源泉。"③"原生型的天神崇拜、皇祖崇拜、社稷崇拜与皇权紧密结合形成宗法性国家宗教。"④

看来,这种宗教形式的存在是不争的事实,我完全赞同他们的见解。不过,这种宗教的命名尚有讨论的余地。杨庆堃先生的概念也

① 杨庆堃:《中国社会中的宗教》,范丽珠等译,上海人民出版社2007年版,第37页。
② 同上书,第109、110页。
③ 牟钟鉴:《中国宗法性传统宗教试探》,《世界宗教研究》1990年第1期。
④ 牟钟鉴:《中国宗教的历史特点与历史作用》,见《中国宗教通史》第十三章,社会科学文献出版社1998年版。

好，牟钟鉴先生的概念也好，都是描述性的，作为一种宗教的名称，恐怕尚欠妥当。在这种情况下，我倾向于依据其主要崇拜对象将其命名为"天地祖先信仰"。在整个中国古代史上，它不但一直是中华民族的主体宗教，而且一直高居国教的地位，是最能反映中华民族宗教情怀的正宗大教。如果说道教和佛教是一种团体性宗教，只为部分中国人所信仰的话，那么这种宗教则是一种全民宗教，为中华民族几乎所有成员所信仰。

按照前人的研究和我个人的理解，天地祖先信仰应该包含以下主要内容：

首先，上天崇拜。在中国人的传统观念中，天具有至高无上的地位。直到现在，就像西方人用"my God"（我的上帝）来表达惊异的感情一样，中国人会说"我的天呐"①。这个"天"不仅仅是自然之天、宗教之天，更为重要的是，也是义理之天。它既是中国人的价值源泉——《诗经》云"天生蒸民，有物有则；民之秉彝，好是懿德"，社会规则、伦理道德是上天决定的，又是历史发展和民意的总根据——《尚书》云"天视自我民视，天听自我民听"。所以，天是信仰和理性的统一体，其在中华文化中的地位，已超过了上帝在西方文化中的地位。作为一个中国人，理应保持对天的敬畏。

其次，祖先崇拜、民族始祖崇拜与圣贤崇拜。祖先是我们生命所由来。中国古人认为，不仅他们活着的时候保护我们，而且去世以

---

① 其实我很不情愿用"上帝"这个词来翻译"God"。上帝本来是中国的至上神，即天神，在甲骨文中有非常多的记载。也就是说，"上帝"在中华文化中是一个专用名词，就像"孔子"一样。把"God"翻译成"上帝"，就像把"苏格拉底"翻译成"孔子"一样，会带来很大的混乱。

后，其灵魂仍然在保佑着我们，所以我们要去祭祀、怀念他们。民族始祖崇拜由祖先崇拜衍化而来。就像一个家族的祖先会保佑其家族成员一样，一个民族的祖先也会保佑这个民族。中华民族的始祖，一般指中华民族具有象征意义的始祖伏羲、炎帝、黄帝等。圣贤崇拜的对象是对中华民族做出杰出贡献的往圣先贤，如周公、老子、孔子、孟子、关羽、岳飞等。在广义上，圣贤崇拜仍然可以看作祖先崇拜的进一步衍化，因为圣贤是中华民族文化意义上的祖先。

第三，图腾崇拜、自然崇拜与社稷崇拜。这些虽然都可以归为自然神灵崇拜，但具体情况又有所不同。其中图腾崇拜的对象是作为民族祖先的动物和植物，如龙、凤以及某种花、鸟等等。社稷崇拜的对象则为土神和谷神。中国在历史上是一个农业国家，对农业产生重要影响的土地、农作物等，自然就成了专门的祭祀对象。至于日、月、星辰、风、雨、雷、电、山、川、树木等等，都可以成为自然崇拜的对象。它们既是人类赖以生存的物质基础，也是人们的精神寄托。中国这种宗教形式是泛神的，哪怕一棵树、一条河、一个湖，都可以成为神。

第四，巫术，这是人类与神灵交通的途径。我们如何知道神的旨意、神的想法，如何让神来保佑我们呢？就是要通过种种巫术。

第五，郊社制度、宗庙制度以及其他祭祀制度。实际上，历史上中国的宗教形式并不完全是分散的，也是有一些宗教制度的。

第六，经典。天地祖先信仰的经典是由孔子所编订的六经。《庄子·天下》篇曾说，古之道术"在于《诗》《书》《礼》《乐》者，邹鲁之士、缙绅先生多能明之。《诗》以道志，《书》以道事，《礼》以道行，《乐》以道和，《易》以道阴阳，《春秋》以道名分"。根据余敦康先生的研究，这里的"古之道术"实际上就是中国原生态的宗教母体①。因而，从《天下》篇的描述看，六经为天地祖先信仰之载体。

第七，社会习俗和传统节日。世界上任何一种文明、任何一个民族的社会习俗和传统节日往往都和宗教有着密切关系，像西方的圣诞节、复活节等都是基督教的节日。同样，中国的社会习俗和传统节日也都和天地祖先信仰有关系。各种社会习俗和传统节日大抵是上述种种宗教崇拜的表现形式，蕴含着几千年的文化积淀。

天地祖先信仰的至上神是天，而只有皇帝才可以称为"天子"，才有权力祭祀上天，所以在古代中国，皇帝不仅是最高的政治统治者，也是最高的宗教权威。

天地祖先信仰在中国历史上起着主体宗教的作用，具有悠久的历史，有记载以来就已经存在。《尚书·舜典》记载，舜帝继位后，即"肆类于上帝，禋于六宗，望于山川，遍于群神"。这说明早在中国跨入文明时代之初，也就是三皇五帝时期，天地祖先信仰就已经形成了。从考古发现看，其源头还要往前推数千年，距今至少有七八千年的历史了。

近代以来，天地祖先信仰一直遭到非常不公平的对待。我们一直把这种信仰当作封建迷信，现在应该到了正名的时候了。为什么说它是封建迷信呢？如果以科学性来衡量的话，基督教等五大宗教就不是封建迷信吗？和这些相比，天地祖先信仰更具有人文价值。为什么我们承认这些宗教是正式宗教，而作为中华民族国教的天地祖先信仰却

---

① 余敦康：《宗教·哲学·伦理》，中国社会科学出版社2005年版，第186—201页。

被作为封建迷信呢？毫无道理！事实证明，拒斥天地祖先信仰，已经带来了严重的后果，至少这是当今社会道德沦丧、人伦堕落的一个重要原因。

在漫长的历史过程中，天地祖先信仰又衍化出许多自成一体的宗教形式。可以说，中国本土宗教大多都与天地祖先信仰存在血缘关系，属天地祖先信仰支裔，应归为天地祖先信仰家族，其中最突出的是儒教和道教，但更多地被当今学者称为"民间宗教"。

在这里，我们需要厘清"儒教"这个概念。现在在学术界有一派被称为"儒教派"，如何来看待"儒教"，这个概念到底能不能成立？这个问题涉及对"儒"这个文化系统的定性，它到底是一种宗教还是一种人文主义，或者说是一种哲学呢？学术界对此一直争论不休。我认为，如果用西方的哲学概念来说，"儒"这种文化现象既是宗教也是哲学。我曾在2006年提出，"儒学"和"儒教"这两个概念并行不悖："'儒教'不能代替或涵盖'儒学'。这种儒教和儒学仍然有各自的界限，二者的关系犹如道教和道家的关系。"[1]作为一种文化现象，"道"可以分为道家和道教两种形式，其中道家是一种哲学体系，道教是一种宗教体系。其实，在中国文化中，不仅道文化是这样，佛文化和儒文化也是如此。佛学是一种哲学，佛教是一种宗教；儒学是春秋末年由孔子开创的哲学流派，而儒教则是一种宗教。同道教一样，儒教也形成于汉代。就像佛教有庙宇、道教有道观作为其宗教场所一样，儒教也有自己的宗教场所，这就是孔庙（文庙）。

---

[1]　崔雪芹：《第三届国际儒学论坛：继承儒家思想精华 构建和谐社会》，《科学时报》2006年12月25日。

就像老子既是道家学派的创始人，又是道教的教主一样，孔子既是儒家学派的创始人，又被儒教奉为教主。

我对儒教概念的理解和学术界尤其是"儒教派"所谈论的"儒教"概念是不一样的，他们所说的"儒教"的概念包括了天地祖先信仰，认为敬天法祖就是儒教。这个判断是很有问题的。"儒"这种文化现象是从孔子开始的，但天地祖先信仰这种宗教在孔子之前已经有很久远的历史了，所以儒教是天地祖先信仰家族的支裔，是由天地祖先信仰派生出来的，不能代替天地祖先信仰。天地祖先信仰不仅是儒教的母体，也是中国本土所有宗教形式的母体。如果天地祖先信仰可以被称为儒教，又何尝不可以被称为道教或其他什么教呢？

儒教和道教一方面孕育于天地祖先信仰，另一方面又分别是儒学和道家的宗教化，所以有两个源头。因此，儒教和道教既可以归之于天地祖先信仰系统，又可以归之于儒家或道家系统。

除了天地祖先信仰，中国古代的宗教形式还有传入中国的佛教、基督教、伊斯兰教等外来宗教，其中佛教已经充分中国化了，并成为中国人的信仰系统乃至中国传统文化的主要组成部分之一。

以上是对中国恃神信仰或者说宗教信仰的梳理。那么什么是中国传统的恃人信仰呢？在我看来，儒文化、道文化、佛文化中的哲学形式即儒学、道家和佛学都具有信仰的性质，属于恃人信仰。除此之外，中国古代的文学艺术已经为天地祖先信仰、儒家、道家和佛教这些信仰系统所浸润，是这些信仰系统的重要表现形式，所以也起到了信仰的作用，甚至可以说具有信仰的性质，属于恃人信仰。当遇到挫折的时候，普通人要去拜神，但中国古代的士大夫们则去读唐诗、宋词、元曲等文学作品或欣赏书画、古玩等艺术品，从中获得精神寄托。

　　那么中国恃人信仰是如何实现的？其依据是什么？任何信仰一定有一个超越的世界，比如基督教信仰中的上帝就是一个超越性的存在。中国恃人信仰的超越世界是什么呢？是宇宙之本原，是人性。近年来"内在超越"是学术界的一个热门话题。这个概念西方人是无法理解的，他们认为只要是超越的就一定是外在的，比如上帝是超越的，也是外在的。但在中国学者看来，人性既是超越的，又是内在的。以老子哲学为例，他是这样表达其宇宙论的："道生一，一生二，二生三，三生万物。"（今本《老子》四十二章）万物是由道所生的，而道在生万物的过程中，也将其本性赋予了万物。德者，得也。道的本性为万物所"得"，故老子谓之"德"。这种从道那里得到的本性，类似现代科学所说的基因。按照老子的思路，人一出生就有德，德就是道所禀赋的基因，就像任何孩子都遗传了其父母的基因，这个基因、这个德，就是人性。德既然是人性，它就是内在的。但是，它又是我们经验无法达到的存在，所以又是超越的。因此，人性也就成了中国恃人信仰的超越依据。

　　在中国历史上，恃神信仰和恃人信仰相辅相成。一方面，二者相互学习、相互渗透，形成你中有我、我中有你的局面。毫不夸张地说，中国的宗教是一种人文主义宗教，中国的人文主义则是一种宗教人文主义。另一方面，恃神信仰和恃人信仰分别成为不同人群的主要信仰形式。大致地说，以士大夫为代表的社会上层多倾向于恃人信仰，而以百姓为主体的一般民众更青睐恃神信仰。早在两千多年前，荀子就曾对这个问题做了深刻论述。其《天论》篇论及祈祷等事："雩而雨，何也？曰：无何也，犹不雩而雨也。日月食而救之，天旱而雩，卜筮然后决大事，非以为得求也，以文之也。故君子以为文，而百姓以为神。"《礼论》篇又谈到祭礼："祭者，志意思慕之情也，忠信爱敬之至矣！礼节文貌之盛矣！苟非圣人，莫之能知也。圣人明知之，士君子安行之；官人以为守，百姓以成俗。其在君子以为人道也；其在百姓以为鬼事也。"这就是说，像祈祷、祭祀等宗教形式，百姓认为是与神灵、鬼魂交往的途径，而君子认为这不过是一种文饰而已，是人道的体现。从荀子的论述就可以看出，恃神信仰和恃人信仰的信众不完全一样，恃人信仰的主体是士大夫也就是社会上层或受过教育的人，恃神信仰的主体则主要是老百姓。由于恃人信仰需要通过人自身的能力来实现，这就需要一定的教育背景和文化素养，而恃神信仰直接采信即可，一般并不需要有深厚的教育背景和文化素养。

四、中华信仰在新轴心时代的地位如何？

那么，中华信仰可以对新轴心时代做出怎样的贡献呢？让我们先来看新轴心时代形成的路径。

雅斯贝斯早已指出，"两次呼吸具有根本区别。……第二次呼吸与第一次呼吸的本质区别是：第二次呼吸是人类整体进行的，而第一次呼吸却好像分裂为几次相似的呼吸""第一次呼吸期间，每一桩事件，甚至作为最强大的帝国，都是地方性的，没有一个地方对整体具有决定性的作用，这就使西方的特殊性和在那儿产生的分离成为可能""将来所发生的事件将是世界性的和包罗一切的，不可能再存在中国、欧洲或美洲的界限。决定性的事件将是整体的，因而也是空前重大的"。[1]从这些表述看,第一个轴心时代是在不同文明独立的情况下产生的,古代希腊、古代中国、古代印度互相之间没什么交流,是完全独立、自主产生的。但是,第二个轴心时代完全不同,它是在全球化的背景下产生的。因此,第二个轴心文明一定是在已有的精神文化成果的基础上,进行新的融合、提升和创造,才可以产生。已有的精神文化成果,主要来自第一个轴心文明,包括中华文明、印度文明和西方文明在当时所创造的精神文化成果。因而,第二个轴心文明的大致方向是中国、印度和西方的精神文化成果的融会贯通与创造发展。不过,两汉之际,作为印度文化代表的佛教就传入中国,并逐渐融入中国文化,成为中国文化的一个重要组成部分,因此,可以说中西精神文化成果的融会贯通与创造发展,已经容纳了印度精神文化成果。

那么,人类一体化即全球化又是如何实现的呢?我们不妨从秦汉统一的历史中获得一些启发。我们这个时代和战国末期的形势十分相像。由于地理知识的限制,当时的人们并不知道还有其他文明的存在,以为相互交往的华夏和四夷便是天下,用现在的话说就是全世界、全球。在这个意义上,秦汉统一是一个相对意义的全球化过程,由此产生了一体化文明。

我们知道,在秦汉统一之前,儒家、道家、法家都是地方文化,儒家是邹鲁文化,道家为荆楚文化,法家则属于嬴秦文化,而秦汉统一以后所有这些地方文化都进入公共领域,成为普遍价值,为整个天下所接受。值得注意的是,这些本来的地方文化在进入统一的世界之

---

① 雅斯贝斯:《历史的起源与目标》,魏楚雄、俞新天译,华夏出版社1989年版,第33、34页。

后是在不同的领域发挥作用的，如儒家在社会伦理道德、政治领域起主导作用，法家在制度建构方面挑起大梁，而道家则在文学艺术领域独领风骚。

根据这种现象，我们可以展望一下在未来的全球化时代中西文化各占有什么样的地位。根据第一章的分析，文化包括物质文化、制度文化、精神文化和信仰文化四个自下而上的层面。在未来全球化时代，中西文化在这四个文化层面中各发挥什么作用呢？

先来看物质文化，这一定是西方占主导地位的领域。受思维方式和世界观的影响，西方人擅长主客二分的思维方式，致力于客观世界的探索，因而在物质文化的建设中具有独特的优势。数百年来，物质文化方面绝大部分的发明创造也来自西方现代文明，而现代化从西方开始绝非偶然。

在制度文化层面，人们会想当然地认为西方文明将占主导地位，因为在现代世界，不管是资本主义国家还是社会主义国家，都接受了民主体制，而这种体制源自西方。在目前忽略中国传统制度文化的情况下，当然可以这么说。但如果抛弃偏见，深入挖掘中国传统制度文化的宝藏，就会发现，中西文明在这个方面不但并驾齐驱，而且存在优势互补的关系。西方的民主制度属于大众政治，中国的政治则是一种精英政治、贤能政治。这两种政治各有优势，也各有不足，反映了人性的不同侧面。按照我的理解，西方民主政治的出发点是孟子所说的"小体"，重点在于如何限制人性中恶的方面；中国的贤能政治则着眼于孟子所说的"大体"，致力于如何发挥人本性中善的方面。

据传，丘吉尔曾经说过："民主制度很不好，但是其他制度更不好。"这句话一般被转述为：民主制度是一种最不坏的制度。鉴于民主制度为世界上越来越多的地区所接受，我们或许可以进一步说：民主制度是现存最好的制度。但这绝不意味着民主制度是一种理想的政治制度。

那么，在全球化时代，我们能不能创构出一种比民主更好的政治制度呢？我们可以把制度文化分为三个层面加以分析。首先，在制度框架方面，要在综合西方的民主政治和中国传统的精英政治的基础上，创造性地建构一种新的政治体制。在这个过程中，儒家传统中的德主刑辅观念尤其值得重视（关于这个问题的讨论，详见本书第十二章）。其次，从政者的修养，应该更多地采用儒家"内圣外王"的政治理念。作为一个执政者要具有很高的道德修养，凡事以身作则。在这方面孔子有很多的论述，如"政者，正也。子帅以正，孰敢不正""苟正其身矣，于从政乎何有？不能正其身，如正人何"（《子路》）、"君子之德风，小人之德草，草上之风，必偃"（《颜渊》）、"君子笃于亲，则民兴于仁"（《泰伯》）等。再次，在政治技巧方面，要重视取法道家思想，尤其其无为而治的政治理念。

同制度文化层面一样，在精神文化层面，可以说中西方也是各有千秋、并驾齐驱的。以基督教为主体的西方道德体系和以儒家为主体的中国道德体系，都极其完备和丰富，而中西方的文学艺术、绘画艺术和音乐艺术，也都达到了极高的水平。至于中国的书法艺术，更独具魅力。

但是，在信仰文化层面，应该说中国更有优势。西方的信仰形式主要是一神论宗教，而自文艺复兴以来，它一直受到人文主义、理性主义和科学发展的挑战，达尔文的进化论对基督教的否定尤为彻底。在这种情况下，宗教犹如明日黄花，再也不能重现前现代时期的风采。因此，虽然西方宗教至今仍然很有生命力，但总的趋势是衰落的，所以它不可能成为未来整个人类的主要信仰形式。至于西方的人文主义，是信仰缺失的人文主义，所以也不可能成为未来整个人类的主要信仰形式。与此不同，中国的恃人信仰和近现代人文主义、理性主义以及科学发展等现代性文明之间并无直接冲突，甚至可以相安无事。

因此，随着时代的进步和人类思想意识的提高，中国恃人信仰将成为未来普遍文明中信仰文化的增长点。虽然作为非理性的恃神信仰，宗教还会长期存在，但历史将会证明，在信仰领域，恃神信仰会越来越弱，而恃人信仰却会越来越强，最终成为第二个轴心文明的主流。

总之，既然第二个轴心时代是一个"精神过程"，而在"精神过程"中信仰居核心的、主导的地位，它决定着精神文化的基本风格和大体方向，那么信仰也将成为第二个轴心文明的灵魂与核心。这样一来，我们可以有信心地预言，以恃人信仰见长并具有丰厚相关资源的中华文明的复兴，将开启第二个轴心时代！

第八章
天下主义——世界秩序重建的儒家方案 [①]

一、文明的再整合与再出发

当代世界秩序的重建可能要从1989年说起。1989年以后，苏联和东欧社会主义阵营解体，国际局势发生巨大变化，世界秩序的走向立即成为人们关注的焦点。在这种情况下，日裔美国学者福山不失时机地在当年《国家利益》杂志上发表了《历史的终结？》一文。他认为在资本主义和社会主义两大阵营的较量中资本主义胜利了，西方的自由民主制度或许就是"人类意识形态发展的终点"和"人类最后一种统治形式"，全世界都接受了民主形式，并由此导致了"历史的终结"。但是，几年以后，他的美国同胞哈佛大学亨廷顿教授提出完全相反的看法。亨氏在《外交事务》杂志上发表了题为《文明冲突？》

---

① 本章内容曾以《古代中国的天下主义》为题在2005年9月讲演于山东大学"儒学全球论坛（2005）暨山东大学儒学研究中心成立大会"；以《从古代中国的天下一体化看当代全球化趋势》为题在2005年11月讲演于北京大学"全球化进程中的东方文明"国际学术研讨会；以《从古代中国的天下一体化看当代全球化趋势》为题刊于《哲学动态》2006年第9期；以《天下主义：世界秩序重建的儒家方案》为题刊于《人民论坛·学术前沿》2013年第6期，收入本书时做了修订、补充。

的文章，他认为虽然意识形态的对立消失了，但是另一种冲突开始了，也就是文明之间的冲突。冷战结束以后，新的世界秩序将以文明为单位形成多极的局面。在他看来，当代文明主要包括中华文明、日本文明、印度文明、伊斯兰文明、东正教文明、西方文明、拉丁美洲文明和可能存在的非洲文明。未来世界主要由上述七个或八个文明构成，而文明之间的冲突将成为世界秩序的主旋律。也就是说，世界冲突的根源不再是意识形态，而是不同的文明。

这么多年过去以后，谁的看法正确呢？当今的世界，战火不断，恐怖丛生，文明之间的冲突似乎已经展开，看起来，在福山和亨廷顿所设计的新世界秩序方案中，历史选择了后者。难道文明的冲突就是人类的前景吗？我不能完全赞同亨氏的看法。我认为文明的冲突只是暂时的，只是人类文明在转变过程中必然出现的现象，而目前世界秩序的主要趋势是文明的再整合与再出发。

亨廷顿先生对现存文明的分法是值得商榷的，至少我不能接受他把日本文明和其他文明相提并论，所谓的日本文明是不成立的，因为它不过是中华文明的支裔或延伸。另外，在中国人的观念中，东正教文明属于西方文明。这样，在亨廷顿提出的八种文明中其实只有六种是具有实质性意义的文明。这六种文明又可分为三类。一是作为当今强势文明的西方文明。二是其他成熟的古老文明，包括中华文明、印度文明和伊斯兰文明。它们虽然和西方文明一样，发源于不同的地区，形成于不同的时代，但都是在漫长的历史中形成和壮大的，都拥有自己独特的风格、深厚的底蕴和完整的文化系统。三是正在形成中的年轻文明形态，包括拉丁美洲文明和非洲文明。

这三类文明在世界秩序的转变中前景如何呢？先看西方文明。西方文明一方面会在科技、经济领域继续保持优势，另一方面在价值领域，由于民族主义的兴起，西方文明价值观的输出会受到遏制。

再来看西方以外的其他三个古老文明。我所说的再整合、再出发也主要是指这三个古老文明，包括中华文明、伊斯兰文明和印度文明。这些文明都是在历史上不同地区形成的、完全能和西方文明平起平坐的文明体系。但最近几百年来，这些古老文明已经被来势凶猛的西方文化冲击得七零八落，大有收拾不住之势。尽管如此，随着这些地区的经济发展、民族意识的觉醒，这些文明开始回归自我、重整旗鼓、重新出发；而当今西方现代化带来的种种弊端，更让越来越多的有识之士对这些文明充满期待！在这种情况下，文明的再整合与再出发，也就历史地摆在了这些地区人民的面前。可以预见，在这些地区，传统价值将不断复兴与强化，其业已引进的西方价值观随之衰退。从东亚文明或中华文明的情况看，日本有脱亚入欧的过程，中国和越南有全盘西化的过程，只有韩国的情况好一些，在实现现代化的过程中并没有明确地否定传统，更没有反传统的运动。所以我们现在就面临中华文明再整合、再出发的形势。中华文明有其独到价值，它将在未来世界秩序中起着重要作用。

拉丁美洲文明和非洲文明是年轻的文明，目前它们受西方影响比较大，但随着现代化的发展，这两个地区将成为四个古老文明争夺的战场。

二、西方的缺陷

在各个文明圈中，何者将有资格主导以一体化全球文明为目标的世界秩序的重建呢？世界新秩序的模式或者说各个文明之间的关系将会怎样？是文明的冲突吗？我认为未来世界秩序将是儒家的理想社会"天下大同"。全球化的未来一定是一个一体化的世界、统一的世界。那么在目前的各大文明当中，谁能统一世界？也许有人认为是美国，因为现在美国不管是经济还是军事都是最强大的，这个判断有它的道理，但又未必然。为什么这么说呢？让我们回顾一下英国历史学家汤因比在二十世纪七十年代所作出的判断："罗马帝国崩溃后，西欧世界再也没有能够挽回原来的政治统一。……在罗马帝国解体后，西方本身或在世界其他地区，都没有实现过政治上的统一。不仅如此，西方对政治的影响是使世界分裂。西方对自己以外地区推行的政治体制是地方民族主权国家体制。罗马帝国解体后，西方的政治传统是民族主义的，而不是世界主义的。由此看来，今后西方也似乎不能完成全世界的政治统一。"[1]看来，他对西方统一世界完全不抱任何希望。

我认为十六世纪以前西方的"基督教共同体"与中国的先秦时代十分类似。先秦时代是一个天下一体的社会，或者说是一个共同体，但这个共同体又是松散的，内部列国并立。但是，二者的发展方向完全不一样。中国在秦汉实现了统一，而西方则经过文艺复兴和宗教改革运动的发展，实现了近代意义上的民族国家的独立。自此以后，民族国家就是以西方为主导的世界秩序的基本单位，世界冲突也多发生于民族国家之间。不过，尽管如此，西方推进一体化的努力和尝试却不曾中断。在一定意义上讲，历史上欧洲各国之间的战争，包括二十

---

① [英]汤因比、[日]池田大作：《展望21世纪：汤因比与池田大作对话录》，荀春生等译，国际文化出版公司1999年版，第278页。

世纪的两次世界大战，都属于以一体化为目的的兼并战争。欧洲一体化失败的根源，不得不归结于民族主义，所以汤因比说"今后西方也似乎不能完成全世界的政治统一"是有充分根据的。

更为严重的是，西方民族国家的兴起又促进和强化了民族主义意识形态。时至今日，西方的那些政治学说也基本是一种"民族主义的，而不是世界主义的"。不管是福山的历史终结论，还是亨廷顿的文明冲突论，都属于汤因比所说的那种"西方的政治传统"。所以我们完全可以判断，不管按照他们之中的哪一种方案，都不可能建成一个稳定的一体化的世界新秩序。

三、中华民族的经验

那么在未来到底谁能统一世界呢？汤因比的论断令人颇感意外："将来统一世界的大概不是西欧国家，也不是西欧化的国家，而是中国。"[①]值得注意的是，他是在1973年提出这个判断的，当时"文化大革命"正如火如荼地进行，中国经济面临崩溃的边缘，所以他的判断可谓惊世骇俗。他有没有根据呢？对此，他提出了八条理由。我们认为，其中前两条是最重要的："东亚有很多历史遗产，这些都可以使其成为全世界统一的地理和文化上的主轴。依我看，这些遗产有以下几个方面：第一，中华民族的经验。在过去二十一个世纪中，中国始终保持了迈向全世界的帝国，成为名副其实的地区性国家的榜

---

① [英]汤因比、[日]池田大作：《展望21世纪：汤因比与池田大作对话录》，荀春生等译，国际文化出版公司1999年版，第278页。

样。第二，在漫长的中国历史长河中，中华民族逐步培养出来的世界精神。"①

什么是"中华民族的经验"呢？我认为主要是古代中国的天下一体化的政治格局。

我们如何来看待传统中国的政体？中国从来就不是一个近代意义上的民族国家，而是一个多民族的天下一体化的社会。很早就有人注意中国的这种独特的政治体制。梁启超曾提出，中国是反国家主义、超国家主义的，是世界主义的。梁漱溟也认为，中国是一种超国家的类型，甚至可以说中国完全不是一个国家，因为它没有国家的功能，它对内是一种消极无为的治理方式，对外又缺乏国际对抗性，所以中国不是一个国家。英国哲学家罗素的看法是，中国是一个文化体而不是国家。如果我们一定要把古代中国称作一个"国家"的话，那只能说它是一个"天下国家""世界国家"，而不是一个"民族国家"。"天下"的字面意思是"普天之下"，用以指全人类所生活的地方。受当时地理观念的限制，中国古人并不知道中国以外还有其他人类和文明的存在，所以"天下"与现在的全球相当，古代中国的天下一体化，事实上是一种相对意义上的全球化。

古代中国一体化的天下，实质上是一个政治、文化共同体。它大致可以分为两个部分，一是核心区，二是周边区。天下一体化主要表现在政治和文化两个方面，其基本形式是核心区和周边区之间的政治文化互动。核心区的文化最发达、政治最高明。核心区的文化不断向

---

① [英]汤因比、[日]池田大作：《展望21世纪：汤因比与池田大作对话录》，荀春生等译，国际文化出版公司1999年版，第277页。

周边传播，核心区的范围就越来越大，滚雪球般逐渐把当时的世界连为一体。

大致地说，古代中国的天下一体化过程可以分为三个阶段。自五帝时期至殷周之际为第一阶段，"诸夏"和"四夷"分别代表当时一体化天下的核心区和周边区。早在尧舜的时候，天子就接受列国的定期朝贡，从而初步奠定了天下一体化格局的基础。后来，大禹治水又使这种格局得到了进一步的强化和巩固。第二阶段始自西周初年的分封制，而西周末年，王室衰微，诸侯崛起，引发了春秋战国时期一系列的兼并战争，极大加速了天下一体化的进程。第三阶段为秦始皇统一中国以及新的主体民族汉族的形成。秦汉统一帝国形成以后，中华文化继续向更遥远的日本、朝鲜、越南等地区传播，逐渐成为整个东亚地区的主流文化。至此，古代中国的天下一体化基本完成。

古代中国天下一体化是如何实现的呢？我认为主要是通过四个途径。其一，兼并战争。例如第一阶段各部落联盟之间的混战，第二阶段列国之间的争霸，第三阶段中央政权对周围少数民族政权和其他小国的征讨等等。其二，和平政治。核心区的最高统治者还采用和平的手段对周边区在政治上加以控制，试图将整个"天下"纳入自己的势力范围，并构成一个一体化社会。例如第一阶段的朝贡制、第二阶段的分封制和第三阶段的封贡体系，都属于这种情况。其三，文化传播。高度发达的核心区文明传播到周边区，提高了当地文化的水平，而周边区的文化为核心区所接纳和吸收，也在一定程度上丰富和充实了核心区文明，这样核心区和周边区的文化就逐渐融为一体了。其四，民族同化。在古代中国，核心区主体民族和周边区各民族的界线常常是不确定的，甚至有时周边区的民族只要接受了核心区的主体文化，并积极参与其政治活动，就会成为核心区主体民族的一员。

古代中国的天下一体化有三个突出特征。一是，天下一体化虽然导致了地方性的衰减，但并没有完全泯灭各地区的文化个性和特质。直到现在，在某种程度上中国仍然保持先秦时期的特点，各地文化和语言的差异还是显而易见的。在这个意义上，我们可以说中华文化是多元一体的。二是，在天下一体化的过程中，各地区在保持其地方文化特色的同时，这些地方文化也进入了公共领域，成为一种普遍性文化。像儒家、道家、法家等本来是一种地方文明，早已为中国人所普遍接受，成为普遍文明。它们分别在社会伦理、人生、文学艺术和政治等领域各显其能，相映成趣。三是，在多元一体的文化格局中，各种文化不仅相互渗透，而且能够和谐相处，甚至不同信仰的人们之间，不仅相安无事，而且能够相互借鉴、相互包容。儒、释、道三教是中国主要的信仰载体。就其相处之道而言，在历史上，它们之间虽然曾经为了成为官方意识形态而展开竞争，但总起来说，这种竞争是和平的、理性的。就其思想理论而言，它们之间是相互吸收、相互学习的。

四、中华民族的世界精神

那什么是汤因比所说的"中华民族逐步培养出来的世界精神"呢？我想可以用一个关键词来表达：天下主义！中国的这种世界精神就是天下主义！

那什么是天下主义呢？笼统地说，一切对天下一体化持积极态度的主张、观点，都可归为天下主义。从《尚书》《周易》《诗经》等早期经典看，天下主义从一开始就居中华文化的正统地位。到了春秋战国时期，尽管诸子百家思想流派繁衍错综，但大抵都是持天下主义的立场，像孔孟并不只是代表邹鲁的意见，老庄并不只是代表楚国的立场，他们的出发点都是全人类。中国古代的天下主义又以儒家的最为全面而系统。其基本要点，大致如下。

就其哲学基础而言，是天人合一，万物同源。天人合一不光是儒家的观念，大部分中国思想家都持这种看法。西周时期的《诗经·大雅》中就有"天生烝民"的诗句。这种观念为后来各家各派所接受，比如郭店《老子》就说道"可以为天下母"，今本《老子》也以道为"万物之母"。"道"是宇宙万物共同的母亲。《中庸》讲"天命之谓性，率性之谓道"，孟子讲"尽心""知性""知天"，都认为天是宇宙万物的产生者，是我们共同的母亲。既然人与万物是同源的，就应该亲和相处。这种观点也为后来的学者所发挥，张载明确地提出："民吾同胞，物吾与也。"所有人都是我的同胞，万物都是我的伴侣。王阳明也说："大人者，以天地万物为一体者，其视天下犹一家，中国犹一人。"（《大学问》）把天下看作一个大的家庭，把中国看作一个人。所以天下主义体现了中国人博大的胸怀和仁爱之心。

就其社会理想而言，是天下大同。正如孔子所说："大道之行也，天下为公。选贤与能，讲信修睦，故人不独亲其亲，不独子其子，使老有所终，壮有所用，幼有所长，矜寡孤独废疾者，皆有所养。男有分，女有归。货，恶其弃于地也，不必藏于己；力，恶其不出于身也，不必为己。是故谋闭而不兴，盗窃乱贼而不作，故外户而不闭，是谓大同。"（《礼记·礼运》）

就其实现途径而言，是王道。虽然华夏文化远远高出周围的蛮夷戎狄，但儒家并不主张以武力去征服这些野蛮民族，而是坚持用文化和恩德去感召他们。如孔子说："远人不服，则修文德以来之。既来之，则安之。"（《论语·季氏》）到了战国时期，孟子则明确提出了王霸之辨，主张用实施"仁政"的"王道"去统一天下，反对专恃武力争夺利益的"霸道"。

就其文化多元原则而言，是和而不同。孔子说："礼之用，和为贵。"（《论语·学而》）又说："君子和而不同，小人同而不和。"（《论语·子路》）和而不同是儒学的一个基本理念，当然也适用于其对文化的差异性和特殊性的态度，这意味着承认文化多元，对不同文明兼容并包。如《中庸》提出："素夷狄，行乎夷狄。"汉代何休甚至提出"王者不治夷狄"的主张，真正的王者不去治理夷狄地区而是让它自治。他充分肯定文化多元性，尊重民族自主权，认为各民族之间应该各自保存其习俗、文化和制度，各安其居，彼此尊重，互不干涉，和平共处。

总而言之，儒家天下主义的基本立场是天下，而不是民族、国家，其基本特征是和平、和谐，反对通过武力实现天下一体化。

古代中国的天下一体化和儒家的世界主义之间是互动的。也就是说，古代中国的天下一体化导致了儒家天下主义的产生和发展，而儒家的天下主义又反过来深刻影响和促进了古代中国的天下一体化的基调和进程。

五、世界秩序重建的儒家方案

现代化的第四个阶段应该如何进行呢？我在这里提出世界秩序重

建的儒家方案，就是站在儒家的立场上看如何建立未来世界秩序。

通过前文分析，我们再来看一开始提到的福山和亨廷顿的看法。可以说，不管是福山的"历史的终结"还是亨廷顿的"文明的冲突"都是一种民族主义，代表的是西方价值，而儒家的天下主义才是真正意义的普遍价值。西方学者虽然也在推行全球化，但他们都不是世界主义的，这有一个很深的根源，就是从文艺复兴以后他们的政治体制就是民族主义的，他们的政治理论也是民族主义的，他们没有类似天下主义的理论，这是他们先天的不足。因而，对世界秩序的重建和全球一体化进路最有发言权的，不是福山和亨廷顿们，不是西方人，而是持有儒家立场的中国人。

那什么是世界秩序重建的儒家方案呢？我的答案是：天下一体，和而不同！

目前的全球化和古代中国的天下一体化都是一种社会一体化过程，二者十分相似，但也有明显的不同。一方面，古代中国的天下一体化是一个从政治天下一体化到文化天下一体化的过程，而当今的全球化将是一个从经济全球化到文化全球化的过程，就是说目前的全球化是从科技、经济领域开始的，由此引起文化的全球化。另一方面，由于早期中国各民族的文化发展很不平衡，古代中国的天下一体化基本上是华夏文明、汉族文明和中华文明这些主体文明向其他民族传播的过程，亦即由核心区向周边区传播的过程，因而其主流是单向的。但由于世界各大文明，不管是西方文明，还是其他文明，都有自己独特的风格、深厚的底蕴、完整的文化系统和高度的发展水平，难分伯仲，因此当今的世界是多核心的，这决定了这种全球化是多向的。

为什么我用"天下一体化"而没用"全球化"呢？在我的想法

中，"天下"和"全球""世界"是不一样的。所谓的"天下"是一体化的世界，虽然天下内部也存在不同的地区，先秦时期甚至有不同的国家，但他们都属于一个整体。"世界"这个概念虽然是从佛教来的，但现在的"世界"与西文的"World""Globe"等概念脱不了干系，而这些概念代表西方人的世界观念，意味着世界是由不同的国家和地域所构成的空间范围，是一个松散的系统，各部分之间是相对独立，甚至相互排斥的。"天下"的概念所体现的是一种天下一体化或世界一体化，这是对全球化的一种世界主义的理解，而"世界""全球"则是对世界的一种民族主义的理解。

"和"即不同事物和美整合，"同"是同一事物简单积累。"和而不同"一方面肯定文化的多元性，另一方面强调不同文化之间要和谐相处，相互尊重，相互依存，相互配合，正所谓"一支独放不是春，百花齐放春满园"。

当然，我们承认不同事物的存在，尊重每一种文明的个性，就像不同零部件在一台机器中所起的作用不同一样，在一体化的世界中，不同文明也扮演着不同的角色。至于各种文明会扮演什么角色，取决于各自的优势，就像本来作为地方知识的儒家、道家、法家分别在统一后的中华文化的社会伦理、人生、文学艺术和政治等领域所具有的地位。以中西文化为例，如果可以把文化分为精神文化、制度文化和物质文化三个层面的话，那么我们以为中国传统文化的优势在于精神文化，而西方现代文化的优势在于物质文化，至于制度文化领域，则中西文明或可分庭抗礼。中国古代精神文化之繁荣昌盛，是世界上任何一个民族也望尘莫及的。同样，西方物质文化之发达丰富，其他文明也难望其项背，这主要得益于科学技术的进步和市场经济的发展。而中国的贤能政治或精英政治与西方的民主政治不但并驾齐驱，而且能够优势互补，有望从二者的融合中再生出一种新的更合理的政治体制。

全球化过程会导致两个结果：一是文化的融合。在漫长的交流和融合过程中，各个文明之间的界限将越来越淡化、模糊以至消失，最终形成一种真正意义上的统一的世界文明、人类文明，也就是雅斯贝斯提出的"不朽的精神王国"。不过，那些原本属于各个文明的富有生命力的元素将会保存下来，它们会在不断组合中产生新的文化元素，使人类文化得以永续发展。

二是民族的融合。伴随着经济、政治、文化的一体化，民族的融合也是大势所趋。在古代中国天下一体化的过程中，中国主体民族的演变经历了三个阶段，即先秦时期的华夏族、秦汉以后的汉族和近代以来的中华民族。事实上，它们本来都是由若干个民族融合而成的。不难预见，在全球一体化的未来，曾经在中国历史上发生的这个现象，将会在我们居住的星球重演。也就是说，全球民族融合的结果是形成一个统一的世界民族。当然，在很长的时期内各民族都将保留着自己的特点，但未来的趋势一定是统一的。

回到现实，如何来统一世界？我把统一分成政治统一和文化统一两个层面，而真正的统一是文化的统一。从历史的经验来看，秦的统一完成的是政治统一，到了汉朝才真正完成文化统一，这才是真正的"全球化"。政治统一靠强力、武力来实现，而文化统一靠精神文化，靠人的心灵来实现。将来不管哪种文明实现政治统一，最后能实现文化统一的，应该是中华民族，也就是以儒家为代表的中华文明！因此，汤因比"将来统一世界的大概不是西欧国家，也不是西欧化的国家，而是中国"的论断是有充分根据的。

第四篇

永恒的中华智慧

第九章
修道、尽性做"成人"——儒家的人生智慧[①]

  现代化给人们的生活尤其人的精神世界带来了极其强烈的冲击。进入现代社会以来，物质生活极其丰富，人的个性也得到了前所未有的张扬。然而，伴之而来的是人们对生命意义的怀疑和由此导致的精神迷茫、错乱乃至崩溃。就西方而言，尽管在传统社会也有精神失常的病人，但那是个别现象，属于正常发病率的范围之内。但进入现代社会，精神疾病患者越来越多，连大哲学家尼采、大画家凡·高、大诗人荷尔德林等一大批文化名人也难幸免。同样，在中国古代的文化名人中，像徐渭这样的精神病患者也是极少数，米芾虽然被称为"米癫"，那只是他对书法的痴迷导致行为异于常人，不在精神病患者之列。但到了现代社会，精神疾病患者逐渐增多，著名诗人顾城、海子等因此而自杀，就是典型的例证。据报载，2015年全国流行病学大调查数据证实："各类精神障碍终身患病率达17.5%，当中精神分裂症1%、抑郁症6.1%，焦虑最多。也就是说，全国有超过1.8亿人患有精

---

① 本章内容曾以同题发表于《齐鲁学刊》2019年第6期，现略做修改、补充。

神障碍，仅在册登记的全国严重精神障碍患者就达480万人。"[①]这意味着每8名中国人中就有1位患有精神障碍，实在令人触目惊心！

其实，学者们早已注意到了这种现代社会病。如早在1941年，德裔美籍哲学家弗洛姆就在其名著《逃避自由》中敏锐地指出，尽管从现代意义上看，中世纪的个人是不自由的，但能够从社会秩序中获得安全感和归属感。现代人虽然获得了各种自由，却失去了以往的安全保障，陷入了孤立无依的境地。

人的生命可以分为生物生命、社会生命和精神生命三个自下而上的层面。弗洛姆将现代社会的精神迷茫归因于由社会秩序崩溃所导致的安全感和归属感的丧失，也就是说，是社会层面的问题。因此，弗罗姆提出，唯一的选择是从消极的自由进入积极的自由。他所谓的积极自由，是指通过爱和工作等自发活动来实现的自由而不孤独、独立而不失其为人类整体的一员的状态。窃以为，这仍然是社会层面的进路，远远没有从根本上解决问题。更深刻的根源恐怕在于精神家园的崩塌，是精神层面出了问题。

那么，应该如何寻回人生的意义，将现代人从精神沉沦中解救出来呢？我以为古人的智慧已经为我们提供了现成的答案。

在我看来，中国哲学的出发点和归宿点，就是解决人生问题，作为中国本土哲学的主流，儒家、道家和以庄子为代表的隐逸家（关于隐逸家的说法，详见本书第十一章），莫不如此。有意思的是，他们解决人生问题的思路是相同的，都是通过对道的修为以发挥性的作用从而成就理想人格，都认为性来自宇宙之本源、世界之

---

① 何雪华：《全国超1.8亿人患精神障碍》，《广州日报》2015年12月28日。

本体。在抽象意义上，他们对道、性以及理想人格的理解也是一致的，都承认道为人当行之道，也就是行为准则，性为人与生俱来的本性，理想人格则是在现实生活中能够充分顺应道、性的人格形象。然而，他们对道、性、理想人格乃至宇宙之本源、世界之本体具体内涵的看法却迥然有异。在本章，我们先来讨论儒家的人生智慧。

一、"成人"：寻回现代社会人生意义的方案

儒家的理想人格是"成人"。何谓"成人"？"成"，《说文》云"就也"，相当于今语完成、完善、实现、成熟等。被"成"所形容的"人"何所指呢？古人已经意识到人的生命有两种基本形式，一是生物生命，二是精神生命，孟子分别称之为"小体"和"大体"。因此，"成人"也就相应地有两个基本含义，一是成熟的人、成年人，这是从生物生命来说的，谓人的身体、心智已经成熟；二是完善的人、完人，这是就精神生命而言的，谓人的精神境界、道德修养达致完美。就像人的生物生命和精神生命不可分离共同构成一个完整的生命一样，"成人"的两个含义也是紧密相连，共同铸就一个完整的"成人"。一条船的意义在于用来过河，一副体魄的意义则在于用来实现精神价值。所以，我们的体魄就像那条船，实现我们的精神价值才是人生的目的。

《论语·宪问》记载，有一次子路问什么是"成人"，孔子回答道："若臧武仲之知，公绰之不欲，卞庄子之勇，冉求之艺，文之以礼乐，亦可以为成人矣。"他为"成人"开出了五个条件："知"、

"不欲"、"勇"、"艺"和"文之以礼乐"。

什么是"知"呢？弟子樊迟请教这个问题，孔子回答说"知人"。社会是复杂的，那是因为人是复杂的。如欲立足于社会，就必须了解人。正如孔子所说："三人行，必有我师焉：择其善者而从之，其不善者而改之。"（《论语·述而》）别人的优点，要学习；别人的缺点，则引以为戒。交友要以对方的人品为第一要务。子曰："益者三友，损者三友。友直，友谅，友多闻，益矣。友便辟，友善柔，友便佞，损矣。"（《论语·季氏》）戒之哉！戒之哉！对那些十恶不赦的坏人，要严加提防，以保护自己。常言说"害人之心不可有，防人之心不可无"，就是这个道理。

"不欲"强调的是志道据德，淡泊名利。在这方面，孔子有许多论述，如"士志于道，而耻恶衣恶食者，未足与议也"（《论语·里仁》）、"君子谋道不谋食。……君子忧道不忧贫"（《论语·卫灵公》）、"放于利而行，多怨"（《论语·里仁》）等等。就是说，君子志存高远，不要被眼前利益捆住手脚。我们固然要维护自己的权利，但在名利面前，更要与人为善，助人为乐。如果这样做，好人不就吃亏了吗？其实，老天是公平的，一个人所有的付出，最终的受益人是他本人。有的人总想占便宜，最终亏大了；有的人甘愿吃亏，最终却赚大了。《尚书·蔡仲之命》曰："皇天无亲，惟德是辅。"今本《老子》七十九章曰："天道无亲，常与善人。"《系辞》曰："积善之家必有余庆，积不善之家必有余殃。"诚哉诚哉！

孔子常常把"勇"和"义"相提并论。他说："见义不为，无勇也。"（《论语·为政》）有一次子路问："君子尚勇乎？"孔子回答说："君子义以为上。君子有勇而无义为乱，小人有勇而无义为盗。"（《论语·阳货》）《中庸》对"义"的解释是："义者，宜也。""义"就是适宜、应当、正当、正义。所以一个勇者首先要担负起社会的责任，以天下为己任，以大无畏的精神维护道义。历史的发展从来都是靠一批有担当、有勇气的仁人志士来推动的！

"艺"就是才艺。生命是丰富多彩、充满乐趣的。人生在世，除了做好本职工作以外，还要积极培养自己的业余爱好，以怡养性情。

这就是说，要把臧武仲、公绰、卞庄子、冉求四位杰出人物最突出的优点综合起来，再加上"文之以礼乐"，才算得上"成人"，标准不可谓不高。从中不难看出，"文之以礼乐"是每个人都必须具备的条件。所谓"文之以礼乐"，指对人性的展现、文饰、美化、升华与限制。就是说，在将人性中美好的一面显示出来的同时，要对人性中阴暗的一面加以文饰和限制。每个人来到这个世界，都犹如一块刚刚从山中开采的璞玉，谈不上美丽，经过雕琢才变得玲珑剔透，光彩照人。人们对礼乐的修行，正是对璞玉雕琢的功夫。所以，通过"文之以礼乐"，人才得以脱离生物的人，从而成为一个有修养的人、一个有文化的人、一个文明的人。

二、"尽性"：通往"成人"的路径

那么，如何才能成为一个"成人"呢？我认为，儒家的路径是"尽性"。

"尽性"一词首先见于代表孔子晚年思想的《易传》，是孔子晚年人性学说的重要概念①。孔子是通过宇宙论来探索人性的秘密的：
"易有太极，是生两仪，两仪生四象，四象生八卦，八卦定吉凶，吉
凶生大业。"（《系辞上》）在这里，"易"为宇宙的本原。它是如
何作用于天地万物的呢？孔子说："天地设位，而易行乎其中矣。
成性存存，道义之门。"（《系辞上》）"易"中具有创生功能的
"太极"生出天地以后，"而易行乎其中矣"，即"易"也随之存
在于天地之中了。不仅如此，存在于天地之中的"易"，演变为天
地之性，从而成为"道义"的门户。天地之"性"又是如何落实于
万物的呢？孔子说："一阴一阳之谓道。继之者，善也；成之者，
性也。"（《系辞上》）"一阴一阳之谓道"是说天地的阴阳之
"性"便是"道"。万物延续"道"即天地之"性"以为其"善"，
成就"道"即天地之"性"以为其"性"。万物正是"继""成"天
地之善性，才得以成自己之性。显然，这种作为道德本原的"性"，
属于张载意义上的义理之性。中国历史上最早的性善论，就这样提出
来了。

　　孔子认为，《周易》一书深刻地揭示了"尽性"的过程及其原
理："昔圣人之作《易》也，幽赞于神明而生蓍，参天两地而倚数，
观变于阴阳而立卦，发挥于刚柔而生爻，和顺于道德而理于义，穷
理、尽性以至于命。"（《说卦》）我认为，这里的"命"是指
"易"所"命"天地和万物者，事实上就是"性"。"命"自根源而

---

① 根据笔者的考察，今本《易传》中的《系辞》全文、《说卦》前三章、《乾文言》第一节之
　　外的部分、《坤文言》全文，以及帛书《易传》全文，皆属孔子易说。见拙作《从早期〈易
　　传〉到孔子易说——重新检讨〈易传〉成书问题》，载《国际易学研究》（第三辑），华夏
　　出版社1997年版。

言，"性"就结果而言。换言之，虽然"性""命"所指相同，但在逻辑上，"命"先于"性"。另外，万物拥有其"性"以后，方可具备其"理"。因此，"穷理、尽性以至于命"并不是一个自然生成次序，而是一个认识次序，是说自穷极万物之理，到尽知万物之性，以至于洞察万物之命。可见，在孔子晚年思想中，"尽性"本来是一个认识论概念。

不过，孔子的孙子子思创造性地转换了这个概念。从《中庸》首章"天命之谓性，率性之谓道，修道之谓教"之论看，子思完全继承了孔子的性善学说。

子思认为，尽管"天命之谓性"，所有人的善性是一样的，但由于天赋智力有差异，所以人们的道德路径也不同。他说："诚者，不勉而中，不思而得，从容中道，圣人也；诚之者，择善而固执之也。"（《中庸》二十章）我以为，这里的"诚"指性而言。"诚者"指"不勉而中，不思而得，从容中道"自然呈现诚性的人，就是圣人。那么与之相对的"诚之者"，即通过"择善而固执之"从而使自己呈现诚性者，就是贤人以下的普通人了。这里所谈的是圣人和普通人不同的道德路径。

在此基础上，子思提出了其"尽性"说："唯天下至诚，为能尽其性；能尽其性，则能尽人之性，能尽人之性，则能尽物之性；能尽物之性，则可以赞天地之化育；可以赞天地之化育，则可以与天地参矣。其次致曲，曲能有诚，诚则形，形则著，著则明，明则动，动则变，变则化，唯天下至诚为能化。"（《中庸》二十二章）"诚者"已然是圣人了，故"天下至诚"，自然是指圣人，因而这段文字的上半段谈的是圣人的"尽性"。从行文看，所谓"尽性"，就是全面、彻底地实现与生俱来的善性。因而，在子思这里，"尽性"不是一个认识论概念，而是一个功夫论的概念。圣人不但能够尽自己的性，还能够尽他人之性，进而尽物之性。万物由天地所化育，既然圣人能够尽物之性，那么说明他已经在协助天地化育万物了。圣人能够协助天地化育万物，就意味着他和天、地并列为三了。

与此相应，这段文字的下半段讨论普通人的"尽性"。"致"，朱熹云："推致也。""曲"，郑玄云："犹小小之事也。"从"诚则形，形则著"等表述看，这里的"诚"仍然指内在的诚性。"曲能有诚"是说小的善事也能体现善性。普通人通过"致曲"，即致力于点滴善行的积累，促使诚性体现，从而达到诚性的"形""著"而"明"。"动"指影响周围的人，"变"是说使社会产生局部变化，"化"则是整个社会受到感召和教化，其实这个过程已经在"尽人之性"了。照理说，只有"天下至诚"即圣人才能够教化天下，但普通人经过"诚则形，形则著，著则明，明则动，动则变，变则化"过程，事实上已经达到圣人的水平了。看来，贤人以下通过不懈的"诚之""择善而固执之""致曲"等"尽性"功夫，最终也可以成为圣人，而圣人则是"成人"的最高标准。

三、"修道"：实现"尽性"之凭借

子思对圣人"尽性"的阐释和他的"成己""成物"之说是相辅相成的："诚者，自成也。……诚者，非自成己而已也，所以成物也。成己，仁也；成物，知也。"所谓"尽其性"，即最大限度地"自成""成己"；所谓"尽人之性""尽物之性"，即最大限

度地"成物"。结合"成己,仁也;成物,知也"的说法看,"尽性"实为大仁、大智,非圣人不足以当之,这又一次印证了"诚者"谓圣人。

那么圣人又是何以"尽人之性""尽物之性""成物"呢?这需要从他何以"尽己之性""成己"说起。我认为在《中庸》开篇三句教中,第一句即"天命之谓性"是就所有人来说的,是说任何人生来就拥有善性。第二句即"率性之谓道"是就圣人而言的。"率"字自郑玄至朱熹皆释为"循也",但笔者曾指出此处当用其本意,即先导也,引也。这句话是说"将'性'引导出来,便形成'道';或者说引导出来的'性'就是'道'"①。看来,"率性"是一个自内而外的过程。这个过程子思又表述为:"自诚明,谓之性。""诚"指诚性,自诚性而显明,是"性"的自然呈现。这是圣人"尽性"的方式。第三句即"修道之谓教"则是就普通人而言的。普通人由于天赋不如圣人那么高,所以不能将其善性自然呈现出来,只好修行圣人所制定的"道",这个过程就是教化。

"修道之谓教"一语似乎没有透露"尽性"的信息,也没有显示内外的向度。不过,"自明诚,谓之教"一语则解决了这两个问题。"自诚明"的"明",也就是"道","诚"仍然指诚性。这句话是说,从修行圣人所制定的"道"而发现、呈现自己的诚性,这个过程就是教化。所以这是一个自外("道")至内("诚")的过程,而发现、呈现诚性,就是"尽性"。这是普通人"尽性"的方式。

---

① 郭沂:《郭店竹简与先秦学术思想》,上海教育出版社2001年版,第601页。

　　值得注意的是，普通人所修行的"道"为圣人所制定，而正是通过"修道"，普通人才得以"尽性"，也就是说，是圣人帮助普通人"尽性"的。从圣人的角度，这便是"尽人之性"。至于"尽物之性""成物"，是说如果天下人在圣人的帮助下皆能"尽性"，则会善待万物，从而万物就能够"尽性"了。

　　从"自成""成己""成物"等表达方式看，一个能够"尽性"的人，可谓"成人"矣！因而，"成人"就是一个人"尽性"即充分呈现、实现、发挥自己的本性的过程，这就像一粒种子长成一棵大树的过程。就像这粒种子的意义是长成一棵大树一样，一个人的意义就在于"尽性"以"成人"。

　　后来孟子将性归结为"四端"："无恻隐之心，非人也；无羞恶之心，非人也；无辞让之心，非人也；无是非之心，非人也。恻隐之心，仁之端也；羞恶之心，义之端也；辞让之心，礼之端也；是非之心，智之端也。人之有是四端也，犹其有四体也。"（《孟子·公孙丑上》）可见，"恻隐之心"等"四端"就是性。在这个意义上，心即性也，因而孟子用"尽心"来代替"尽性"。他说："尽其心者，知其性也；知其性，则知天矣。"（《孟子·尽心上》）这其实是"天命之谓性，率性之谓道"的另一种表述，只是在"尽心""尽性"问题上孟子取消了圣人与普通人的差别。孟子之所以将"性"（即本心）称为"四端"，旨在强调它只是仁义礼智的"端绪"，沿此"端绪"向外推广、扩充，便呈现为仁义礼智。他说："凡有四端于我者，知皆扩而充之矣，若火之始然，泉之始达。"（《孟子·公孙丑上》）这里"若火之始然，泉之始达"的"扩而充之"，其实就是"尽心"的具体过程。当然，孟子所说的仁义礼智，皆属于子思所说的"道"的范畴。

如此看来，不管对圣人来说，还是对普通人来说，"道"都是一个关键因素。那么"道"又是何物呢？我以为，作为人的当行之道和行为准则，儒家所谓的"道"，就是现在人们所说的"价值"。

儒家之"道"，涵盖面甚广。据笔者不完全的统计，仅《论语》所见的价值范畴就有61个之多：仁、礼、义、知（智）、道、德、安、勇、贤、圣、孝、弟（悌）、慈、恕、说（悦）、乐、爱、敬、温、良、恭、俭、让、宽、信、敏、惠、和、美、善、慎、静、周、直、劝、庄、喜、恒、果、达、艺、文、质、孙（逊）、威、正、中、中庸、中行、泰、刚、毅、木、讷、耻、时、矜、群、贞、谅、厉。依其性质，它们又可以大致分为不同的类型。

本书第一章笔者曾经指出，人类价值的最高层面为信仰价值，其次是精神价值，而后者又包括道德、艺术和道术三个方面。据此，《论语》中的价值范畴已经涵盖了信仰价值和精神价值诸方面。这些价值必然反映在人的心境，影响人的心理状态，由此形成的价值范畴我称为心境价值范畴。一方面这些价值需要用一定的形式加以表现，另一方面也必然反映于人们的言谈举止，由此形成的价值范畴可谓之仪表价值范畴。可以说，心境价值和仪表价值是整体价值、信仰价值、精神价值、道术价值的综合反映。这样一来，《论语》所见价值范畴包括以下七类。

第一类，整体性价值范畴：道、德。

第二类，信仰价值范畴：安。

第三类，道德价值范畴：仁、义、孝、弟（悌）、慈、恕、圣、贤、信、勇、爱、敬、良、恭、俭、让、宽、惠、和、良、善、慎、周、直、劝、让、正、恒、果、孙（逊）、耻、群、贞、谅。

第四类，艺术价值范畴：乐、美、艺。

第五类，道术价值范畴：圣、贤、知（智）、敏、艺、达、中、中庸、中行、恒、时。

第六类，心境价值范畴：仁、孝、弟（悌）、慈、恕、爱、说（悦）、乐、温、勇、恭、慎、静、果、喜、恒、耻。

第七类，仪表价值范畴：礼、乐、庄、文、质、孙（逊）、威、泰、刚、毅、木、讷、矜、厉。

以上七类价值范畴，涵盖了人类精神生活的各个方面。它们有的为孔子首创，有的属于孔子所继承的传统价值。但无论如何，正如子思所说，所有价值范畴皆成于圣人之手，而芸芸众生则是靠修行这些价值范畴才得以"成人"。当然，能够身体力行这些价值范畴的"成人"一定是幸福的人、精神健全的人，他的人生一定会富有意义。

值得注意的是，虽然以孔子为代表的先秦儒家所建立的价值系统已经富丽堂皇了，但在其后的历史过程中，由于种种原因，它会受到冲击、破坏以至衰落。在这种情况下，往往会出现一批以传承道统、弘扬儒风为己任的儒者挽狂澜于既倒，扶大厦之将倾，重建儒学，从而赋予这套价值系统以新的生命力。秦汉之际，在暴秦焚书坑儒政策的打击下，道统中断，是以董仲舒为代表的汉儒综合各家，尤其吸收阴阳五行理论，改造儒家哲学，儒家之"道"得以复兴。魏晋以降，在佛教的冲击下，儒学再次走向衰落，逐渐被边缘化，是宋明儒者"泛滥于诸家，出入于老释"，然后"返求诸六经"，重建儒家哲学，儒家之"道"得以传承。近代以来，欧风美雨席卷神州大地，儒学又一次面临灭顶之灾。当代儒者的任务是充分理解和吸收西学之精华，像往圣先贤那样重建儒家哲学。唯其如此，儒家之"道"才能重放光辉，人生的意义才能在现代社会得以确立！

第十章
守道、复性比"赤子"——道家的人生智慧[①]

　　在中国传统中，《老子》是一部具有崇高地位的经典。两千五百年以来，它不断塑造着一代代中国人的心灵，建构着中国文化的大厦。的确，翻开这部只有五千言的著作，人们无不为那些深邃的思想而感叹。不过，感叹之余，又难免为其内容抵牾、文本重复之处而疑惑不解。问题出在哪儿呢？恐怕和老子其人其书的争议有关。

　　老子是什么时代的人？《老子》又成于何时？太史儋就是老聃吗？这些问题连两千多年前博学的太史公也没能说清楚，以至铸成千古公案。关于老子其人其书的时代，影响最大的观点是春秋说和战国说，也有学者主张人在春秋、书在战国；至于太史儋与老聃的关系，断言太史儋即老聃者有之，认定太史儋非老聃且无著述者亦有之。

　　看来，问题只能靠王国维所说的以"地下之新材料"印证"纸上

之材料”的“二重证据法”来解决了。所以，1973年马王堆汉墓帛书《老子》甲乙两本出土后，立即轰动学界，理所当然地引起人们的兴趣。不过，尽管人们从中看到了一些新的迹象、证实了若干旧的说法，但并没有发现真正解决问题的钥匙。

正当人们带着深深的遗憾就要将问题再次搁置的时候，又一件激动人心的事情发生了。1993年，也就是马王堆帛书发现整整二十年之后，湖北荆门郭店楚墓竹简《老子》出土，并于五年后公之于世。或许，这是从历史的深处透出来的一束最强烈而鲜明的光线！沿着这束光线，我们能够看到什么呢？笔者考察的结果是：竹简《老子》属于一个早已失传的传本系统，出自春秋末期与孔子同时的老聃。帛书本和各种传世本属于另一个传本系统（正因如此，笔者将它们统称为今本），出自战国中期与秦献公同时的太史儋。后者曾将前者全部纳入并加以改造。在今本系统中，帛书本比通行的王弼本更接近于简本。也就是说，《老子》一书，有一个从简本到帛本再到通行本演化的过程。历史上的有关争议，大致都可以在这一框架下获得合乎情理的解释①。

这样一来，把老聃和太史儋的作品及其思想区分开来，便成了当务之急。无疑，在我看来，简本《老子》，或者说今本《老子》见于简本的部分，为老聃的作品，因而代表老聃的思想②。太史儋不仅在文本形式上对老聃书加以调整，还对内容进行了加工。他的工作主要表现在两个方面：一是更改增删老聃书原文，二是增加新的段落章

---

① 详见郭沂：《从郭店楚简〈老子〉看老子其人其书》，《哲学研究》1998年第7期。

② 今本《老子》可能也含有老聃书不见于简本的部分。在作出进一步鉴定之前，我们暂且仅据简本研究老聃思想。

节。从这两个方面，我们可以追索太史儋的思想。

道家虽然也从本原论、人性论、人心论来探索人生，但他们对这些问题的判断却与儒家有很大不同。从本书第九章看，以孔子、子思和孟子为代表的儒家学者认定易或天为宇宙万物的本原，其本性为善，在生万物的过程中便将其本性赋予万物，所以人性是善的。圆满的人生应该将这种善性充分地领会并呈现出来，以达到"成人"的境界。道家则以道为宇宙万物的本原，认定其本性为"自然"，故万物从道那里所获得的本性也是"自然"，而圆满的人生就应该依守和复归这种"自然"本性，从而成就一个"自然"的人。

一、守道归朴——郭店竹简《老子》的人生学说

在中国哲学史上，老聃建构了第一个非宗教性的一元宇宙生成论，提出以"道"来代替至上神"天"作为宇宙本原的主张。

何为道？郭店本《老子》开宗明义，是这样来论证道的：

> 有状混成，先天地生，寂寥，独立，不改，可以为天下母。未知其名，字之曰道，吾强为之名曰大。大曰逝，逝曰远，远曰反。天大，地大，道大，王亦大。国中有四大焉，王居一焉。人法地，地法天，天法道，道法自然。（第一篇第一章）[1]

---

[1] 本章所引郭店楚简《老子》文本与篇章号皆据拙著《郭店竹简与先秦学术思想》第一卷《郭店楚墓竹简六种考释》之《〈老子〉考释》（上海教育出版社2001年版）。下仿此。

"有状混成"意味着道是一种状态。这是一种什么样的状态呢？"道法自然"。何谓"自然"？流行的解释有三种：一是"自己如此"，"自"为"自己"，"然"为"如此"；二是"自然如此"，"自"为"自然（地）"，"然"亦为"如此"；三是"自然而然"，"自""然"二字合而释之。在我看来，这些解释虽未必背离老子思想，但不合《老子》的字面意思。如果将"然"解释为"如此"，那么老子必说明"此"何所指，否则，这个"此"令人莫名其妙，但事实上老子并没有做这种说明。这就是说，第一、二种解释必不达意。至于第三种解释，即将"自然"释为"自然而然"，亦不可，因为后一个"然"字也是"如此"之义。

那么，"自然"的本义是什么呢？应该首先把这两个字分开解释。先看"自"字。朱骏声《说文通训定声》云："自，鼻也。……自之通训当为始，即本义之转注。《方言》十三：'梁、益之间谓鼻为初，或谓之祖。'《说文》'皇''篆'下：'自，始也。'俗以始生子鼻子为自子，后世俗说谓人之胚胎，鼻先受形。"另外，《韩非子·心度》云："故法者，王之本也；刑者，爱之自也。"亦将"自"与"本"作为同义词。这就是说，"自"字由本义转注为本始、本初。再看"然"字。王引之《经传释词》卷七曰："然，状事之词也。若《论语》'斐然''喟然''俨然'之属是也。"这个作为"状事之词"的"然"字，相当于今语"……的样子"。综之，老子"自然"的本义为初始的样子、本来的样子、本然。老子之所以用"赤子""素""朴"等来形容"自然"，那是因为"赤子"乃人之初，"素"为未经染色从而保持本来状态的白布，而"朴"则为未加工成器的木材，亦即未经雕饰、仍保持本来样子的木材。因此，

"道法自然"是说道效法其初始的样子，本来的状态。今本《老子》二十五章王弼注曰："法自然者，在方而法方，在圆而法圆，于自然无所违也。自然者，无称之言，穷极之辞也。"所谓"在方而法方，在圆而法圆"，是说依事物本来的样子。以此为法，就"于自然无所违"了，即不违背事物本来的样子了。由于万事万物各具本态，所以"自然"便是"无称之言，穷极之辞"。该章河上公章句云"道性自然，无所法也"，亦与此相一致。这些注释，皆得"自然"之旨。

需要说明的是，老聃的"自然"与自然哲学的"自然"，大相径庭。后者很可能只是借用中国传统哲学中的"自然"一词对西文"nature"一词所作的翻译，其内涵为"nature"，非老聃之"自然"也——尽管二者都有"本然"之义，但西文的"nature"具有明显的客观性或物质性，而在老聃的"自然"中，则首先蕴含着主体性、主观性、精神性的宏旨。

那么，"法自然"的道具有什么特征呢？第一，道是一种状态，所以在谈到道的形成时，老聃说"有状混成"，由此我们可以推断，道的本来状态是混沌的。因此，就其本质特征看，道是混沌的。

第二，道是不可名状，甚至是"无名"的："未知其名，字之曰道，吾强为之名曰大"（第一篇第一章）；"化而欲作，将镇之以无名之朴"（第二篇第七章）；"道恒无名。朴虽微，天地弗敢臣"（第二篇第十章）。这些论述可以归纳为两方面。一是就其永恒本性而言，"道"是"无名"的；二是尽管如此，我们又不得不谈论它，故不得已而勉强对它加以命名，于是有了"道""大""朴"等名称。至于"道始无名"（第三篇第九章）一语同时涵盖了上述两个方面。一个"始"字明确地透露出这样的信息："道"起初是没有"名"的，或者说"道"本来是没有"名"的，后来才有了"名"。因此，在这个问题上，"道始无名"是概括性最强的一个命题。

第三，道是"无为"的："道恒无为也。"（第二篇第七章）道永远是"无为"的，或者说"无为"是道的永恒特征。诚然，"无为"使我们更容易把握"自然"的意蕴，它们是一对相辅相成的概念。要保持"自然"，就一定要"无为"；相反，如果"为"，就必然不能保持"自然"。

第四，道是柔弱的："弱也者，道之用也"（第一篇第六章）；"物壮则老，是谓不道"（第一篇第四章）。道的这个特点与其自然无为的特点是相辅相成的。一种事物既然是自然无为的，它就不可能是刚强的；反之，一种刚强的事物也不可能是自然无为的。朱谦之先生认为，这种思想是在《易经》的影响下形成的："盖得《易》之《坤》者也，《乾》藏于《坤》，故曰弱。"[1]"坤"的本义为地，在《易经》中，阴柔为《坤》卦的本性，所以朱氏说老子的思想取自《坤》卦。

除此之外，道还有其他重要特征。如首章曰："寂寥，独立，不改。"此句帛本作"寂呵寥呵，独立而不改"，王本作"寂兮寥兮，独立不改"，皆分两句读。但依简本，则"寂寥""独立""不改"之间皆应断句，意为道的三个特征。河上公曰："寂者，无声音；寥者，空无形。""寂寥"，是说道寂静无声，空廓无形。"独立"，是说道不受外物支配，绝对独立。在老子思想体系中，道是最高概

---

[1]　朱谦之：《老子校释》，中华书局1984年版，第165页。

念，在道之外，不存在任何别的权威，所以它不可能、也没有必要接受其他权威的命令和支配，从而它是卓然独立、无牵无挂的，是一种绝对自由的存在物。道的这种至高无上的地位，决定了它只能顺其自然，不因任何事物、任何理由改变自己的本态。这便是道之"不改"的特点。

道的这些特征，也是对"自然"的具体描述。

在老子看来，道生出天下万物后，它自身便存在于天下万物之中了："譬道之在天下也，犹小谷之与江海。"（第二篇第十一章）二语帛本略同，王本作"譬道之在天下，犹川谷之与江海"。应该如何理解这两句话？注家多有分歧。如任继愈先生注曰："'道'为天下所归，正如江海为一切小河流所归一样。"[1]显然曲解了"在"字。陈鼓应先生注曰："'道'存在于天下，有如江海为河川所流注一样。"[2]如此，则"'道'存在于天下"与"江海为河川所流注一样"之间，实无可比性。愚以为，老子的意思是说，道之存在于天下，犹如河流与江海的关系一样。河流的水流入江海后，便存在于江海，无所不在。以"小谷"喻"道"，以"江海"喻"天下"。上引二氏之说，恰恰把这种关系理解反了。这里的"天下"，当指天下万物，尤其是作为万物之秀的人。

对于存在于天下万物中的道，老聃另外起了一个名字，这就是"德"。简本《老子》多次提到"德"，如："含德之厚者，比于赤子"（第一篇第四章）；"夫唯啬，是以早服，是谓重积德"（第三

---

① 任继愈：《老子新译》，上海古籍出版社1985年版，第131页。

② 陈鼓应：《老子注译及评介》，中华书局1984年版，第197页。

篇第一章）；"修之身，其德乃真……修之天下，其德乃博"（第三篇第八章）；"上德如谷，大白如辱，广德如不足，建德如偷"（第三篇第九章）。什么是"德"呢？今本三十八章王弼注曰："德者，得也。常得而无丧，利而无害，故以德为名焉。何以得德？由乎道也。"五十一章王注："道者，物之所由也；德者，物之所得也。由之乃得。"王弼的解释，堪称不易之论。不过，"德"在今本里泛指万物之"德"，而在简本里，专指人之"德"。因而，在老聃思想中，"德"即人对道的禀受（动词），或者说是人所禀受的道（名词）。这就是说，"德"是人与道之间的桥梁，可见其重要性。

这个作为动词的"德"字与"道之在天下也"的"在"字是相辅相成的。道之于天下万物即为"在"，人之于道即为"德"。

看来，所谓"德"，就是与生俱来者。按照中国哲学的传统，这就是人性。换言之，所谓人性，就是人之"德"。人之德禀自道，所以人性和道的特性是完全一致的。道最根本的特性是自然，因而人性最根本的特点也是自然。所谓"人法地，……道法自然"，就是说，归根结底人是以自然为法则的。

对于人的自然本性，老子多有论述：

含德之厚者，比于赤子。蜂虿虫蛇弗螫，攫鸟猛兽弗扣。骨弱筋柔而握固，未知牝牡之合然怒，精之至也。终日乎而不忧，和之至也。和曰常，知和曰明，益生曰祥，心使气曰强。物壮则老，是谓不道。（第一篇第四章）

"德"既然是人从道那里禀受的本性，那么"含德之厚"意即最能体现人之自然本性的人。"赤子"为人之初，体现了人本来的样子、人之自然。所以老子将含德深厚的人比喻为"赤子"。对于赤子，为何"蜂虿虫蛇弗螫，攫鸟猛兽弗扣"呢？王弼注云："赤子，无求无欲，不犯众物，故毒〔螫〕之物无犯〔于〕人也。含德之厚者，不犯于物，故无物以损其全也。"①他虽然骨弱筋柔但抓握牢固，虽然不懂男女交合但自然勃起。这都是由于他"精之至"的缘故。"精"当指精气，是使人保持其自然即本态的东西。"精之至也"，谓精气至足。他终日无忧无虑，这是由于他"和之至"的缘故。"和"当指身心和谐。"赤子"精气至足，他必然一如其自然、一如其本态，从而其身心极其和谐，无忧无虑。和谐就是"常"。"常"当指人的恒常之态，即人之自然，人之本态。认识"和"叫作"明"。这就是说，"明"为认识人之和谐、自然本态的能力。相反，贪图享乐就会遭殃。

"心使气曰强"即指心对气有所作为，从而破坏了气的和谐，以至丧失了人的本性，这样必然导致违背道的"强"（柔弱是道的特性）。所谓"和曰常，知和曰明"是就积极的一面而言的，强调气之和谐的作用；所谓"益生曰祥，心使气曰强"是就消极的一面而言的，强调"心使气"以至破坏气之和谐的后果。气之和谐遭破坏，固无法保持身心之和谐，因而导致人性丧失以至"强"也就在所难免了。但事物过于强壮就会过早衰老，这就叫作不符合"道"。

老子从道的特性推导出人的本性后，极其重视保持这种自然本性。他说：

---

① 楼宇烈：《王弼集校释》，中华书局1980年版，第145页。

致虚，恒也；守中，笃也。（第一篇第三章）

视素保朴。（第二篇第一章）

善保者不脱。（第三篇第八章）

"虚"，《说文》曰："大丘也。昆仑丘谓之昆仑虚。"段玉裁注曰："虚本谓大丘。大则空旷，故引申之为空虚。"窃以为，此处"虚"字，结合第三篇第二章方可解之。其文曰："学者日益，为道者日损。损之或损，以至无为也。""学"之"益"，是对自然的违背。"为道"之"损"，即损其"益"。"损之或损"的结果便是所"益"逐渐空虚，"以至无为也"。而"无为"就是自然。因此，所谓"虚"，实指自然。仔细咀嚼老子的"自然""无为"等学说，不难体察到"中"的意味。第二篇第九章更明确地说："天下皆知美之为美，恶已；皆知善，此其不善已。"老子所追求的，是"美"与"恶"、"善"与"不善"分化之前的状态，这其实正是一种"中"的状态。因而，所谓"中"，说的就是"自然"。"致虚，恒也；守中，笃也"，谓致力"虚"，要有恒；持守"中"，要笃实。此句是就人之自然本性的态度而言的。

"视"，是也，乃肯定之意。丝未染谓之"素"。故"视素保朴"的"素""朴"皆指人的自然本性。老子认为，对人的自然本性应该充分肯定并加以保持。

"善保者不脱"之"保"，即"视素保朴"之"保朴"。在老子看来，善于保持其自然本性的，不会有所脱失。

具体言之，应该如何保持人的自然本性呢？这就是人心的任务了。老子论之甚多。我们大致可以归结为以下几个方面。

其一，"绝知弃辩""知和曰明"。

人的本性来自对道的禀受，因而人的精神本态是混沌的，自然的，而理性知识则是背离大道的。"天下皆知美之为美也，恶已；皆知善，此其不善已。"（第二篇第九章）天下的人都知道美之为美，那就有丑了；都知道善之为善，那就有不善了。"恶"和"不善"的出现，都是由于分别之知在作怪。不仅如此，人的知识越多，奇怪的事物就越泛滥："人多知，而奇物滋起。"（第二篇第十四章）

第三篇第二章专门讨论了"学"和"为道"的关系："学者日益，为道者日损。损之或损，以至无为也。无为而无不为，绝学无忧。"知识是通过学习得到的。相对于精神的本来状态而言，学习无疑是一种增益，正是这些增益的东西导致了对道的背离。因而，"为道"与此恰恰相反，正是对这些增益之物的减损。减损又减损，以至于"无为"，从而回归自然，与道合一。"无为"作为一种自然行为，看起来没有做什么，但事实上无所不为。

既然"学"是"为道"的反动，那么只好杜绝之："绝学无忧"。弃绝学习，回归大道，便可无忧。老子还认为，弃绝知识和论辩，人民会得到百倍的好处："绝知弃辩，民利百倍。"（第二篇第一章）但是，老子并不是否定所有的知识，不然，何以体认道？所以关于道的知识，老子是充分肯定的。正如上文所指出的，老子曾说过："和曰常，知和曰明。""和"乃道之体现，"知和"其实是对道的体认，老子称之为"明"。也就是说，"明"是一种特殊知识，即关于道的知识。

人们怎样运用"明"这种能力？老子没有明确的论述，不过我们可以做出一些推论。首先，破除主观性。老子说："以家观家，以乡观乡，以邦观邦，以天下观天下。吾何以知天下哉？以此。"（第三篇第七章）从行文看，所谓"观"，是指消除主观成见，站在事物本身的立场上体察之。既然老子赞成这种认识方式，甚至自称他正是运用这种方法来认识天下之实情的，这是他认识天下的根据，故应不同于普通的认识，亦应为老子认识道的方式。

其次，取消事物的差别性：

> 天下皆知美之为美也，恶已；皆知善，此其不善已。有无之相生也，难易之相成也，长短之相形也，高下之相盈也，音声之相和也，先后之相随也。是以圣人居无为之事，行不言之教。
> （第二篇第九章）

本段内容的确像许多学者所指出的那样包含了对立统一的辩证法思想，但老子的主要用意恐怕不在于此。根据上下文来看，事物的消极方面总是同积极方面相伴而生。因此，圣人担当"无为"的事业，实施"不言"的教化，其目的在于使事物保持在积极方面和消极方面尚未分化的无差别的、混沌的、自然的状态，这也就是上文所说的"玄同"。除此之外，老子在第三篇第三章也谈到这种万物齐一的思想："唯与阿，相去几何？美与恶，相去何若？"这，正是后来庄子齐物论的先河。

其二，"绝巧弃利""知足不辱"。

除了理性知识，欲望也足以使人背离道、背离人性，最为老子深恶痛绝。他说："罪莫厚乎甚欲，咎莫憯乎欲得，祸莫大乎不知足。"（第二篇第三章）罪恶没有比过度的淫欲更深重的了，过错没有比贪得无厌更惨痛的了，害处没有比不知足更大的了。而引起人的欲望的是各种计巧和利益，所以对这些欲望之源，老子是主张弃绝而后快的："绝巧弃利，盗贼无有。"（第二篇第一章）弃绝巧利，连盗贼都会灭迹。感官不但是认知的途径，而且是足以引起人的欲望的门户，所以老子所谓"塞其兑"云云，也包含杜绝欲望的意思。由此，老子提出的原则是："少私寡欲。"（同上）

在这个问题上，从积极方面说，就是知足："名与身孰亲？身与货孰多？得与亡孰病？甚爱必大费，厚藏必多亡。故知足不辱，知止不殆，可以长久。"（第一篇第五章）名声与生命相比什么更亲切？生命与财产相比什么更贵重？得到与失去相比什么更有害？不管对上述的哪一方面，过分的爱惜必然导致重大的耗费，过多的珍藏必然造成更多的损失。所以知足就不会招致屈辱，知道适可而止就不会陷入危境。如此，便可保持长久。在这里，老子从物极必反的道理论知足之效。他得出结论说："知足之为足，此恒足矣。"知足作为一种足，才是永恒的足。

其三，"绝伪弃虑""为无为"。

导致背离道、背离人之自然本性的一个重要因素是有为。老子说："为之者败之，执之者远之。是以圣人无为，故无败；无执，故无失。"（第二篇第六章）着意做某事的人，反而会把事情搞坏；着意控制某物的人，反而会远离初衷。所以圣人无为因而无所败，无执因而无所失。但是，老子的"无为"并非什么事情都不做，并非停止一切活动。他说："无为而无不为。"（第三章第二篇）"无为"即不有心去为、刻意雕琢，而要一任自然。这种"无为"的结果，却是

"无不为"。虽然无心去做什么，但又在不知不觉中什么事都做了。因而，"无为"其实是实实在在的"为"。在这里，需区别"为"的两种含义。"无为"的"为"，是有心的、违背自然的"为"，这是"为"的一般意义。而"无不为"的"为"，是无心的、符合自然的"为"。这个"为"，是老子的独创。看来，两个"为"字含义完全相反。因而，"无不为"（老子独创义）也就是"无为"（一般义）。

老子关于"无为而无不为"思想的另一种表达是"为无为"。他说："为无为，事无事，味无味。"（第二篇第八章）把"无为"当作为，把"无事"当作事，把"无味"当作味。在这里，"为无为"的第一个"为"字，也就是"无不为"之"为"。所谓"无为""无事""无味"，都是用来形容本来状态，即自然的。

"伪"，人为；"虑"，谋虑。二者都是有为的行为，所以老子力主"绝伪弃虑"。

其四，"不欲尚盈"。

柔弱是道的特性，所以充盈强盛是背离自然的，不可不摒弃。老子认为：

> 殖而盈之，不若〈其〉已。揣而群之，不可长保也。金玉盈室，莫之守也。贵富骄，自遗咎也。功遂身退，天之道也。（第一篇第七章）

积攒以至充盈，不如停止；储藏以至大量囤积，不能长保。积攒、储藏了满室的金玉，不能永远持守。高贵、富有和骄傲，只能自取恶果。功成身退，才符合"天之道"。

相对于普通意义上的"盈"，老子提出了"大盈"等概念："大成若缺，其用不敝；大盈若盅，其用不穷。大巧若拙，大赢若诎，大直若屈。"（第三篇第六章）大的成就就像亏缺，但它的功用是不会败坏的；大的充盈好像空虚，但它的功用是不会穷尽的。大的灵巧好像笨拙，大的赢余好像断绝，大的正直好像弯曲。事物的圆满状态是不外露的，甚至看起来与实际情况相反。"大"本来就是道的别名，所以这里的"大成""大盈""大巧""大赢""大直"，乃符合道、符合自然的"成""盈""巧""赢""直"。另外，"明道如昧，夷道如颣，进道若退。上德如谷，大白如辱，广德如不足，建德如偷，质贞如渝，大方无隅"（第三篇第九章）等讲的也是这个道理。

与此类似的是，受宠在一般人的观念中是一件荣耀的事情，但老子却称之为"宠辱"。"人宠辱若惊，贵大患若身。何谓宠辱？宠为下也。得之若惊，失之若惊，是谓宠辱〈若〉惊。"（第三篇第四章）"宠辱"，历代注家皆理解为"宠"和"辱"。但为什么下文只言"宠"，不言"辱"？又生出各种各样的解释。其实，在老子思想中，"宠辱"是一个概念，意为虽宠实辱。至于为什么提出这个概念，他在下文也做了交代："何谓'宠辱'？'宠'为下也。"得宠，意味着得宠者处在低贱受辱的地位。所以老子把"宠"叫作"宠辱"。

除了以上四个方面外，老子还认为，一个保持自然本性的人，应该谨慎从事，并爱惜保持身心处于和谐状态的精气。

老子说："是以圣人无为……临事之纪，慎终如始，此无败事矣。"(第二篇第六章)处理事情的准则,是在结束的时候,仍然像一开始一样慎重。这样,任何事情都不会失败。他又说:"大小多易之,必多难。是以圣人犹难之,故终无难。"(第二篇第八章)不管大事还是小事,把它看得太容易的时候越多,那么所遇到的困难就会越多。所以,就连圣人尚且把事情看得难一些,因而最终会免于困难。这些谆谆教导,至今仍不失为处世准则。

第三篇第一章云:"治人事天莫若啬。夫唯啬,是以早〈服〉,早服是谓重积德。"事养天性,没有比得上爱惜精气更好的。正是由于爱惜精气,所以才能及早复归于道,这就叫积德深厚。

二、"守柔曰强"——今本《老子》的人生学说

太史儋将老聃书纳入自己的著作,这意味着他的思想是以老聃思想为基础而展开的,因而,我们研究太史儋的思想,不妨以老聃思想为背景。依此,太史儋思想的特点主要表现在三个方面:一是理论思维上的玄虚化、思辨化,二是人生学说和政治学说上的权术化,三是道德学说上的非儒化。第一个方面基本上是对老聃思想的继承和发展,第二、三方面大致可看作是对老聃思想的背离。

太史儋所关心的问题与老聃基本一致,所以我们不妨大致按照分析老聃思想的思路来探讨太史儋思想。

太史儋继承了老聃道为万物之母的思想,并进一步比之于"玄牝":

谷神不死,是谓玄牝。玄牝之门,是谓天地根。(六章)

何谓"谷神不死"？司马光曰："中虚，故曰'谷'；不测，故曰'神'；天地有穷而道无穷，故曰'不死'。"严复曰："以其虚，故曰'谷'；以其因应无穷，故曰'神'；以其不屈愈出，故曰'不死'。三者皆道之德也。"[①]因而，所谓"谷神"，是太史儋对道的别称。"牝"，乃母性生殖器官；"玄牝"，谓道之创生万物，玄妙幽深。在太史儋看来，"玄牝之门"，即道之门户，是天地万物的根源。母性所以生产者是其生殖器官，在这里，太史儋把道比作所以创生万物的生殖器官，并指出这种无形的生殖器官是天地万物所生、所长的本根（"根"字不但有所以生的意思，亦有所以长的意思，所以它比"门"字的含义更丰富）。另外，太史儋把道的创生力比喻为"玄牝"的生产能力，也恰如其分地表现了道的本性——道的自然无为、柔弱、清静等本性，是与女性相一致的。

和老聃一样，太史儋也认为道创生出天下万物后，它自身便存在于天下万物之中了："朴散则为器。"（二十八章）这种表达非常接近于老聃"譬道之在天下也，犹小谷之与江海"（第二篇第十一章）之语，它是指道（"朴"是道的别名）生成万物（"器"）的过程，这是中国哲学史上首次提出"道"和"器"这对重要的哲学范畴。在这里，"散"字与老聃"道之在天下"之"在"字完全一致。就是说，当道生出天地万物以后，道便"散"在天地万物之中。

太史儋进一步指出：

---

① 所引司马光、严复语见高明：《帛书老子校注》，中华书局1996年版，第248页。

天下有始，为天下母。既得其母，以知其子。（五十二章）

从行文看，"母"分明指道，"子"分明指天下万物。既然道"散"在万物，而且我们对道的本性已有所了解，那么我们完全可以据此推知天下万物的本性。万物的本性与道的本性必然是一致的。

太史儋继承了老聃的自然人性论，说：

知其雄，守其雌，为天下溪。为天下溪，常德不离，复归于婴儿。……知其荣，守其辱，为天下谷。为天下谷，常德乃足，复归于朴。（二十八章）

虽知雄强，但仍象沟溪一样安于柔雌，就与从道那里禀受的永恒之德（人的本性）不相违离了，从而回归人之本态，犹如婴儿；虽知荣耀，但仍像川谷一样安于卑辱，永恒之德乃可全足，从而回归到"朴"，即道。和老聃的"德"一样，太史儋的"德"亦应理解为人得自道者，亦即人性。只不过太史儋在"德"之前加了一个定语"常"字，盖在太史儋看来，对于人而言，"德"最具恒常性。至于"常德不离，复归于婴儿"，只不过是老聃之"含德之厚者，比于赤子"的另一种说法而已。

如何保持人的自然本性，与道合一，是老聃人生学说的重要内容，他曾提出"绝知弃辩""知和曰明""绝巧弃利""知足不辱""绝伪弃虑""为无为""不欲尚盈"等原则。这些思想亦为太史儋所继承和发展。

首先，关于知识。太史儋说："慧智出，有大伪。"（十八章）老聃只不过是要弃绝知识，而太史儋却进一步连智慧都否定了，认为自从有了智慧，才产生了"大伪"，从而背离自然，这不免给人以矫枉过正之感。太史儋对老聃的偏离不止于此。他将老聃的"绝知弃辩"篡改为"绝圣弃智"，意味着他连"圣"也抛弃了，但在老聃思想中，圣人既为理想人格，又是理想君主。

老聃在弃绝通常知识的同时，提出了"明"这个概念，来表达对道的体认。太史儋对"明"做了新的阐述，并在此基础上提出"袭明""微明"等范畴。

　　见小曰明，守柔曰强。用其光，复归其明，无遗身殃，是为习常。（五十二章）

　　善行，无辙迹；善言，无瑕谪；善数，不用筹策；善闭，无关楗而不可开；善结，无绳约而不可解。是以圣人常善救人，故无弃人；常善救物，故无弃物。是谓袭明。（二十七章）

　　将欲歙之，必固张之；将欲弱之，必固强之；将欲废之，必固兴之；将欲夺之，必固与之。是谓微明。（三十六章）

"明"是能够体察细微的，故"见小曰明"。什么是"用其光，复归其明"呢？吴澄说："水镜能照物谓之'光'，光之体谓之'明'。用其照外之光，回光照内，复返而归藏于其内体之明也。"就是说，"明"是道的体认者，"光"是"明"的能力。看来，"明"是可以被掩盖的。"明"之被掩盖当然是由智对道的背离所导致的，只有用"明"本来具有的"光"才能重现"明"之本体，这样才能"无遗身殃",与道合一。"善行无辙迹"一段较难解,王弼注云:"顺自然则行,不造不(始)〔施〕,故物得至,而无辙迹也;顺物之性,不别不析,故无瑕谪可得其门也;因物之数,不假形也;因物自然,不设不施,故不用关楗、绳约,而不可开解也。此五者(指"善行无辙迹"等五事),皆言不造不施,因物之性,不以形制物也。圣人不立形名以检于物,不造进向以殊弃不肖。辅万物之自然而不为始,故曰'无弃人'也。不尚贤能,则民不争;不贵难得之货,则民不为盗;不见可欲,则民心不乱。常使民心无欲无惑,则无弃人矣。"①看来,这段文字所讲的是得道以后的状态。那么,人们是何以得道、何以达到这种状态的呢?在太史儋看来,是"袭明"。何谓"袭明"?释德清说:"承其本明,因之以通蔽,故曰袭明。'袭',承也,犹因也。"所谓"袭明",是说人所具有的"明"是含而不露的。"将欲歙之,必固张之"一段,是说对道,尤其对道的对立转化规律已有了深刻的体察,从而引以为行为方式。太史儋称这种体察为"微明",即"明"是几微灵妙的。总之,用以体认道的"明",是一种特殊的,超越常规的认知能力。

老聃认为,对"明"这种特殊的、超常的体道能力的认知方式是"观"。在这方面,太史儋又提出了"玄览"这个概念:"涤除玄览,能无疵乎?"(十章)"览",帛书甲、乙本分别作"蓝""监",三皆读为"鉴"。高亨说:"玄鉴者,内心之光明,为形而上之镜,能照察事物,故谓之玄鉴。《淮南子·修务》篇:'执玄鉴于心,照物明白。'《太玄童》:'修其玄鉴。''玄鉴'之名,

---

① 楼宇烈:《王弼集校释》,中华书局1980年版,第71页。

疑皆本于《老子》。《庄子·天道》篇：'圣人之心，静乎天地之鉴，万物之镜也。'亦以心譬镜。""观"和"玄览"都是把握道的方式，都是一种超验的心理直觉，而"玄鉴"也许比"观"更形象一些。

在老聃那里，"观"的体认方式具有反对主观性、取消事物差异性的特点。太史儋也继承了这种思想。"自见者，不明；自是者，不彰；自伐者，无功；自矜者，不长"（二十四章）；"不自见，故明；不自是，故彰，不自伐，故有功；不自矜，故长"（二十二章）。在这里，太史儋从正反两个方面论证了主观性的危害和破除主观性之重要。此论反对主观性。太史儋又说："善者吾善之，不善者吾亦善之，德善；信者吾信之，不信者吾亦信之，德信。"（四十九章）此论取消了事物差异性。

在四十七章，太史儋对这种以"明"来"玄览"道的认识论做了总结："不出户，知天下；不窥牖，见天道，其出弥远，其知弥少。是以圣人不行而知，不见而名，不为而成。"按照一般的认识论来看，认知是以实践为基础的，走得越远，就越能见多识广。而太史儋认为，实践得越多，就离道越远（这是由于人心受社会文化等因素影响的缘故）。太史儋的"玄览"是不用实践的，而只有通过它才能认识道；认识了道，便认识了天下万物（"既得其母，以知其子"）。所以，"不出户，知天下；不窥牖，见天道"。正因如此，故"圣人不行而知，不见而名，不为而成"。这比起老聃的"以家观家，以乡观乡，以国观国，以天下观天下"之论，增添了不少神秘色彩。

其次，关于欲望。太史儋说："五色令人目盲，五音令人耳聋，五味令人口爽，驰骋畋猎令人心发狂，难得之货令人行妨。"（十二章）具体地讲，人的欲望是通过感官得以施发的，所以感官是背离本性的具体途径。这里的"目盲""耳聋""口爽"等并非就一般意义而言的，而是太史儋站在自己的立场上，认为"五色""五音""五味"等等都足以导致人性的背离，所以才如是言之。值得指出的是，太史儋特别强调身、心的相互作用。"驰骋畋猎"虽是受欲望支配，却会"令人心发狂"；另外，足以引发人的欲望的"难得之货"也会妨碍人们符合自然的行为——行为总是受心支配的。

既然欲是人性的反动，故应否定之："五色令人目盲……是以圣人为腹不为目。故去彼取此。"（十二章）何为"为腹不为目"？蒋锡昌说："'为腹'即为无欲之生活，'不为目'即不为多欲之生活。"正因如此，太史儋主张去彼（"目"之类）取此（"腹"之类）。

再次，关于人为。太史儋说：

慧智出，有大伪。（十八章）

明白四达，能无为乎？（十章）

天下之至柔，驰骋天下之至坚；无有入无间。吾是以知无为之益。不言之教，无为之益，天下希及之。（四十三章）

"伪"即人为。在太史儋看来，智慧和人为是相辅相成的，正是由于有了智慧，才有过分的人为造作。因此，弃绝了智慧，必然就可克服"大伪"。其结果，便是"无为"，而"无为"才是真正的"明白四达"。"明白四达，能无为乎？"应该理解为"能明白四达无为乎？"（同章相同的句式，皆应作如是观）。

最后，关于知足、不争、守柔、处下。太史儋说：

> 上善若水。水善利万物而不争，处众人之所恶，故几于道。
> 居善地，心善渊，与善仁，言善信，正善治，事善能，动善时。
> 夫唯不争，故无尤。（八章）
>
> 夫唯不争，故天下莫能与之争。古之所谓曲则全者，岂虚言
> 哉？诚全而归之。（二十二章）
>
> 知其雄，守其雌，为天下谿。为天下谿，常德不离，复归于
> 婴儿。知其白，守其黑，为天下式。为天下式，常德不忒，复归
> 于无极。知其荣，守其辱，为天下谷。为天下谷，常德乃足，复
> 归于朴。（二十八章）

在各种事物中，水是最自然无争的，它处在众人都不喜欢的最低
处，所以最接近于道。所以太史儋告诫人们言行居心都要像水那样，
如此才不会犯过失。当然这种不争并非绝对的软弱，它含有无比强大
的力量，"夫唯不争，故天下莫能与之争"。最后一段是讲，得道的
人尽管知道什么是"雄""白""荣"，却不去争胜好强，偏偏"守
其雌""守其黑""守其辱"，这样才能复归于道。所谓"复归于婴
儿""复归于无极""复归于朴"都是指与道合一的状态。

人性的背离，老聃称之为"心使气"，认为"心使气曰强"，即
心对气有所作为，从而破坏了气的和谐，以至丧失了人的本性，这样
必然导致违背道的"强"（柔弱是道的特性）。在这方面，太史儋颇
有发展，提出"专气致柔"的思想。他说："载营魄抱一，能无离
乎？专气致柔，能婴儿乎？"（十章）与对"心使气"之"气"的解

释相同，徐复观先生仍把这个"气"理解为"纯生理的本能"："摒除了心知的作用，而专听任生理本能的自然生活，老子称之为'专气致柔'。'专气'，是专于听任气，气指的是纯生理的本能。"①我认为，此"气"字与"万物负阴而抱阳，冲气以为和"之"气"以及"心使气曰强"之"气"都完全一致，亦指由阴阳二气构成的冲虚和谐之气。朱谦之注云："载营魄抱一，是以阴魄守阳魂也。"朱氏认为："魄，形体也，与魂不同。"如此，则"载营魄抱一"与"负阴而抱阳"完全是一回事，"专气致柔"之"气"与"冲气以为和"之"气"相同明矣。当然，具体来讲，"专气致柔"之"气"是就人而言的，指阴阳二气在人身心中形成的冲虚和谐之气。所谓"专气致柔"是指人心听任气之自然，不破坏气之和谐，以达致"柔"，即与道合一（心为身心之主宰，既然"使气"者为心，故"专气致柔"者亦为心）。

如果太史儋的人生学说仅此而已，那是无可厚非的，我们也会很自然地得出结论，这是对老聃思想的继承和发展。然而，很遗憾的是，他过多地迈出了一步，这就是他把这些学说作为一种手段、一种权术，而不是作为目的。他说：

> 天长地久。天地所以能长且久者，以其不自生，故能长生。是以圣人后其身而身先，外其身而身存。非以其无私邪？故能成其私。（七章）
>
> 我有三宝，持而保之。一曰慈，二曰俭，三曰不敢为天下

---

① 徐复观：《中国人性论史·先秦篇》，台北商务印书馆1987年版，第345页。

先。慈，故能勇；俭，故能广；不敢为天下先，故能成器长。今舍慈且勇，舍俭且广，舍后且先，死矣。（六十七章）

原来，太史儋眼中的圣人，其"无私"不过是"成其私"的手段，其"不敢为天下先"，不过是"成器长"的手段，如此而已。

太史儋之所以能够提出这种权谋之术，那是因为他注意到了世界上各种"柔弱胜刚强"的现象。他说：

故坚强者死之徒，柔弱者生之徒。是以兵强则灭，木强则折。坚强处下，柔弱处上。（七十六章）

柔弱胜刚强。（三十六章）

天下莫柔弱于水，而攻坚强者莫能胜，其无以易之。弱之胜强，柔之胜刚，天下莫不知，莫能行。（七十八章）

守柔曰强。（五十二章）

在人们的观念中，坚强居优势地位，柔弱居劣势地位。而太史儋却超越常人的思维羁绊，站在更高的层面，揭示出坚强者与死亡相伴，而柔弱却和生存同属，这就好像兵强会遭覆灭，木强会遭摧折一样。所以，和常人的看法相反，太史儋认为坚强居劣势，而柔弱反居优势。在他看来，柔弱是一种无形的、深沉的、巨大的力量，并且它必然能够战胜刚强。太史儋唯恐人们不理解这个道理，便以世界上最柔弱的水做比喻。这不禁令人联想起"水滴石穿"这个成语。这就是说，柔弱中隐藏着一种无形的力量，这种力量巨大无比。朱谦之比之为"《乾》藏于《坤》"，是非常确当的。正因如此，太史儋才说

"守柔曰强"，保持柔弱才是真正的"强"。请注意，在《老子》中，"强"也有两层意思。"坚强者死之徒"（七十六章）、"弱之胜强"中的"强"，是日常语言中的、一般意义上的"强"。"守柔曰强"中的"强"，是柔弱中所含有的强力，是柔弱之"强"。"强"的这层意思也是太史儋独创的。有趣的是，"强"的这两层含义是相互对立的。

我以为，太史儋提出权谋之术的另一个深刻根源，是他所揭示的事物对立的两方面可以相互转化、物极必反的规律。也就是说，其权术是与这一规律相互配合的、相一致的。

我之所以说太史儋的权术是过多地向前迈出的一步、是令人遗憾的，是因为这一思想违背了自然这一根本原则。既然是一种权术，那么必然不是真心的流露，必然只是一种雕饰，必然背离本来之态。换言之，在太史儋思想中，权术论和自然论之间存在内在矛盾、内在紧张。当然，这也是对老聃思想的背离。

第十一章
体道、见性有"真人"——庄子的人生智慧^①

一、庄子非道家说

一提起道家，人们会立刻想到老子和庄子，似乎庄子为先秦道家的代表性人物已是不容置疑的常识。但事实上，越是常识，越容易给人以误导。

关于道家的起源，刘歆说源于史官，冯友兰主张源于隐者。在我看来，今天我们所说的道家，本来就是两大学派。一派源于史官，其传承系统是：老聃→文子→太史儋→关尹子→黄老学派。另一派源于隐者，其传承系统是：早期隐者→杨朱→列子→庄子→庄子后学。两派的发展线索十分清楚。

我们谈学派归属，首先应搞清判定学派的标准。这个标准应该是价值理念，而不是思维方式。我之所以区分上述两派，主要是从三个方面来判断的。其一，源于史官一派的价值追求是修身兼治国，而尤

---

① 本章内容见拙著《郭店竹简与先秦学术思想》第三卷第五篇《隐逸家："洸洋自恣以适己"》（上海教育出版社2001年版），收入本书时有所修订。

重治国，源于隐者一派的价值追求是修身养性。其二，前者是入世的，后者是出世的。其三，前者侧重政治自由，后者侧重生命自由。就前两个方面的侧重点而言，源于史官一派类似于儒家。因此，在某种意义上，源于隐者一派与源于史官一派的区别，甚至要大于源于史官一派与儒家的区别。

先秦时期的各种讨论学术史的文献，无论《庄子·天下》还是《荀子·非十二子》，抑或《韩非子·显学》，都没有将这两派的人物混为一谈。从史料看，第一个对诸子百家进行分类的学者是司马谈。司马谈作《论六家之要指》，将诸子分为六派。从其描述看，道家仅指源于史官的一派。在六家中，司马谈之所以最为推崇道家，主要原因是他的太史公身份与此派一脉相承，在思想上自然有更多的认同。第二个对诸子百家进行分类的是刘歆，也是他开始把上述两派合而为一。其原因是刘歆坚持各个学派皆由官学分离出来，但隐者一派不可能出自官学，加之此派以道立论，故刘歆归之于道家。这实为削足适履之举。

不过，我们也应该注意到，司马迁将老庄申韩同传，并在《庄子传》部分说："其学无所不窥，然其要本归于老子之言。"看起来，好像是把老庄归为一派的。且慢，接着读下去就会发现，太史公也是这样评论申不害和韩非的："申子之学本于黄老而主刑名……韩非者，韩之诸公子也。喜刑名法术之学，而其归本于黄老。"众所周知，申韩皆法家的代表人物，而非道家的传人。故这里的"其要本归于老子之言""本于黄老""其归本于黄老"云云，并不意味着将庄子等人归于老子一派。我认为史迁的意思只是说庄子、申不害、韩非皆以老子或黄老思想作为自己立论的根据，并因此将他们与老子同传，但这并不是说他们与老子或黄老持相同的价值观，更不是说他们与老子或黄老一样，同属道家学派。所以，这里的"归于""本于"主要是就方法论而言的。这几句话中真正强调价值观的，是"主刑名"的"主"字。

倒是朱子独具慧眼，称庄学"亦止杨朱之学"（《朱子语类》卷一百廿五）。将庄子与杨朱归为一派，深获我心。

所以，源于史官的一派是本来的道家。历史上没有人给起源于隐者的一派命名，暂且称之为"隐逸家"吧。

真正将这两家在思想上融为一体的是魏晋玄学，即人们所说的新道家。这就是说，魏晋以后，道家这个概念才具有人们所熟知的内涵。这或许是人们反将原来的道家和隐逸家混为一谈的原因。

人生智慧是这两派和儒家的共同主题，因此三派对这个问题的看法最能反映出其价值追求。

二、道论与天论：庄子形而上学的双重结构

《庄子》一书分为内、外、杂三篇，至于三篇的作者为谁，是一个聚讼已久的问题。笔者接受传统观点，即内篇为庄子所作，而外、杂篇则作于庄子后学。因此，在此我们根据内篇来研究庄子本人的思想。

"然其要本归于老子之言"并不意味着太史公将庄子归为道家，而"其学无所不窥"已明确提示，除老子外，庄子还受其他学说的影响，其中最重要的要数儒家，以至于唐代的韩愈就说："盖子夏学其后有田子方，田子方之流而为庄周，故周之书喜称子方之为人。"

（《昌黎先生集》卷二十《送王秀才序》）近代章太炎先生虽然也认为庄学出自儒家，但对出自子夏的观点深不以为然："庄生传颜氏之儒，述其进学次弟。"[1]对此，郭沫若先生做了比较详细的论证[2]。我认为，说庄子同孔、颜存在师承关系，恐出自臆断。但是，生活于孔学显盛的战国时期的庄子，又深受孔、颜的影响，倒是毋庸置疑的。

我们知道，老聃和太史儋皆以道为宇宙之本源、世界之本体，而"学《易》"之前的孔子以及孔子之后的儒家皆以天为宇宙之本源、世界之本体。有意思的是，庄子同时吸收了道和天作为宇宙之本源、世界之本体。也就是说，庄子的形而上学有两个核心概念，一个是道，另一个是天，由此形成了庄子形而上学的双重结构，即道论和天论。

庄子是这样论述作为宇宙之本源、世界之本体的道的：

> 夫道，有情有信，无为无形；可传而不可受，可得而不可见；自本自根，未有天地，自古以存；神鬼神帝，生天生地，在太极之上而不为高，在六极之下而不为深，先天地生而不为久，长于上古而不为老。（《大宗师》）
>
> 道恶乎而不存？（《齐物论》）
>
> 夫大道不称……道昭而不道。（《齐物论》）

"有情有信"，是说道是一种真实的存在；"无为"，是说道是

---

[1] 章太炎：《菿汉昌言·经言一》，上海书店出版社2011年版，第82页。

[2] 郭沫若：《十批判书·庄子的批判》，人民出版社1982年版，第188—212页。

自然无为的；"无形""可传而不可受，可得而不可见"，是说道是没有具体形象的；"未有天地，自古以存""先天地生而不为久，长于上古而不为老"，是说道是超时间的；"在太极之上而不为高，在六极之下而不为深"，是说道是超空间的；"道恶乎而不存"，是说道是无所不在的；"大道不称""道昭而不道"，是说道是不言说的；"神鬼神帝，生天生地"，是说天地万物都是由道创生的。以上这些描述与老子的思想极其相似。值得注意的是"自本自根"四个字。老子在谈到道的形成时虽然说"有状混成"，但没有明确地讲道的本原，而庄子则明确指出"自本自根"。就是说，道是由它自身创造的，这是对老子道论的发展。

庄子既然已经把道和道论作为其形而上学的核心范畴与基本理论框架，为什么又把天和天论作为其形而上学的另一个核心范畴和基本理论框架呢？两者有何区别呢？从庄子对道和天两个范畴的使用看，二者虽然都是宇宙之本源、世界之本体，但庄子在运用它们的时候，侧重面有所不同。大致地说，道具有抽象性、总体性，侧重于宇宙本原的本质；天更有具体性、实理性，侧重于宇宙本原的存在方式。对此，我们可以从庄子对作为宇宙之本源、世界之本体的天的论述中略窥一二。

> 与天为徒者，知天子之与己皆天之所子。（《人间世》）
>
> 道与之貌，天与之形。（《德充符》）
>
> 天选之形。（同上）
>
> 天之生是使独也，人之貌有与也。（《养生主》）

从天的角度来看，不管是天子，还是一般人，都是天所生的。这颇有众生平等的思想。"道与之貌，天与之形"，旧注多以为在此处"貌""形"为一物，"道""天"可互换。如成玄英说："虚通之道，为之相貌；自然之理，遗其形质。……且形之将貌，盖亦不殊。道与自然，互其文耳。欲显明斯义，故重言之也。"我认为，在这里，"道"和"天"不仅仅是"互其文耳"。其实，就像道、天有所不同一样，由道所赋予的"貌"和由天所赋予的"形"也有所不同。所谓"形"，即形质、形骸。何谓"貌"？《尚书·洪范》疏："貌是容仪举身之大名……貌者，言其动有容仪也。"《说苑·修文》："貌，若男子之所以恭敬，妇人之所以姣好也。"《孟子·告子下》"礼貌未衰"注："貌者，颜色和顺，有乐贤之容。"看来，"形"不过是一团血肉，而"貌"却含有修养的因素。作为一团血肉的"形"体现了自然（天）之理，含有精神修养因素的"貌"体现了道的特质。因此，庄子说"道与之貌，天与之形"，而没有说"天与之貌，道与之形"，还是有特别用意的。"天选之形""天之生使独也，人之貌有与也"，也反映了这种区分。成玄英疏："选，授也。""天选之形"，意即天授予了人的形体。"天之生使独也"，人的形体有残缺，也是由天授予的，这与"天与之形"是一致的；"人之貌有与也"，这个"有与""人之貌"的，应该是道，这和"道与之貌"是一致的。

那么，天是怎样生万物的呢？庄子说："知天之所为者，天而生也。"（《大宗师》）第一个"天"字为实体之天，第二个"天"字为状语，意即"自然地"。就是说，天的创生万物，是自然而然地创生出来的，天是无意志无目的的。

在庄子思想中，作为宇宙之本源、世界之本体的道和天具有两个根本特性，一是混而为一性，二是绝对自由性。

《齐物论》集中讨论了道的混而为一性：

> 道恶乎隐而有真伪？言恶乎隐而有是非？道恶乎往而不存？言恶乎存而不可！道隐于小成，言隐于荣华。故有儒墨之是非，以是其所非而非其所是。
>
> 是非之彰也，道之所以亏也。
>
> 举莛与楹，厉与西施，恢诡谲怪，道通为一。
>
> 天下莫大于秋毫之末，而大山为小；莫寿于殇子，而彭祖为夭。
>
> 天地一指也，万物一马也。

首先，道是无所谓真伪的。真伪的出现，便意味着道的真相被掩盖了；道的真相是被小的成就掩盖的。其次，道是无所谓是非的。是非的彰显，便意味着真道的亏损。"言恶乎隐而有是非"，成玄英曰："至教至言，非非非是，于何隐蔽，有是有非者哉？"看来，此"言"为"至言"，当然是就道而言的。"至言"是为浮华之辞所隐蔽的。再次，道是无所谓大小的。"莛"，草茎也；"楹"，屋柱也。俞樾云："莛楹以大小言。"小莛与大楹是通而为一的。正因为道无所谓大小，所以说，天下没有比秋毫之末更大的，而泰山却是小的；没有比夭折的婴儿更长寿的，而活了八百岁的彭祖反而是短命的。复次，道无所谓美丑。成玄英曰："厉，病丑人也；西施，吴王美姬也。"庄子认为，丑陋之人和美丽的西施是通而为一的。最后，道是无所谓同异的。在《德充符》中庄子借仲尼之口说："自其异者视之，肝胆楚越也；自其同者视之，万物皆一也。"天地万物从其相异的角度来看，肝和胆就像楚国和越国那样相距甚远；从其相同的角度看，万物都是一样的。甚至天地就是一个指头，万物便是一匹马。总之，从本质上讲，道是一种无差别的、混而为一的状态。

道的这种无差别的、混而为一的状态，庄子称为"道枢"：

> 是亦彼也，彼亦是也。彼亦一是非，此亦一是非（相对的双方可以互易）。果且有彼是乎哉？果且无彼是乎哉（双方皆为主观作用）？彼是莫得其偶，谓之道枢。枢（合乎道枢）始得其环中，以应无穷。是亦一无穷，非亦一无穷也。（《齐物论》）

既然道是无所谓彼此之分的，因而就道的观点看，"是"也是"彼"，"彼"也是"是"。"彼"和"此"（"是"）都是对道的背离，因而二者都有自己的是非标准（由于道是无所谓是非的，因而只有在背离道的情况下才会产生是非）。但是，从道的角度看，果真有彼此的区分吗？果真没有彼此的区分吗？对此，庄子没有作正面回答。我认为，庄子的意思是既非"有彼是"，亦非"无彼是"，就是说，非有非无。何以见得呢？庄子接着说："彼是莫得其偶，谓之道枢。""枢"即门轴。门轴是圆的，是不存在任何对待的。"道枢"即喻道的无对待状态。"彼是莫得其偶"，是说就道的角度言，不存在彼此的对待。既然是"道枢"，也就不存在任何对待了，当然包括"有""无"的对待以及"有彼是""无彼是"的对待。门轴的作用得自它的"环中"，门轴正是由于其"环中"才得以应付门的无穷变化。"是"和"非"都是无穷变化的。在庄子看来，正是"道枢"，才得以应对"是""非"的无穷变化。

庄子说："夫道未始有封，言未始有常，为是而有畛也。请言其畛：有左，有右，有伦，有义，有分，有辩，有竞，有争，此之谓八德。"（《齐物论》）何为"道未始有封"呢？郭象注云："冥然无不在也。"成玄英亦曰："夫道无不在，所在皆无，荡然无际，有何封域也？"郭、成二氏的解释，一直影响当今的注家。我们认为，"道未始有封"并非就道的普遍性立论的，而是就"道枢"的状态而言的。"道枢"既然是一种"枢"，那么它就具有永恒性；它既然是一种"环"，那么它就是没有边际的。"道枢"是不可言论的；一旦用言语去谈论它，那就不是恒常的"道枢"了，故曰"言未始有常"。"畛"，成疏曰："界畔也。"人们用言语去争辩是为了证明自己之是非的正确性，而有了是非便有了界线。所谓"八德"，即左、右、伦、义、分、辩、竞、争，它们都是由界线造成的，都是对"未始有封"的"道枢"的背离。

庄子主要是从自然之理的角度来探讨天的混而为一性的。他说：

> 物无非彼，物无非是。自彼则不见，自是则见之。故曰彼出于是，是亦因彼。彼是方生之说也。虽然，方生方死，方死方生；方可方不可，方不可方可。因是因非，因非因是。是以圣人不由，而照之于天，亦因是也。（《齐物论》）

任何事物都把自己之外的所有事物当作"彼"，在其他事物眼里，这个事物也是"彼"，这样就没有不是"彼"的事物；任何事物又都把自己当作"是（此）"，这样就没有不是"是"的事物。因为有"彼""是"之分，所以从"彼"的角度则不能认识"是"，"是"之为"是"也是因为有"彼"。这就是说，"彼""是"是同时并生的。在庄子看来，同"彼"与"是"一样，"生"与"死"、"可"与"不可"、"是"与"非"等也是并生的、相辅相成的。任何一个事物，从一个角度看可称之为"生"，从另一角度看可称之为"死"。例如用木材做成桌子，既是桌子的"生"，同时又是木材的"死"。"可"与"不可"、"是"与"非"相生相因的道理也是这样。庄子认为，圣人是不顺由这些分别之知的，而是以"天"来观照一切。这个"天"字，指无彼无此、无生无死、无可无不可、无是无非的，亦即没有任何差别的、混而为一的自然之理。

其实，这种无是无非、无生无死的自然之理，是通过同时观照是与非、生与死两个相反相成的方面，亦即通过同时观照整体得出的。如果把是、生等一方当作正极，把非、死等一方当作负极的话，那么正、负双方之和总是一个常数；换言之，整体是不增不减的。这个道理，庄子称为"天钧"。他说：

　　劳神明为一，而不知其同也，谓之朝三。何谓朝三？狙公赋曰："朝三而暮四。"众狙皆怒。曰："然则朝四而暮三。"众狙皆悦。名实未亏而喜怒为用，亦因是也。是以圣人和之以是非而休乎天钧，是之谓两行。（《齐物论》）

"朝三而暮四"则猴怒，"朝四而暮三"则猴喜。数皆七，名未亏，实未损，而众猴喜怒不同，此猴之愚也。生则喜，死则悲；是则悦，非则怒，而不知"以死生为一条，以可不可为一贯"，岂非人之愚邪！所以圣人和合是非而将差别、对待制止于"天钧"。"钧"，一作"均"，平均也。成玄英疏："天均者，自然均平之理也。"所谓"天均"，即以自然之理将是非、生死等相互对待之双方均平，以达至无是非、无生死、无任何差别对待。何以达致"天钧"？庄子提出了"两行"的方法。"两行"即将是非、生死等相反相成的两方面同时观照，两条腿走路，也就是"照之于天"。

道的绝对自由性也是庄子道论独具特色的内容。《应帝王》载：

> 天根游于殷阳，至蓼水之上，适遭无名人而问焉，曰："请问为天下。"无名人曰："去！汝鄙人也，何问之不豫也！予方将与造物者为人。厌，则又乘夫莽眇之鸟，以出六极之外，而游无何有之乡，以处圹埌之野。汝又何以治天下感予之心为？"又复问。无名人曰："汝游心于淡，合气于漠，顺物自然而无容私焉，而天下治矣。"

"予方将与造物者为人"，陈鼓应先生注曰："谓予方将与大道为友。即正要和大道同游的意思。'为人'，训为偶。"[①]与大道同游即意味着人达到了大道的境界。陆德明《经典释文》云："莽眇，轻虚之状也""圹埌，无滞为名也"。"汝游心于淡"数语，成玄英疏云："可游汝心神于恬淡之域，合汝形气于寂寞之乡，唯形与神，二皆虚静。"试想，乘上轻虚之鸟，飞出感官世界之外（"六极"即

---

① 陈鼓应：《庄子今注今译》，中华书局1983年版，第216页。

六合，谓感官世界），游于任何东西都不存在的地方，处在毫无滞碍的天地，还有比这更自由的吗？这的确是一种绝对的自由！在庄子看来，人之所以能够达到这种绝对自由的境界，是因为这种人能够游心于恬淡之域，合气于寂寞之乡，一切都顺其自然而无一点私心。"游心于淡"的"心"，一字道破这种自由是一种精神的自由（"合气于漠"之"气"亦就精神而言，非指"形气"）、生命的自由。因此，道的绝对自由性，即为绝对精神自由。

《应帝王》的论述，是就一般原理而言，似嫌抽象。《养生主》阐释了日常生活与道的境界，其文曰：

> 庖丁为文惠君解牛，手之所触，肩之所倚，足之所履，膝之所踦，砉然响然，奏刀騞然，莫不中音；合于《桑林》之舞，乃中《经首》之会。文惠君曰："嘻，善哉！技盖至此乎？"庖丁释刀对曰："臣之所好者，道也，进乎技矣。始臣之解牛之时，所见无非全牛者。三年之后，未尝见全牛也。方今之时，臣以神遇而不以目视，官知止而神欲行。"

只寥寥数语，庖丁解牛运用自如的情景便跃然纸上。当庖丁解牛之时，不但手、肩、足、膝各得其所、配合得当，而且解牛的声音也富有乐感，甚至合乎汤乐《桑林》的舞蹈和尧乐《经首》的节奏。庖丁简直不是在解牛，而是在享受，享受解牛的自由。庖丁在解牛时完全进入了自由的王国！对一般人来说，解牛是一件十分复杂的工作，而庖丁却能如此挥洒自如，文惠君感到很惊诧，便问他是不是他的技术使他达到了这个水平。庖丁则予以否认。他说他所喜好的是远比技术更高超的道；也就是说，他在解牛时，完全达到了道的境界了。庖丁本人对这种境界的体会是："臣以神遇而不以目视，官知止而神欲行。"并不是用眼睛去观看，而完全以心神去会遇；感官停止了，完全是精神在那里运行。这说明，这种自由完全是一种精神自由。

在《逍遥游》中，庄子把这种绝对精神自由称为"无待"："夫列子御风而行，泠然善也，旬有五日而后反。彼于致福者，未数数然也。此虽免乎行，犹有所待者也。若夫乘天地之正，而御六气之辩，以游无穷者，彼且恶乎待哉？"郭象注："泠然，轻妙之貌""万物必以自然为正，自然者，不为而自然者也"。成玄英疏："又杜预云：六气者，阴阳风雨晦明也""辩者，变也"。所谓"无穷者"，与《应帝王》之"六极之外""无何有之乡""圹垠之野"为同义。列子御风而行，已非常飘然了，他也没有去汲汲追求世俗之福。然而，他虽然免于步行，却还是有所依赖的（即依赖风）。如果顺应天地的本态和六气的自然变化，以游于毫无滞碍的极远之处，还需什么依赖呢？在这里，"待"字最要紧。徐复观先生说："庄子认为人生之所以受压迫，不自由，乃由于自己不能支配自己，而须受外力的牵连。受外力的牵连，即会受到外力的限制甚至是支配。这种牵连，在庄子称之为'待'。"[1]总之，只要还"有所待"，就说明还没有达到完全的自由；只有无待，才达到绝对自由，即道的境界。

同样，天的绝对自由性，亦为绝对的精神自由。庄子借孔子之口说："造适不及笑，献笑不及排，安排而去化，乃入于寥天一。"（《大宗师》）"适"，即适意，也就是无拘无束的精神自由。成玄

---

① 徐复观：《中国人性论史·先秦篇》，台北商务印书馆1987年版，第389页。

英疏："排，推移也。"对于这段文字，历代注释不一，分歧较大。参考诸说，我们做如下理解：忽然达至适意之境，只有心灵晓谕之，但还来不及微笑；一旦笑出来，行动却来不及随之而变化；顺应自然推移而没有意识到这是随变任化。这完全是一颗明净的心对精神自由的体验和感受，那份喜悦是不可言喻的。庄子认为，如此便进入"寥天一"的境界。何谓"寥天一"？我认为，"寥"出自简本《老子》第一篇第一章："有状混成，先天地生，寂寥，独立，不改。"这个"寥"，是庄子对天的描写，指天的混而为一的状态。因而，"寥天一"作为一个名词仍然指天。

这种绝对的精神自由，也是一种"无待"的状态。《人间世》载："绝迹易，无行地难；为人使易以伪，为天使难以伪。闻以有翼飞者矣，未闻以无翼飞者也；闻以有知知者矣，未闻以无知知者也。""伪"，历来皆作造伪、矫伪解。我们认为，应释"人为"。段氏《说文解字注》引徐锴曰："伪者，人为也，非天真也。"所谓"绝迹""以有翼飞""以有知知"等皆为有待，皆出自人为而非自然，庄子称之"为人使"；所谓"无行地""以无翼飞""以无知知"等皆为无待，皆出自自然而难以人为，故庄子称之"为天使"。这种"为天使"，实为一种大自由。

不过，天的绝对自由性，仍带有自然之理的色彩。《养生主》载：

老聃死，秦失吊之，三号而出。弟子曰："非夫子之友邪？"曰："然"。"然则吊焉者若此，可乎？"曰："然。始也吾以为至人也，而今非也。向吾入而吊焉，有老者哭之，如哭其子；少者哭之，如哭其母。彼其所以会之，必有不蕲言而言，不薪哭而哭之。是遁天倍情，忘其所受，古者谓之遁天之刑。"

"老者哭之，如哭其子；少者哭之，如哭其母"，是说他们仍然受传统的生死观念的制约，仍有所待，而没有达到无所待的精神自由境界。其原因是"遁天倍情，忘其所受"，即逃避自然法则，违背实情实理，忘记寿命长短。古人称之为逃避天（自然之理）的刑罚（就理言，人的死亡为不可避免，可视为天对人的刑罚）。这是从自然之理的角度来谈绝对精神自由的。

三、正性、养性、全性、不益性：庄子的人性论

《庄子》内篇中没有出现一个"性"字，是否就可以据此推论庄子没有人性论思想呢？回答是否定的。如果说晚于老、孔一个多世纪、建立了一套博大精深的哲学体系的庄子对人性问题没做过探讨，那是不可思议的。事实上，庄子曾经从不同角度考察了人性问题。

"性"字是由"生"字派生出来的。在"性"字出现之前，人们曾用"生"字来表达"性"字的意思，只是后来人性问题日益成为人们所关注的哲学问题，为了概念的清晰性，人们才又造出一个"性"字以区别过去的"生"字。《说文》云："生，进也，象草木生出土上。"这就是"生"字的本义。其实，从"草木生出土上"之"生"，到作为人性的"生"；从"生"到"性"字，不但是一个字义字形演变的问题，而且是一种哲学思想演变的问题，内篇中出现的"生"正概括了"性"字出现之前的演变过程。

在内篇中，"生"字大致有五个含义。一为生出、产生，如"天

下无道，圣人生焉"（《人间世》）、"生天生地"（《大宗师》）之"生"；二为生存，如"予恶乎知说生之非惑邪"（《齐物论》）之"生"；三为活着的，如"不敢以生物与之"（《人间世》）之"生"；四为生命，如"吾生也有涯"（《养生主》）之"生"。从总体上看，"生"字的前四个含义都是就生命而言的，产生为生命的产生，生存为生命的生存，活着为生命的活着。就人而言，生命又有两层意思：一是人的形体；二是形体之生而即有的特质，也就是生命的特质，即人性。庄子有时将"生"和"身"对举，如"可以保身，可以全生"（《养生主》）。"身"，即人的形体，那么这个"生"字只能理解为"性"了。就是说，在内篇中，"生"又特指人性。这就是"生"字的第五个含义，也就是后来的"性"字。值得注意的是，内篇中作为人性的"生"字和"性"字还不完全一样。"性"就是指本性、人性，这是一个相当独立、非常清晰的概念；而"生"还没有从生命的概念中完全脱胎出来，它与生命之"生"还没有明确的界限，它使人很自然地联想到生命之"生"。这是从"生"到"性"过渡的特有形态，也是有些人将它误解为生命之"生"的主要原因。

正是由于人性之"生"与生命之"生"的这种关系，我们才可以说"生"是庄子从生命特质的角度对人性的理解。

和其他哲学家一样，庄子也认为人的本性得自宇宙之本源、世界之本体。然而与其他哲学家不同的是，在庄子的形而上学体系中，有两个作为宇宙之本源、世界之本体的范畴——道和天。那么，人性是得自道呢，还是得自天呢？从本质上讲，道和天是没有差别的，因而不管人性得自道还是得自天，并无本质区别。但是，由于道更抽象一些，天更具体一些，所以庄子一般还是把人性归之于天的。如上所述，道和天的本质特性为混而为一性和绝对自由性。道和天正是在生万物的过程中把这两种本性赋予人的。《德充符》载：

> 鲁有兀者王骀……常季曰："彼兀者也，而王先生，其与庸亦远矣。若然者，其用心也独若可？"仲尼曰："死生亦大矣，而不得与之变，虽天地覆坠，亦将不与之遗。审乎无假而不与物迁，命物之化而守其宗也。"常季曰："何谓也？"仲尼曰："自其异者视之，肝胆楚越也；自其同者视之，万物皆一也。夫若然者，且不知耳目之所宜而游心乎德之和；物视其所一而不见其所丧，视丧其足犹遗土也。"常季曰："彼为己。以其知得其心，以其心得其常心，物何为最之哉？"仲尼曰："人莫鉴于流水，而鉴于止水，唯止能止众止。受命于地，唯松柏独也正，在冬夏青青；受命于天，唯尧舜独也正，在万物之首。幸能正生，以正众生。夫保始之征，不惧之实。勇士一人，雄入于九军。将求名而能自要者，而犹若是，而况官天地，府万物，直寓六骸，象耳目，一知之所知，而心未尝死者乎！彼且择日而登假，人则从是也。彼且何肯以物为事乎！"

"正生"之"生"，即"性"。陆西星说："正生，即正性也；正性，即守宗也；守宗，即保始也。"看来，在这里不仅"生"字，而且"宗"字、"始"字都指的是人性。人性为人与生俱来之物，固为元宗、固为本始矣。人性自何而来？庄子认为，"受命于天，唯尧舜独也正"。何为"正"？刘武云："《管子·法法》篇'故正者，所以止过而逮不及也。过与不及也，皆非正也'，可为此'正'字的解。"①在上章，我们讨论老子的人生智慧时曾经谈到，"自然"的本义为初始、本来的样子。因此，我们认为，庄子的"正"字，是指自然，即事物本来的样子，也就是本性。当然，"正"也有符合标准的意思。庄子以天为正，故称天之性为正性。"受命于天，唯尧舜独也正"一语透露出庄子人性论中三个非常重要的观念。其一，人性是得自于天的。其二，天之正性只有像尧舜这样的人才可得到，而不是所有人都可得到的。换言之，人性是不同的。这种性相异说有别于孔子的性相近说和孟荀的性相同说。其三，人性有什么不同呢？既然有些人得到了天之正性，而一般人得不到天之正性，那么就说明人性有正有不正。庄子没有像孟子、告子、荀子等那样去讨论人性的善恶问题，他所关心的是人性的正与不正。所以庄子接着说："幸能正生，以正众生。""幸能正生"是说尧舜能够幸运地获得正性。但是，他们并不满足于此，还要以其正性，去正众人之性，故"在万物之首"。

那么，庄子所说的正性是什么呢？我们可以从所"守"之"宗"和所"保"之"始"中得到一些线索。《德充符》的这段文字是庄子就被称为"圣人"的兀者王骀所发的议论，其所"守"和所"保"当然为正性（内篇中的人性之"生"一般是指正性）。从庄子借仲尼之口对"守宗""保始"的描述看，庄子的正性就是指混而为一之性和绝对自由之性。就"守宗"而言，"死生亦大矣，而不得与之变"等等是指从一生死到顺应万物变化而达到绝对自由的无所待（"无假"之"假"为借、凭借，"无假"即无待）；"自其异者视之，肝胆楚

---

① 刘武：《庄子集解内篇补正》，古籍出版社1958年版，第109页。

越也"等等是指从"万物皆一也"到"视丧其足犹遗土也",而达至"游心",即精神的绝对自由。所谓"保始"指的是王骀主宰天地,以万物为宅府,以形骸为旅舍,以感官为幻象,把自己所知的一切视为相同,泯灭生死之别,从而达到超越一切的绝对自由的境界。庄子认为,人们之所以心悦诚服地投靠王骀,正是因为王骀能如此这般地"守宗""保始",而不是故意吸引别人。

所得天之正性有何特点呢?其一,凝寂。庄子比况云:"人莫鉴于流水,而鉴于止水,唯止能止众止。"成玄英疏:"夫止水所以留鉴者,为其澄清故也;王骀所以聚众者,为其凝寂故也。止水本无情于鉴物,物自照之;王骀岂有意于招携?而众自来归凑者也。"看来,得天之正性的王骀正是以其凝寂招众之会聚的。人性的这种凝寂的特点,庄子有时称之为"定":"相造乎道者,无事而生定。"(《大宗师》)这个"生"字亦指"性"。在庄子看来,人只有达到道的境界,才能无为,才能使其性分静定。其二,恒常。庄子认为,尧舜得天之正性,犹如松柏得地之正性;而松柏得地之正性方能"在冬夏青青",此正喻"在万物之首"的尧舜得天之正性方能持性之恒常,不为外物所左右。

违背人性之凝寂、恒常的特点,庄子称为"芒"。他说:

> 一受其成形,不亡以待尽(不失其天性以尽天年)。与物相刃相靡(摩擦),其行进如驰,而莫之能止,不亦悲乎!终身役役而不见其成功,苶然疲役而不知其所归,可不哀邪!人谓之不死,奚益!其形化,其心与之然,可不谓大哀乎?人之生也,固若是芒乎?其我独芒,而人亦不芒者乎?(《齐物论》)

　　一旦成为人，不顺应变化而等待死亡，不但不能无待，反而与物相互摩擦，行进如同奔驰而不能静止，这不是很可悲？这正是对人性之凝寂特点的背离。终生忙忙碌碌而看不到有什么成效，疲惫不堪而不知所归，不是很可悲吗？这正是对人性之恒常特点的背离。对此，庄子感叹道："人之生也，固若是芒乎？""人之生"，即人之性。"芒"成疏："暗昧也。"对凝寂、恒常特点的背离，就是人性之暗昧。庄子称之为可悲、可哀，足见这是他所坚决反对的。

　　既然如此，人们应该如何对待得自天的性呢？如何才能不背离性之特点呢？对此，庄子提出了"养生""全生""不益生"等观点。

　　内篇第三篇篇名为"养生主"。何为"养生"之"生"？历代注家似多未遑详论。我认为，此"生"字作性讲。该篇多言精神自由及忘生死事，故知此"生"为性。退一步说，即使这个"生"字只是指生命，而从该篇内容来看，皆从生命之与生俱来的自然本质（即人性）立论，故在这个意义上，视"生"为性，亦未尝不可。因此，"养生"即养性也。庖丁释其解牛水平何以如此高超曰："臣之所好者，道也。"文惠君即叹："善哉！吾闻庖丁解牛，得养生焉。"此言以道养性，与"相造乎道者，无事而生定"相一致①。

　　《养生主》又云："为善无近名，为恶无近刑，缘督以为经，可以保身，可以全生，可以养亲，可以尽年。""全生"即全性，谓保全自性。何以全性呢？庄子认为，为善不要出名，为恶不致刑戮，顺自然之理以为常，便可保全自性。质言之，所以全性者，道也。

---

① 郭店简《性自命出》亦有"养性"之说，可见"养性"乃先秦流行概念。

与全性相应的，是不伤性。《人间世》借社栎之口说："夫柤梨橘柚，果蓏之属，实熟则剥，剥则辱；大枝折，小枝泄。此以其能苦其生者也，故不终其天年而中道夭，自掊击于世俗者也。物莫不若是。且予求无所可用久矣，几死，乃今得之，为予大用。使予也而有用，且得有此大也邪？"何谓"苦其生"？阮元《经籍籑诂》引《吕览·遇合》"自苦而居海上"注曰："苦，伤。"我们认为，"苦其生"之"苦"，正作如是解。"苦其生"，即伤其性。在庄子看来，"柤梨橘柚，果蓏之属"，正是由其才能导致伤其性，致使不能终其自然之寿而中道夭亡。社栎之所以能全其性，之所以能尽其自然之寿，是因为它的无用。此无用之大用也，与"为善无近名"相类。

全性固可佳，复益之可乎？庄子曰："吾所谓无情者，言人之不以好恶内伤其身，常因自然而不益生也。""身"为形骸，为外在之物；"内伤其身"，谓伤身之与生俱来的自然特质、本性。因而，"内伤其身"完全可以理解为伤性。"益生"，即益性，使本性有所增益。庄子认为，情欲可以导致伤性；而由情欲造成的伤性，事实上是对本然之性有所增益、有所附加。他主张，"常因自然而不益生也。"不益性，即可保持非过非不及的正性。当然，不益性，需"无情"。看来，在警惕情欲这一点上，庄子与老子、孟子等是一致的。

四、"有真人而后有真知"：理想人格的实现

庄子哲学体系的最终归宿或最终目的，不在于道论、天论，也不在于人性论，而在于人生论。庄子所追求的，是最充分的生命自由；他要解决的，也是人的自由问题。

庄子用特殊的概念来表达自由的观念。他有时把自由称为"彷徨"和"逍遥"，如"今子有大树，患其无用，何不树之于无何有之乡，广莫之野，彷徨乎无为其侧，逍遥乎寝卧其下"（《逍遥游》）；"芒然彷徨乎尘垢之外，逍遥乎无为之业"（《大宗师》）。成玄英疏："彷徨，纵任之名；逍遥，自得之称。亦是异言一致，互其文耳""彷徨、逍遥，皆自得逸豫之名也"。可见，"彷徨"与"逍遥"为同义词，皆为自由之意。不过，庄子更多地把自由的观念称为"游"，如"圣人不从事于务，不就利，不违害，不喜求，不缘道；无谓有谓，有谓无谓，而游乎尘垢之外"（《齐物论》）；"予方将于造物者为人，厌，则又乘夫莽眇之鸟，以出六极之外，而游无何有之乡"（《应帝王》）。《大宗师》称"彷徨乎尘垢之外"而《齐物论》称"游乎尘垢之外"，足见"游"与"彷徨""逍遥"一样，皆为自由。所谓"圣人不从事于务""予方将于造物者为人"等语，皆为对人处于自由状态的描写。内篇之首称《逍遥游》，可谓道破庄子哲学之真谛。

自由的主体是什么呢？或者说人是用什么体验、感知自由的呢？当然是人心。庄子谈自由并不是空谈，而是将自由落实于人心。甚至庄子有时直接把"游"字和"心"字结合起来，将自由称为"游心"，如"乘物以游心"（《人间世》）、"游心乎德之和"（《德充符》）、"游心于淡"（《应帝王》）等。

我们知道，心含有两个层次或两种功能，即认知之心和生命之心。事实上，道和天的两个根本特性，即混而为一性和绝对自由性，正是与心的这两个层次相对应的。前者为最高认知对象，乃认知之心的对象；后者为最高人生境界，乃生命之心的对象。在内篇中，认知之心和生命之心的区别还是相当清楚的。一般说来，认识之心用"知"字来表示。"知"即对最高认知对象的认识。如"劳神明为一，而不知其同也"（《齐物论》）、"子知物之所同是乎"（同上）、"一知之所知"（《德充符》）等等。这里的"同""同是""一"等等都是对最高认知对象的描写。值得注意的是，在内篇中，"智"字也写作"知"。与对最高认知对象的"知"相反，这个"知"字是对最高认知对象的反动，如"名也者，相轧边；知者也，争之器也。二者凶器，非所以尽行也"（《人间世》）。这个"知"为"争之器""凶器"，当然是对真理的背离。内篇中的"心"字，有时指生命之心。它所感知的，是作为最高人生境界的道和天，具体言之，"心"是对绝对精神自由的体悟，如"游心"之"心"。但"心"字毕竟为认知之心和生命之心二者的总名，所以它有时也指认知之心，如"夫随其成心而师之……未成乎心而有是非"（《齐物论》）之"心"。

作为道和天的两个根本特性，混而为一性和绝对自由性的地位不是完全相等、完全并列的。庄子的最终目的是解决精神的绝对自由问题，因而，达到最高认知对象只是达到最高人生境界的途径。《德充符》载："彼（兀者王骀）为己以其知得其心，以其心得其常心。""为己"这个概念来自孔子，指不受外界制约的自我心灵的自由与愉悦。这与庄子最高人生境界的逍遥自由是一致的。如何达到这种境界呢？庄子认为，要通过认知之心（这里的"知"为认知之心）来达到生命之心（这里的"心"为生命之心），然后通过自己的生命之心来达到与道、天合一的"常心"。

在人心与道、天的关系上，庄子提出了"真知""真人"这对概念。

> 且有真人而后有真知。何谓真人？古之真人，不逆寡，不雄成，不谟士。若然者，过而弗悔，当而不自得也；若然者，登高不栗，入水不濡，入火不热。是知之能登假于道者也若此。古之真人，其寝不梦，其觉无忧，其食不甘，其息深深。真人之息以踵，众人之息以喉。屈服者，其嗌言若哇。其耆欲深者，其天机浅。古之真人，不知说生，不知恶死；其出不䜣，其入不距；翛然而往，翛然而来而已矣。不忘其所始，不求其所终；受而喜之，忘而复之，是之谓不以心损道，不以人助天。是之谓真人。若然者，其心忘，其容寂，其颡頯；凄然似秋，暖然似春，喜怒通四时，与物有宜而莫知其极。……古之真人，其状义而不朋，若不足而不承；与乎其觚而不坚也，张乎其虚而不华也，邴乎其似喜也，崔乎其不得已也，滀乎进我色也，与乎止我德也，厉乎其似世也，謷乎其未可制也，连乎其似好闭也，悗乎忘其言也。……故其好之也一，其弗好之也一。其一也一，其不一也一。其一与天为徒，其不一与人为徒。天与人不相胜也，是之谓真人。（《大宗师》）

根据我的理解，"真知""真人"指心通过对道、天之混而为一性和绝对自由性的体会从而达到其与道、天的契合。由于人之"正性"是与道、天的混而为一性和绝对自由性是一致的，因而心与道、天的契合，也意味着性的发现。具体言之，一方面，认知之心达致最高认知对象，也就是说认知之心与作为最高认知对象的道、天相契合。这样的知就是"真知"。另一方面，人的生命之心达致最高人生境界，也就是说生命之心与作为最高人生境界的道、天相契合。这样的人就是"真人"。"真知"和"真人"的关系如何呢？庄子认为，"有真人而后有真知"。首先，达致"真知"是成为"真人"的途径。庄子在谈了"古之真人，不逆寡，不雄成，不谟士"以后说："是知之能登假于道者也若此。"意谓成为"真人"是通过"知"达到道来实现的。其次，达致"真知"和成为"真人"是同步的，二者是相辅相成的。一方面，一个人一旦达致"真知"，他便自然成了"真人"；另一方面，"真人"必须具备"真知"，不然他就不成其为"真人"了。从庄子对"真人"的各种描述看，"真人"既是一个掌握了最高真理（"一"）的人，又是一个达到了最高人生境界（"逍遥"）的人。

那么，到底如何达致"真知"和"真人"呢？换言之，如何达致心与道、天的契合呢？庄子提出了一系列的方法。由于"真知"是成为"真人"的途径，所以，庄子特别注重"真知"的获得。

第一，庄子提出了"以明"的方法。"以明"这个概念出现在《齐物论》中，凡数见，如"欲是其所非，而非其所是，则莫若以明""彼是莫得其偶，谓之道枢。枢始得其环中，以应无穷。是亦一无穷，非亦一无穷，故曰莫若以明""为是不用而寓诸庸，此之谓以明"等。王先谦说："莫若以明者，言莫若即以本然之明照之。"[①]我们认为，"以明"之"明"就是老子"知和曰明"的"明"，指人本来含有的体认道的能力。《说文》云："目，用也。""目"即"以"字。所谓"以明"即"用明"，就是用人本来含有的能力去体

① 王先谦：《庄子集解》，中华书局1987年版，第14页。

认道、天自然之理。在庄子看来，道、天自然之理，质言之，就是一个"一"字。因而"以明"就是心与"一"的契合。上文我们谈到的"道枢""天钧"等概念就出现在庄子论述"以明"的文字里，它们是"以明"所把握的对象；"照之于天""两行"等也出现在这段文字里，它们是"以明"的具体方式。

第二，"坐忘"。如果说"以明"是人心对宇宙本然之理的观照的话，那么"坐忘"便是人心对人自身和社会本然之理的观照。什么是"坐忘"呢？《大宗师》载：

> 颜回曰："回益矣。"仲尼曰："何谓也？"曰："回忘礼乐矣。"曰："可矣，犹未也。"他日，复见，曰："回益矣。"曰："何谓也？"曰："回忘仁义矣。"曰："可矣，犹未也。"他日，复见，曰："回益矣。"曰："何谓也？"曰："回坐忘矣。"仲尼蹴然曰："何谓坐忘？"颜回曰："堕肢体，黜聪明，离形去知，同于大通，此谓坐忘。"仲尼曰："同则无好也，化则无常也。而果其贤乎！丘也请从而后也。"

"坐忘"是经过"忘礼乐""忘仁义"等过程达至的一种境界。它包括两方面：一是"离形"，亦即"堕肢体"；二是"去知"，亦即"黜聪明"。由于庄子称之为"坐忘"，所以"离形"和"去知"也都是通过"忘"来实现的。在庄子看来，不管是属于社会的礼乐、仁义，还是属于人自身的形体、智慧，都是违背自然的，应一概忘掉，如此，方能"同于大通"。所谓"大通"，即指"道通为一"的状况；"同于大通"，即指心与作为最高认知对象的道、天的契合。

"同则无好也，化则无常也"，成玄英疏："既同于大道，则无是非好恶；冥于变化，故不执滞守常也。"所谓"无是非好恶""不执滞守常"皆就精神的绝对自由而言。这就是说，通过"同于大通"，便可达致精神自由；通过"真知"，便可达致"真人"。

庄子的"坐忘"说可能和老聃、太史儋都有一定的关系。关于"忘礼乐"，太史儋说："夫礼者，忠信之薄而乱之首。"（今本《老子》三十八章）关于"忘仁义"，太史儋说："绝仁弃义。"（今本《老子》十九章）关于"离形"，老聃说："吾所以有大患，为吾有身；及吾无身，有何患。"（简本《老子》第三篇第四章）关于"去知"，老聃说："绝知弃辩。"（简本《老子》第二篇第一章）但是，对于如何"绝仁弃义""绝圣弃智"，如何去礼去身，老聃和太史儋都没有明确论及，而庄子则提出，这一切是通过心之"忘"来实现的。

第三，"见独"。《大宗师》载：

> 南伯子葵曰："道可学邪？"（女偊）曰："恶！恶可！……以圣人之道告圣人之才亦易矣。吾犹告而守之，三日而后能外天下；已外天下矣，吾又守之，七日而后能外物；已外物矣，吾又守之，九日而后能外生；已外生矣，而后能朝彻；朝彻，而后能见独；见独，而后能无古今；无古今，而后能入于不死不生。杀生者不死，生生者不生。其为物，无不将也，无不迎也；无不毁也，无不成也。其名撄宁。撄宁者，撄而后成者也。"

　　成玄英曰："外，遗忘也。"看来，这里的"外"字与"坐忘"之"忘"相似。道既然不可学，何以得道？庄子认为，第一步是"外天下"。成玄英云："心既虚寂，万境皆空。"第二步是"外物"，即遗忘世间万物。第三步是"外生"，即遗忘自我生命。第四步是"朝彻"。宣颖云："朝彻，如平旦之清明。""朝彻"实似孟子的"平旦之气"，为心灵虚静的状态。第五步是"见独"。"见独"，王先谦云"见一而已"，极是。"见独"实谓人心发现作为最高认知对象的道、天。庄子的"见独"说，实与子思的《天命》①《五行》以及《大学》的"慎独"之说相通，盖庄生尝读子思之书矣。第六步是"无古今"，即突破时间限制。第七步是"入于不死不生"。何谓"不死不生"？庄子接着说："杀生者不死，生生者不生。"我们认为，此皆就道而言。"入于不死不生"，即入于道，亦即达至心与道的完全契合。在这七步中，前三步是一个由外向内的修养过程，由"外天下"而"外物"，最后落实于"外生"。"守"为持守，带有强制内心入静的意思。因前三步是内收过程，所以庄子皆云"守之"。后四步完全是内心本身的修养过程，是内心由虚静而发现道而冲破时间限制，最后与道契合的过程。

　　何谓"撄宁"？郭嵩焘云："《孟子》赵注：'撄，迫也。'物我生死之见迫于中，将迎成毁之机迫于外，而一无所动其心，乃谓之撄宁。置身纷纭蕃变、交争互触之地，而心固宁焉，则几于成矣，故曰'撄而后成'。"②"其为物，无不将也，无不迎也"以下诸语，

---

① 今本《中庸》包含古本《中庸》和《天命》两篇，详见拙著《郭店竹简与先秦学术思想》第二卷第三篇第三章，上海教育出版社2001年版。
② 引自王先谦：《庄子集解》，中华书局1987年版，第62页。

皆就人心之自由状态而言，谓人心与作为最高认知对象之道、天契合以后而与作为最高人生境界之道、天契合。

第四，"心斋"。《人间世》载：

> 仲尼曰："……犹师心者也。"颜回曰："吾无以进矣，敢问其方。"仲尼曰："斋，吾将语若！有心而为之，其易邪？易之者，暤天不宜。"颜回曰："回之家贫，唯不饮酒不茹荤者数月矣。如此，则可以为斋乎！"曰："是祭祀之斋，非心斋也。"回曰："敢问心斋。"仲尼曰："若一志，无听之以耳而听之以心，无听之以心而听之以气。耳止于听，心止于符。气也者，虚而待物者也。唯道集虚。虚者，心斋也。"颜回曰："回之未始得使，实自回也；得使之也，未始有回也，可谓虚乎？"夫子曰："尽矣！吾语若。若能入游其樊而无感其名，入则鸣，不入则止。无门无毒，一宅而寓于不得已，则几矣。绝迹易，无行地难。为人使易以伪，为天使难以伪。闻以有翼飞者矣，未闻以无翼飞者也；闻以有知知者矣，未闻以无知知者也。瞻彼阕者，虚室生白，吉祥止止。夫且不止，是之谓坐驰。夫徇耳目内通而外于心知，鬼神将来舍，而况人乎！是万物之化也，禹舜之所纽也，伏羲、几蘧之所行终，而况散焉者乎！"

"心斋"说是庄子从破除主观成见入手而设立的。"师心"，即师法主观成见；"有心"，即有主观成见。"师心"与"有心"实为一回事。庄子称之"暤天不宜"，向秀注云："暤天，自然也。"就是说"师心""有心"不符合自然。因而，"心斋"即破除主观成见，一任心之自然。之所以称为"斋"，是以祭祀之斋相喻。祭祀之斋是通过不饮酒、不茹荤等形式进行的，是他律的、不自觉的行为。而"心斋"完全是心自己的事情，是自觉的、自得的。

关于庄子借仲尼之口对"心斋"的解释，旧注多以成玄英疏为宗。"无听之以耳而听之以心，无听之以心而听之以气"，成云"耳根虚寂，不凝宫商，反听无声，凝神心符。心有知觉，犹起攀缘；气无情虑，虚柔任物。故去彼知觉，取此虚柔，遣之又遣，渐阶玄妙也乎"；"听止于耳"，成云"不著声尘，止于听。此释无听之以耳也"；"心止于符"，成云"符，合也。心起缘虚，心与境合，庶令凝寂，不复与境相符。此释无听之以心者也"；"气也者，虚而待物者也"，成云"如气柔若虚空，其心寂泊忘怀，方能应物。此解而听之以气也"；"唯道集虚。虚者，心斋也"，成云"唯此真道，集在虚心。故如虚心者，心斋妙道也"。

这个问题很重要，有必要继续探讨。"若一志"，当然指思想专一，这是"心斋"的前提。这一点是没有什么值得争论的。什么是"无听之以耳而听之以心，无听之以心，而听之以气"呢？我们认为，"听"指顺从，听任；"以"，于也。这两句话谈的是"心斋"的两个阶段。第一步，不要听任耳目等感官而要听任自心，因为耳目之欲总会使自心向外飞扬。这是从外向内收的功夫。第二步，不要听任自心，而要听任气，以达至无心。这里的"气"字，实际上就是老聃所说的"心使气曰强"的"气"，也就是太史儋所说的"冲气"，这是一种使心保持和谐、自然状态的冲虚之气。"耳止于听"之"听"为视听之听。这句话是说耳朵的功能仅仅是听，如成云："此释无听之以耳也。"《说文》："符，信也。""心止于符"

是说，心的功能仅仅是验证是否信实（此"心"字为主观之心），
"此释无听之以心者也"。不管是耳之"听"，还是心之"符"，都
为实有，都不是"虚"。所以庄子接着说："气也者，虚而待物者
也。""待"即"有待""无待"之"待"，寄托也。这句话是说，
气是冲虚的，并且只有寄托于物方能存在，"此解而听之以气也"。
"集"，成也（《经籍籑诂》有此义）。"唯道集虚"谓道成就虚
气。"虚者，心斋也。"所谓"心斋"，就是心完全听任虚气之自
然，心、气混而为一。由于"唯道集虚"，所以心与气合一，就意味
着心与道合一。

颜回对"心斋"的理解是："回之未始得使，实自回也；得使之
也，未始有回也。""未始得使""得使之"指是否得"心斋"要
领。"未始有回"，就是《齐物论》所说的"吾丧我"，指自心虚空
的"心斋"状态。"瞻彼阕者，虚室生白"，成云："观察万有，悉
皆空寂，故能虚其心室，乃照真源，而智惠明白，随用而生。白，道
也。""吉祥止止"，成云："言吉祥善福，止在凝静之心，亦能致
吉祥之善应也。"此皆云"心斋"之功用。庄子认为，"夫且不止，
是之谓坐驰"。"坐驰"指心智外驰，与"坐忘"相反。"徇耳目内
通"，谓"无听之以耳而听之以心"的内收功夫；"外于心知"，谓
"无听之以心而听之以气"的虚化功夫。"以无翼飞""以无知知"
云云皆谓"心斋"和逍遥自由之状。如是则"真人"成矣。

庄子的"心斋"说是对太史儋"专气致柔"思想的继承和发展。

在以上四个方法中，"以明""坐忘"和"见独"皆为通过心与
最高认知对象的契合达至心与最高人生境界的契合，由"真知"而达
至"真人"。与此不同，"心斋"可谓直指本心，专就生命之心下功

夫，直接达至"真人"。

不难看出，庄子的自由论不但深受孔子的影响——从孔子的"为己"之学到庄子的"无待"之论是一脉相承的，而且深受老子影响——从老子的"自然"到庄子的"逍遥"也是一以贯之的。老子的"自然"含有不被外物主宰和不主宰外物两层含义，也就是逍遥、自由。

另外，孔、庄都立足于生命，都认为生命的本质在于精神价值。不过，具体言之，孔子将生命的精神价值归结为人格，人格的实现可以达至精神的绝对自由，而人格是通过行仁行礼等道德范畴来实现的，由此将生命的价值推向社会，而庄子将生命的精神价值直接归结为精神的绝对自由，认为这种精神价值是通过"真知"来实现的，由此将生命的价值推向道、天。

至于太史儋甚至子思、名家等对庄子的影响，也是显而易见的，而庄子承继隐逸家先驱杨朱、列子等之统绪，更不待言。太史公评说庄子"其学无所不窥"，岂妄言哉！当然，有关向度还需要进一步挖掘、探讨。

第十二章
"为政以德"——儒家的政治智慧

本书第二章《从思维方式看中西文化风格的差异与融通》之第三节《哲学与宗教》曾经提到，中国哲学大致由本原论、人性论、人心论、人生论、伦理学、政治学六个部分组成。其中，前两部分为形而上学，后三个部分为形而下学，居中间的人心论为上而下学。其实，作为形而下学的人生论、伦理学、政治学所展示的是价值观，体现了各家关于现实世界和日常生活的智慧。人生论立足于个体生命，政治学致力于社会结构，伦理学则着眼于人际关系，介于前两者之间。本章着重讨论儒家的政治智慧。

一、"道之以德，齐之以礼"①

《史记·商君列传》记载，赵良在劝说商鞅积德行善、明哲保身时曾引《尚书》"恃德者昌，恃力者亡"之语，但此语并不见于今本《尚书》。按照唐人司马贞《史记索隐》的说法："此是《周书》

---

① 本节部分内容曾以同题发表于《光明日报》2017年2月24日。

之言，孔子所删之余。""孔子所删之余"恐出于臆测，但以之为
"《周书》之言"，当属有据。周初统治者不但提出了"敬德""明
德"等思想，而且身体力行。《史记·周本纪》记载，虞、芮两国为
争夺边界的土地闹得不可开交，便一起去找时为西伯的周文王评理。
他们到达周国以后，发现"耕者皆让畔，民俗皆让长"，于是十分惭
愧，双双让出有争议的土地。这正是《尚书·周书》提出"恃德者
昌，恃力者亡"一语的历史背景。

自此以后，尊德重道的思想逐渐深入人心，以至成为中国人追求
不朽的方式。《左传·襄公二十四年》记载，春秋时鲁国大夫叔孙豹
和晋国大夫范宣子曾就什么是"死而不朽"各抒己见。叔孙豹说：
"豹闻之，'太上有立德，其次有立功，其次有立言'，虽久不废，
此之谓三不朽。"从"闻之"二字看，其下三语乃当时流行的格言，
代表了时人的共识。为什么"立德""立功""立言"可以不朽呢？
那是因为其人虽死，但其道德、功业、说教已被载入历史，为人们世
代传颂，经久不灭。也就是说，那些"立德""立功""立言"者永
远活在人们心中。因此，如果说西方人的不朽存在于上帝那里的话，
那么中国人的不朽存在于人们心中。"立德"居"三不朽"之首，可
见中国人对道德的珍视。

春秋以降，诸子蜂起，"恃德者昌，恃力者亡"的思想为儒家所
发扬光大。作为儒家学派创始人的孔子不但提出了一整套伦理道德思
想，而且将其用于政治。

孔子的主要政治任务是，面对礼坏乐崩的局面，重建社会秩序，
他的方案就是振兴周礼。从《论语》看，孔子对周代文化情有独钟：
"殷因于夏礼，所损益，可知也；周因于殷礼，所损益，可知也；其

或继周者，虽百世可知也。"（《论语·为政》）孔子主张，在夏商周三代礼文化中，唯周礼可以世世代代传下去。为什么呢？"周监于二代，郁郁乎文哉！吾从周。"（《论语·八佾》）"周之德，其可谓至德也已矣！"（《论语·泰伯》）周代礼乐是在借鉴夏商两代的基础上制定出来的，可谓尽善尽美了。

尽管周礼如此美好，但自春秋以来，它却遭到严重的破坏。孔子伤感地说："天下有道，则礼乐征伐自天子出；天下无道，则礼乐征伐自诸侯出。自诸侯出，盖十世希不失矣；自大夫出，五世希不失矣；陪臣执国命，三世希不失矣。天下有道，则政不在大夫。天下有道，则庶人不议。"（《论语·季氏》）在这种礼崩乐坏的形势下，孔子决心恢复周礼。他一生最大的愿望就是"为东周"，复兴文武之道。"吾从周"已经透露出了这种愿望，在《论语·颜渊》篇中，孔子更明确提出要"克己复礼"。他要恢复的这个"礼"，就是周礼。

因此，孔子一直希望有人能重用他，以便使他能够推行周礼。他三十五岁东游齐国，与景公论政时，就提出了"君君，臣臣，父父，子子"（《论语·颜渊》）的著名政见。五十岁左右，由中都宰升迁到大司寇，后来由大司寇行摄相事，由此参与国政三月，政绩斐然。他周游列国十四载，也是为了施展政治抱负。晚年归鲁，仍关心政治，常与鲁国国君哀公、执政季康子论政，被尊为"国老"。可惜孔子生不逢时，壮志难酬，临终无可奈何地发出"天下无道久矣，莫能宗予"（《史记·孔子世家》）的哀叹。

尽管孔子在政治实践中显得力不从心，但在漫长的政治生涯中，他提出了许多重要的政治思想。

孔子以恢复周礼作为自己的政治抱负，当然是基于礼的社会政治功能。他认为，礼不仅是立身处世之根本——"不学礼，无以立"（《论语·季氏》），而且是治理国家的根本大法——"能以礼让为国乎？何有？不能以礼让为国，如礼何？"（《论语·里仁》）正是在这个意义上，孔子认为致力于孝悌之礼，并用之于政治，便是参与政治了。

> 或谓孔子曰："子奚不为政？"子曰："《书》云：'孝乎惟孝，友于兄弟。'施于有政，是亦为政，奚其为为政？"（《论语·为政》）

致力于孝悌之礼，正是孔子参与政治的方式。礼之所以具有这种政治价值，是因为它能够协调上下关系，以维护社会秩序："上好礼，则民易使也。"（《论语·宪问》）

如果说礼主要表现为外在规范的话，那么德则更侧重内在品性。因而，孔子在礼治的基础上，进一步强调德治的重要性。

应该采取什么样的治国方式？是依法治国，还是以德治国，抑或两者相结合？这在当下的中国，成了一个颇具争议的问题。殊不知，早在两千五百余年前，孔子已经提出了一个极其合理的方案，甚至可以说他老人家已经解决了这个问题。

首先，孔子强调德治的重要性："为政以德，譬如北辰，居其所而众星共之。"（《论语·为政》）用道德治理国家，那么人民就会像众星朝斗那样维护君王和社会。然而，在这同时，孔子并不否定刑法。他曾经将政令法制与道德教化做了一个比较："道之以政，齐之以刑，民免而无耻；道之以德，齐之以礼，有耻且格。""道"，同"导",引导、诱导。"之",这里指人民。"政",政令、政策。"齐",齐整、规整、规范。"免",避免,这里指免于刑罚。"耻",羞耻心。"格",正也,即"归于正",这里指合于法令。这段话的大意是,如果用政令来引导人民,用刑法来规范人民,那么他们虽然能免于犯罪,但会丧失羞耻心;如果用道德来引导人民,用礼乐来规范人民,那么他们不但不会犯法,而且有羞耻心。

在这里,孔子提出了执政者治理人民或者说治国的两种基本方式:一是"道",二是"齐"。"道"又包含"道之以政"和"道之以德"两种具体方式,"齐"亦含"齐之以刑"和"齐之以礼"两种具体方式。其中"齐之以刑"与"道之以政"相应,"齐之以礼"与"道之以德"相应。这样就有两种治国方案:一是"道之以政,齐之以刑",其效果是"民免而无耻";二是"道之以德,齐之以礼",其效果是"有耻且格"。

从效果看,二者的高低之分是显而易见的。这是否意味着孔子主张放弃第一种方案而独用第二种方案呢?非也!否则他就不会担任鲁国司法长官大司寇了。在这里,孔子是想告诉我们,相对于"道之以政,齐之以刑","道之以德,齐之以礼"更加根本、更加重要,应该成为治国的主要方式。所以,孔子治国理念的基本思路是德主刑辅。

道之以德、齐之以礼、道之以政、齐之以刑这四种治国方式可以分别简称为德治、礼治、政治(这里的政治指以政令、制度来治国,而非通常意义上的政治)和刑治,它们都是有深刻的人性基础的。

早在殷周之际,人们就注意到人性有积极的一面,也有消极的一面。《国语·周语》记载,祭公谋父谏周穆王曰:"先王之于民也,懋正其德而厚其性，阜其财求而利其器用。"《国语·晋语》也说："懋穑劝分，省用足财，利器明德，以厚民性。""厚"就是增长、发展、培养。既然"性"值得"厚"，需要"厚"，那么说明它有积极的一面，或者说善的一面。战国中期孟子的性善论，正是从这一传统发展而来的。另外，《尚书·召诰》曰："节性，惟日其迈。王敬作所，不可不敬德。""节"，就是节制。"性"既然应该"节"，需要"节"，说明它有消极的一面，或者说恶的一面。这正是战国末期荀子性恶论的滥觞。

不难看出，孟子和荀子的人性论貌似针锋相对，其实并不矛盾。他们都是正确的，只是各自所看到的是人性中不同的侧面而已。人性中既有积极的、善的一面，也有消极的、恶的一面，孟子看到了前一个方面，荀子看到了后一个方面。

就是说，任何人的本性之中都有积极的、善的一面，也都有消极的、恶的一面。有意思的是，对于一个人来说，这两个方面所实现的比重是一个常数，假设积极的、善的方面占了80%，那么消极的、恶的方面就占20%，反之亦然。如果一个人积极的、善的方面所占的比重较高，我们会说他是一个好人；相反，如果消极的、恶的方面所占的比重较高，则他是一个坏人。因此，诸如圣人、贤人、君子、小人等不同人格，其实只是人们对这两个方面所实现的比重不同而已。

不过，在人的一生中，这两个方面的比重也会发生变化。导致这种变化的因素是非常复杂的，既有内因，也有外因，而社会制度和治国方式起着举足轻重的作用。

既然人性中不但有积极的、善的一面，而且有消极的、恶的一面，那么健全的、合理的、理想的治国方案应该是在最大限度上激发人性中积极的、善的一面，同时在最大限度上节制消极的、恶的一面。反观孔子的四种治国方式，正符合这种要求。具体言之，德治和礼治的功能主要是激发人性中积极的、善的一面，其中德治有利于人们将人性中美好的一面呈现、发挥出来，礼治可以帮助人们对其加以文饰、美化与升华。政治和刑治的功能则在于节制人性中消极的、恶的一面，其中政治强调防患于未然，刑治重在惩罚已然之恶行。

由此，我们也就不难理解孔子为什么重德治、礼治而轻政治、刑治了。既然德治和礼治的功能是激发人性中积极的、善的一面，政治和刑治的功能在于节制人性中消极的、恶的一面，那么如果以德治、礼治所促发的人性中积极的、善的一面所占的比重高，则需要政治、刑治所限制的人性中消极的、恶的一面所占的比重就小。

如此看来，在治国过程中，德治、礼治和政治、刑治两个方面的运用也是一个常数，如果前者运用的比重高，那么后者运用的比重就小，反之亦然。孰重孰轻的根据，则在于社会现实。天下有道，则德治、礼治所占的比重居高；天下无道，则政治、刑治的比重居高。一个高明的政治家，就像一个调音师，能够在二者之间找到最佳的平衡点。

从另一个角度看，如果天下有道，人性中积极的、善的一面得到充分发挥，更多地依赖于德治、礼治来引导，这说明这个社会的制度设计是合理的；反之，如果天下无道，人性中消极的、恶的一面泛滥，必须更多地借助于政治、刑治来遏制，则说明制度设计有问题。

无论如何，不管在什么情况下，政治都应该以最大限度激发人性中的积极的、善的一面，并最大限度限制消极的、恶的一面为最高目标。这是判断一种政治设计好坏的主要标准，也是孔子德主刑辅治国理念的重要意义之所在。

值得强调的是，孔子的德治和礼治大致相当于我们今天所说的以德治国，政治和刑治大致相当于依法治国。也就是说，以德治国与依法治国相结合，是孔子思想的本有之义；对两者的关系，孔子也早已作出了完美的论述。

二、施仁政，行王道

有子有言："孝悌也者，其为仁之本与！"据此，孔子将《尚书》"孝乎惟孝，友于兄弟"之语推行到政治中的主张，可谓之仁政。后来，孟子明确地提出仁政思想，这是对孔子仁爱、德治等思想的继承和发展。

我们知道，孔子发展了"仁"这个古已有之的道德范畴，将它理解为"爱人"。[1]孟子完全继承了这一思想，也说"仁者爱人"（《孟子·离娄下》）。与有子一样，孟子也把孝悌看作仁的根本，说"亲亲，仁也"（《孟子·尽心上》），"未有仁而遗其亲者也"（《孟子·梁惠王上》）。

不仅如此，孟子还进一步将仁归为人性。他说："仁也者，人也。"（《孟子·尽心下》）这个"人"字特指人的最本质的东西，即人性。正如徐复观先生所说，"孟子以心善言性善""心善是性善的根据"。[2]所以孟子又把仁这种人性归为人心："仁，人心也。"

---

① 《论语·颜渊》："樊迟问仁。子曰：'爱人。'"
② 徐复观：《中国人性论史·先秦篇》，台北商务印书馆1987年版，第161—198页。

（《孟子·告子上》）不可否认，仁作为一个道德范畴，并非纯然心理现象，因此孟子又把心之于包括仁义礼智在内的四德喻为"根"和"端"："仁义礼智根于心"（《孟子·尽心上》）；"无恻隐之心，非人也；无羞恶之心，非人也；无辞让之心，非人也；无是非之心，非人也。恻隐之心，仁之端也；羞恶之心，义之端也；辞让之心，礼之端也；是非之心，智之端也。人之有是四端也，犹其有四体也"（《孟子·公孙丑上》）。

既然为"根"，即可生长；既然为"端"，便可延展。故如欲使它们发生作用，就必须扩充之、推广之，犹如树根发芽、生长一样。如何扩充、推广人的善心，善性呢？孟子说：

> 仁者以其所爱及其所不爱，不仁者以其所不爱及其所爱。（《孟子·尽心下》）
>
> 人皆有所不忍，达之于其所忍，仁也；人皆有所不为，达之于其所为，义也。人能充无欲害人之心，而仁不可胜用也；人能充无穿逾之心，而义不可胜用也；人能充无受尔汝之实，无所往而不为义也。（同上）
>
> 凡有四端于我者，知皆扩而充之矣，若火之始然，泉之始达。（《孟子·公孙丑上》）

孔子虽也主张"博施于民而能济众"，但没有谈及如何以仁对待自己所不爱的人。而孟子明确提出将自己的爱心推广到那些自己本来不爱的人身上，将自己不忍干某事的心推广到那些自己忍心干的事情上，将自己不愿干某事的心推广到那些自己愿意干的事情上。孟子认为，这样就符合仁义了。在他看来，如果如此推广，那么仁义就像永不枯竭的源泉，"不可胜用"。从这一角度来看，孟子的推己及人之道与孔子"忠恕"的推己及人之道还是有较大差异的。

孟子将善心、善性的推广、扩充分为三个阶段。第一个阶段是善心、善性的自我推广："君子所性，仁义礼智根于心，其生色也睟然，见于面，盎于背，施于四体，四体不言而喻。"（《孟子·尽心上》）看来，一个善于推广其善心、善性的人，其内在美德也会洋溢于外的。第二个阶段是将善心、善性推广到整个社会："老吾老，以及人之老；幼吾幼，以及人之幼。天下可运于掌。《诗》云：'刑于寡妻，至于兄弟，以御于家邦。'言举斯心加诸彼而已。故推恩足以保四海，不推恩无以保妻子。古之人所以大过人者，无他焉，善推其所为而已矣。"（《孟子·梁惠王上》）"老吾老"句正是孔子"己欲立而立人，己欲达而达人"的忠恕之道的体现。不过，孟子进一步认为，立己和立人、达己和达人是相辅相成的。"不推恩无以保妻子"，是说不立人无以立己，不达人无以达己。并且，孟子认为"推恩"是"保四海"的前提。第三个阶段是将善心、善性进而推广到万物："君子之于物也，爱之而弗仁；于民也，仁之而弗亲。亲亲而仁民，仁民而爱物。"（《孟子·尽心上》）和孔子一样，孟子也主张爱有差等，即"亲亲""仁民""爱物"。在这里，孟子虽然对"亲""仁""爱"做了区分，但在本质上，它们都是善心、善性的推广；合而言之，皆为一"仁"字。

将仁运用到政治，便是"仁政"，这也是一种对善心、善性的推广。什么是仁政呢？孟子解释道："人皆有不忍人之心。先王有不忍人之心，斯有不忍人之政矣。以不忍人之心，行不忍人之政，治天下可运之掌上。"（《孟子·公孙丑上》）这就完全将政治直接建立在仁的基础上了。不仅如此，孟子还第一次提出了"仁政"这个概念："王如能施仁政于民，省刑罚，薄税敛，深耕易耨；壮者以暇日修其孝悌忠信，入以事其父兄，出以事其长上，可使制梃以挞秦楚之坚甲利兵矣。……故曰仁者无敌。"（《孟子·梁惠王上》）

在孟子看来，一位君主能推行仁政，关键在于他有一颗恻隐之心，一颗不忍人之心，这是仁政的根源。他在与齐宣王的对话中说，齐宣王不忍心看到一头无辜的牛在被屠宰祭钟前恐惧哆嗦的样子，这便是恻隐之心或不忍人之心。孟子认为，将这种爱心延及百姓、推广到政治，就是仁政。

孟子生活的时代，随着兼并战争的持续，形成了几个方圆千里的大国，天下统一已经成为必然趋势，大国诸侯的最大愿望是由自己统一天下，所以求得统一之策也就成为他们的头等大事。为了适应这种需要，当时的思想家们纷纷提出自己的学说，孟子提供的方案就是"仁政"："今王发政施仁，使天下仕者皆欲立于王之朝，耕者皆欲耕于王之野，商贾皆欲藏于王之市，行旅皆欲出于王之涂，天下之欲疾其君者皆欲赴愬于王。其若是，孰能御之？"（《孟子·梁惠王上》）只要推行仁政，就可以使天下人归附，以之统一天下，势不可挡。

以仁政来对待人民、管理国家和平治天下，孟子称为王道，与之对应的是霸道。他是这样区分二者的："以力假仁者霸，霸必有大国；以德行仁者王，王不待大。汤以七十里，文王以百里。以力服人者，非心服也，力不赡也；以德服人者，中心悦而诚服也，如七十子之服孔子也。"（《孟子·公孙丑上》）

虽然荀子对孟子的人性论多有批评，但他对王道和仁政的价值追求，却与孟子并无二致。他说："仲尼之门人，五尺之竖子言羞称乎五伯，是何也？曰：然。彼非本政教也，非致隆高也，非綦文理也，非服人之心也。……彼王者则不然。致贤而能以救不肖，致强而能以宽弱，战必能殆之而羞与之斗，委然成文以示之天下，而暴国安自化矣，有灾缪者然后诛之。故圣王之诛也，綦省矣。"（《荀子·仲尼》）在孔子的门徒中，就连童子都以谈论实行霸道的春秋五霸为耻。之所以如此，就是因为他们称霸不是靠文教礼义，而是靠武力。所以他们虽然叱咤风云，名重一时，但不能服人之心。至于推行王道的王者就不一样了。他们极其贤能以救助不够贤明的国君，极其强大而能够宽容弱国，打起仗来一定能使对方处于危殆而耻于同他们继续战斗。他们安然地制定礼乐制度以昭示天下，如此那些暴虐的国家就自然被感化，只有对那些乖戾不化者才实施征伐，所以圣王的征伐是极少的。可见，以力服人还是以德服人，是区分霸道还是王道的根本原则。

荀子的仁政思想主要体现在其"惠民""爱民"等观念上。他说："马骇舆则君子不安舆，庶人骇政则君子不安位。马骇舆则莫若静之，庶人骇政则莫若惠之。选贤良，举笃敬，兴孝悌，收孤寡，补贫穷，如是，则庶人安政矣。庶人安政，然后君子安位。传曰：'君者，舟也；庶人者，水也。水则载舟，水则覆舟。'此之谓也。故君人者欲安则莫若平政爱民矣。"（《荀子·王制》）君主和百姓之间是相辅相成的，就像马受惊君子就不能安坐于车一样，百姓如果害怕政令那么君子就会不安其位。避免百姓害怕政令的途径，是实施"选贤良，举笃敬，兴孝悌，收孤寡，补贫穷"等惠民措施。荀子以舟水喻君民关系，深为魏徵等历代政治家所称道。

如果说孟子的思想主要源自孔子的仁学的话，那么荀子则基于孔子的礼学，建构了一套博大精深的思想体系。对国家的治理，荀子特别强调礼治，这当然也是孔子德治思想的继承和发展。他说："国无礼则不正。礼之所以正国也，譬之犹衡之于轻重也，犹绳墨之于曲直也，犹规矩之于方圆也，既错之而人莫之能诬也。"（《荀子·王霸》）

荀子认为，"礼"是各种伦理关系和社会等级制度的体现："礼者，贵贱有等；长幼有差，贫富轻重皆有称者也。"（《荀子·富国》）在《荀子·君道》篇，他还对君臣、父子、兄弟、夫妻这几种最重要的人伦关系做了具体阐述："请问为人君？曰：以礼分施，均遍而不偏。请问为人臣？曰：以礼侍君，忠顺而不懈。请问为人父？曰：宽惠而有礼。请问为人子？曰：敬爱而致文。请问为人兄？曰：慈爱而见友。请问为人弟？曰：敬诎而不苟。请问为人夫？曰：致功而不流，致临而有辨。请问为人妻？曰：夫有礼则柔从听侍，夫无礼则恐惧而自竦也。此道也，偏立而乱，俱立而治，其足以稽矣。"不难看出，这是荀子为全国统一之后的中央集权所制定的一套系统的社会伦理规范和礼制理论。这些思想，对其后两千多年的中国社会产生了深远影响。

荀子的"礼"，包括礼仪和政治制度两层含义，而尤其重视后者。政治制度层面的礼，荀子有时候称为"法"或"礼法"。不仅如此，荀子还吸收法家"法不阿贵"的思想："虽王公士大夫之子孙也，不能属于礼义，则归之庶人。虽庶人之子孙也，积文学，正身行，能属于礼义，则归之卿相士大夫。"（《荀子·王制》）这种用法治来充实和改造礼制的主张，在一定程度上突破了周礼框架，打破了世袭制度的传统，有利于社会的进步和发展。

制度当然是用来约束人的，而人之所以需要约束，那是因为人性不完美，所以荀子又提出性恶论作为其礼学的人性论基础。

三、民本

政治是对国家的管理行为，而人民便是国家的基础和主体，因此政治学必须表明对人民的态度。儒家的态度是重民、以民为本，所以民本主义是儒家政治学说的核心内容之一。

在中国，民本主义有悠久的历史，《尚书》即多有体现，如"天聪明自我民聪明，天明畏自我民明畏"（《皋陶谟》），"天视自我民视，天听自我民听"（《泰誓》），"民之所欲，天必从之"（《泰誓》）等等。春秋时期随季梁说："夫民，神之主也，是以圣王先成民而后致力于神。"（《左传·桓公六年》）虢史嚚说："吾闻之：国将兴，听于民；将亡，听于神。神，聪明正直而壹者也，依人而行。"（《左传·庄公三十二年》）可见这是一个传统。

读罢《论语》，我们便深切地体会到孔子以一个圣哲的胸怀表现出对生命的热爱与珍重。当他从朝廷回来得知马棚失了火时，便急忙问"伤人乎"，而"不问马"（《论语·乡党》），其对人类生命的关切溢于言表。在马厩劳作的人当然是奴仆，在时人看来，他们的命还不如一匹马值钱。

以民为本，更重要的表现在当政者对待人民的态度上，对此孔子多有论述，如"道千乘之国，敬事而信，节用而爱人，使民以时"（《论语·学而》），"修己以安人""修己以安百姓"（《论语·宪问》），赞扬子产"其养民也惠，其使民也义"（《论语·公冶长》）等。

不仅如此，以民为本还要落实在人民的现实生活中，包括物质生活和精神生活两个层面。《论语·子路》载：

> 子适卫，冉有仆。子曰："庶矣哉！"冉有曰："既庶矣，又何加焉？"曰："富之。"曰："既富矣，又何加焉？"曰："教之。"

对于一个人口众多的国家，执政者要想办法让人民富起来，以便使他们安居乐业。人民富起来以后，要施之以教化，让他们成为有修养、讲道德、精神生活丰富的人。

孟子把人民的地位抬得更高："民为贵，社稷次之，君为轻。是故得乎丘民而为天子，得乎天子为诸侯，得乎诸侯为大夫。"（《孟子·尽心下》）在人民、国家、君主三者中，人民是最高贵的，其次才是国家，而君主是最无足轻重的。虽然这和一般人的观念完全相反，但孟子自有其道理，这就是得到民众欢心可为天子，而得到天子、国君欢心只能为诸侯、大夫了，所以得到民众才是得天下的秘籍。如何才能得天下呢？孟子说："得天下有道：得其民，斯得天下矣；得其民有道：得其心，斯得民矣；得其心有道：所欲与之聚之，所恶勿施，尔也。"（《孟子·离娄下》）按照人民的意志办事就能得到民心，得到民心就能得到民众的支持，从而得天下。不仅如此，孟子还进一步主张要与民同乐，认为一个君主如果能与民同乐，必能称王于天下！

治民之产，也是孟子民本思想的体现。他说：

> 无恒产而有恒心者，惟士为能。若民，则无恒产，因无恒心。苟无恒心，放辟邪侈，无不为已。及陷于罪，然后从而刑之，是罔民也。焉有仁人在位，罔民而可为也！是故明君制民之产，必使仰足以事父母，俯足以畜妻子，乐岁终身饱，凶年免于死亡；然后驱而之善，故民之从之也轻。今也制民之产，仰不足以事父母，俯不足以畜妻子，乐岁终身苦，凶年不免于死亡；此惟救死而恐不赡，奚暇治礼义哉！王欲行之，则盍反其本矣！五亩之宅，树之以桑，五十者可以衣帛矣；鸡豚狗彘之畜，无失其时，七十者可以食肉矣；百亩之田，勿夺其时，八口之家，可以无饥矣；谨庠序之教，申之以孝悌之义，颁白者不负戴于道路矣。七十者衣帛食肉，黎民不饥不寒，然而不王者，未之有也。
> （《孟子·梁惠王上》）

没有恒产，则没有恒心。如果没有恒心，那么百姓就会犯上作乱，甚至无恶不作。等到他们犯了罪再处罚他们，等于是陷害他们。所以明君要"治民之产"，使他们的财产对上足以侍奉父母，对下足以养活妻子儿女。在这个基础上，再施加道德教化，开导人民行善，他们就很容易听从执政者号令了。从"五亩之宅，树之以桑"的描述看，那完全是一个没有剥削、没有压迫、少有所教、老有所养、丰衣足食、行仁由义的理想乐园。孟子认为，实行他的这一方案，必然能够称王于天下！不难看出，这是孔子"庶""富""教"思想的进一步发展。

荀子也提出了类似的看法："足国之道，节用裕民，而善臧其余。节用以礼，裕民以政。彼裕民，故多余。裕民，则民富。"（《荀子·富国》）在荀子看来，节省费用，让人民富裕起来，是国家富强的根本。

四、内圣外王

如果说修身对普通人来说只是个人的事情的话，那么对于执政者来说就是一种政治行为了。先秦儒家主张，作为一个执政者，一方面要有高尚的道德情操，另一方面要有平治天下的雄才大略，这就是"内圣外王之道"。"内圣外王"之说出自《庄子·天下》，但用来概括儒家的特点，却恰如其分。

在《论语》中，孔子有大量相关的论述，如"政者，正也。子帅以正，孰敢不正""苟正其身矣，于从政乎何有？不能正其身，如正人何""君子之德风，小人之德草，草上之风，必偃""君子笃于亲，则民兴于仁"等。孔子认为，子产就是内圣外王的典范："有君子之道四焉：其行己也恭，其事上也敬，其养民也惠，其使民也义。"（《论语·公冶长》）他的言谈举止庄严恭敬，他对待君上谨慎诚恳，他教养人民关爱恩惠，他役使人民宽厚有度，这四个方面都体现了君子之道。另外，在孔子的教诲下，孔门弟子中从政者颇多。

到了战国初期，子思在《大学》中对内圣外王观念做了最系统和最完美的阐述①。他是从认知心入手来讨论八条目的："知

---

① 关于子思作《大学》之说，详见拙作《子思书再探讨——兼论〈大学〉作于子思》，《中国哲学史》2003年第4期。

止而后有定，定而后能静，静而后能安，安而后能虑，虑而后能得。""知"，朱骏声《说文通训定声》曰："识也。"在先秦古籍中，"心"兼指生命心和认知心，但"知"一般指认知心，此处之"知"也不例外。此段意在指导人们在思考八条目的问题时应该保持的心理状态。《大学》接着说："物有本末，事有终始，知所先后，则近道矣。"既然将"本末""终始""先后"对举，说明三者含义不同，绝不能相互代替。我以为，"本末"等三者是从不同角度对八条目特点的把握。人心通过"止""定""静""安"的功夫以后，便可对八条目的特点有所认识，即有所得。所谓"本末"，《大学》已说得比较明确："自天子以至于庶人，壹是皆以修身为本。"在八条目中，既然"修身"为本，那么其他七条目便是末。《大学》又说："其本乱，而末治者，否矣。"就是说，这里的本末的确表示轻重关系。

《大学》对于八条目之间的关系有两种陈述：一是"古之欲明明德于天下者，先治其国；欲治其国者，先齐其家；欲齐其家者，先修其身；欲修其身者，先正其心；欲正其心者，先诚其意；欲诚其意者，先致其知；致知在格物"一段，二是"物格而后知至，知至而后意诚，意诚而后心正，心正而后身修，身修而后家齐，家齐而后国治，国治而后天下平"一段。其实，从"明明德于天下"至"格物"或从"物格"至"天下平"的完整过程，就是《大学》所谓的"终始"。

在这两种陈述中，前一种各项之间用了"先"字，后一种各项之间用了"而后"二字。这就是所谓"先后"。徐复观先生把八条目的这种"先后"关系理解为"'条件'间的严格涵蕴关系"①，是一种非常精辟的见解。就是说，在第一种陈述中，每一项是其前一项实现的条件；在第二种陈述中，每一项是其后一项实现的条件。这表明，在八条目中，实际的逻辑次序是从"格物"到"平天下"，其先后关系是非常严格的。古本《礼记》和朱子新本《大学》都是按照"诚意""正心""修身""齐家""治国""平天下"的次序对各条目加以阐释，也说明了这个问题。

我们知道，今本《中庸》特别重视修身，认为修身一方面可以加强自我修养，即可以由"事亲"到"知人""知天"——"故君子不可以不修身；思修身，不可以不事亲；思事亲，不可以不知人；思知人，不可以不知天"；另一方面可以起到社会政治作用，即可以由"知治人"到"知治天下国家"——"知所以修身，则知所以治人；知所以治人，则知所以治天下国家矣"。我认为，这正是《大学》"修身为本"思想的来源。事实上，《大学》的修身也包含这两方面的内容。从"格物""致知""诚意""正心"到"修身"的过程主要为自我修养，从"修身"到"齐家""治国""平天下"的过程主要为社会政治作用。

何谓"格物"？《孟子·离娄上》载"唯大人为能格君心之非"，赵岐注"格，正也"。王阳明说："物者，事也。凡意之所发必有其事，意所在之事谓之物。格者，正也，正其不正以归于正之谓也。"（《大学问》）就是说，所谓"格物"，即正事，亦即得事之正。什么是事之正呢？我认为就是社会万事的应然之理。《大学》曰："为

① 徐复观：《中国人性论史·先秦篇》，台北商务印书馆1987年版，第279页。

人君，止于仁；为人臣，止于敬；为人子，止于孝；为人父，止于慈；与国人交，止于信。"此五者，就是人伦应然之理，也正是所谓"明德"。质言之，所谓"格物"，就是得人间万事之正理，亦即获得"明德"。如此，则《大学》之所以把格物当作"明明德"的第一步，也就不难理解了。

什么是"知至"呢？这里的"知"，我认为是客观知识，《大学》所说的客观知识，当然是事物的实情或人伦应然之理（"明德"）。因而，"知至"，即"明德"的知识已经获得。这是经过格物的功夫所必然达致的结果。

徐复观先生在分析"正心→诚意→致知"的过程时，把正心和诚意各分为两阶段，并认为正心的第二阶段即为诚意的第一阶段，诚意的第二阶段即为致知。[1]尽管徐先生颠倒了正心、诚意、致知之间的前后次序，但他所提出的这种研究方法可谓卓识。这种方法也适用于分析从格物到致知的过程。我认为，《大学》的"物格"也有两个阶段，第一阶段为人的认识心与客观事物相接触；第二阶段为认识心已获得"物"之"正"，即获得正确的客观知识。而这第二阶段，正是"知至"（确切地说，是"知至"的第一阶段，见下文）。这正像徐先生所说："在前件与后件之间，也不可简单地划一等号，其中实须增加新的因素。"[2]

《大学》释"诚意"的"传之六章"的思想直接源自今本《中庸》关于"慎独"的一段，甚至"故君子必慎其独也"一句几乎完

<hr/>

[1] 徐复观：《中国人性论史·先秦篇》，台北商务印书馆1987年版，第283、284页。
[2] 同上书，第280页。

抄自《中庸》的"故君子慎其独也"。所以对这一段亦应用《中庸》的思路解释之。什么是"诚意"之"意"？许慎《说文解字》云："意，志也。"段玉裁注曰："志即识，心所识也。……《大学》曰：'欲正其心者，先诚其意。''诚'，谓实其心之所识也。"这是对《大学》"诚意"的真解。

在"格物""致知"之前，人尚未获得有关"明德"的知识，在这个意义上，其"心之所识"尚属空白；但经过"格物""致知"从而获得"明德"的知识以后，其"心之所识"便得以充实。所以所谓"诚意"，就是以"明德"的知识充实其"心之所识"。什么是与此相反的"自欺"呢？就是"小人闲居为不善，无所不至，见君子而后厌然，揜其不善，而著其善"。小人尚未获得"明德"的知识，故"闲居为不善，无所不至"。但是，为了避免道德的谴责或法律的制裁，他们便在君子面前"揜其不善，而著其善"。这种表里不一的行为便是"自欺"。其实，尽管小人表面上装出为善的样子，但他对其内心的不善还是了如指掌的，"如见其肺肝然"，故"自欺"是没有什么用处的。由于君子获得"明德"的知识，他就会处处以"明德"自律，疾恶"如恶恶臭"，好善"如好好色"，坦坦荡荡，表里如一，没有任何必要伪饰"自欺"。这就是"诚于中，形于外"。"诚于中"即"诚其意"，"意"为心中之物，故谓之"中"。因此，"君子必慎其独也"。这里的"独"，指君子对"明德"知识的获得；由于"明德"知识的获得是每个人自己"心之所识"的事情，故谓之"独"。

"身有所忿懥"之"身"，朱熹依程子改为"心"，是非常正确的。此章释"正心"，主词当然应该为"心"。大概此"身"

字涉上句"修身在其心"之"身"而讹。古籍在流传过程中经常
出现这种涉上下文而易字的现象。值得强调的是，此章的"身有
所忿懥""有所恐惧""有所好乐""有所忧患"，同"知"的
"止""定""静""安"，有本质的区别；"知"为认知之心，此
处的"心"为生命之心。这里的"忿懥""恐惧""好乐""忧患"
都是对生命的体验，都是生命之心的事情。所谓"正心"，是说"明
德"的知识在充实"心之所识"以后（请注意，段氏"心之所识"的
"心"仍为认知之心，因为其功能为"识"），进一步在生命之心
（或曰本心）中得其正位。在《大学》作者看来，"明德"在本心中
得其正位的过程中，必须排除"忿懥""恐惧""好乐""忧患"等
因素的干扰，否则"正心"便不能实现。

"心不在焉"之"在"，我以为涉上下文"修身在正其心"之
"在"而误，应为"正"，其情形与"心"误为"身"字相似。此
章释"正心"，所讨论的是心的"正"与"不正"，而不是心的
"在"与"不在"。另外，"在""正"二字形近，也易致讹。"心
有所忿懥"数句所讨论的是如何达致"正心"，"心不正焉"数句
所讨论的是心如果不得其正的情形。我认为，"心不正焉，视而不
见，听而不闻，食而不知其味"的思路与《系辞》"百姓日用而
不知"是一致的。这几句是说，尽管人们天天都在行施君臣父子之
道，但如果"明德"没有在其心中得其正位，他们便不会真正掌握
"仁""敬""孝""慈""信"，即所谓"至善"的实质。这不正
是"视而不见，听而不闻，食而不知其味"吗？因此，朱熹将"心不
在焉"释为"心有不存"，徐复观先生说"'正心'即孟子所常说的
'心存'"，盖皆望文生义。

"明德"既在本心中得其正位，便可再由本心向外发露。从释"修身"的下篇五章看，所谓"修身"，就是克服主观倾向的干扰，以便让本心自然发露出来。人的主观倾向，或有所"亲爱"，或有所"贱恶"，或有所"畏敬"，或有所"哀矜"，或有所"敖惰"，这些都会使本心的发露发生偏差，使之不能以本来的面目（"正"）发露出来。所以，只有克服它们，才可达到"修身"的目的。看得出来，《大学》的这种思想，正是对《中庸》"喜怒哀乐之未发谓之中，发而皆中节谓之和"的发展。

"齐"，《广雅·释言》曰："整也。"所谓"齐家"，就是整治家庭。"家"如何"齐"？当然要"为人子，止于孝；为人父，止于慈"。所谓"齐其家在修其身者"，就是说"孝""慈"等都是本心的自然发露。从下篇六、七章的论述看，"孝""慈"等不但可以"齐家"，而且可以"治国"以至"平天下"，因为"孝者，所以事君也；悌者，所以事长也；慈者，所以使众也"。"治国""平天下"的机理盖有二。一是以身作则，即所谓"一家仁，一国兴仁；一家让，一国兴让""上老老而民兴孝，上长长而民兴悌，上恤孤而民不倍"。这种思想显然来自孔子——孔子说："政者，正也。子帅以正，孰敢不正。……君子之德风，小人之德草；草上之风，必偃。"（《论语·颜渊》）二是推己及人的忠恕之道，即所谓"君子有诸己而后求诸人，无诸己而后非诸人。所藏乎身不恕，而能喻诸人者，未之有也""所恶于上，毋以使下；所恶于下，毋以事上；所恶于前，毋以先后；所恶于后，毋以从前；所恶于右，毋以交于左；所恶于左，毋以交于右"。这种忠恕思想当然也来自孔子。这两方面《大学》又称之为"絜矩之道"。就是说，人的心理是相同的，人同此心,心同此理,君子要用这个道理推度他人之心,站在他人的立场上,将心比心。这就好比拿尺子去量物,拿矩尺去画方一样,使上下四方一切事物皆得均齐方正,如此便天下清平。通过推己及人的"絜矩之道",先秦儒家将修身的功能一步一步地推向整个社会。

经过如此这般的工夫,终于达到"平天下",即"明明德于天"的目的。所谓"民兴孝""民兴悌"等,即大明"明德"于天下。

总之,八条目各含有两个阶段,且每一条目的第二阶段就是其后那一条目的第一阶段,从而构成了一个环环相扣的链条,如下图所示:

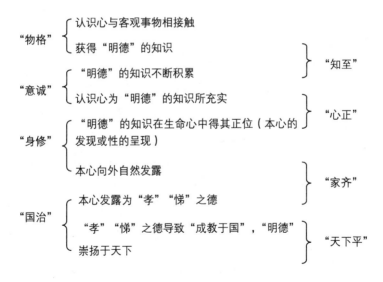

从图中可以发现,这整个过程又包括两个大的段落:从"物格"的第一阶段,到"正心"的第二阶段亦即"身修"的第一阶段,为第一个大的段落,这是由外至内的过程,侧重于"内圣";从"身修"

的第二阶段亦即"家齐"的第一阶段，到"天下平"的第二阶段，为第二个大的段落，这是由内及外的过程，侧重于"外王"。"身修"正处在这两个大段落的转折点上。明乎此，我们也就不难理解《大学》为什么以"修身"为本了。

后来，荀子对儒家内圣外王思想也有所发展："请问为国？曰：闻修身，未尝闻为国也。君者，仪也，仪正而景正。君者，槃也，槃圆而水圆。君者，盂也，盂方而水方。君射则臣决。楚庄王好细腰，故朝有饿人。故曰：闻修身，未尝闻为国也。"（《荀子·君道》）修身本身就是"为国"，就是治理国家，二者完全是一回事。

第十三章
"无为而治"——道家的政治智慧[①]

道及其自然本性，不但是道家人生论的原则，也是其政治学说的依据。本章仍以郭店竹简和今本《老子》为例，来探讨道家的政治智慧。

一、"百姓曰我自然"——郭店竹简《老子》的政治学说

《汉书·艺文志》载："道家者流……此君人南面之术也。"可见，政治应该是老子思想中非常重要的议题之一，当然也是他提出其道论的重要目的之一。老子身为"守藏室之史"，有条件接触王室历史档案，这使他从中获得了丰富的政治智慧，并为其建构一套政治学说奠定了基础。

首先需要明确何为老聃的政治理想。第四篇第一章：

[①] 本章部分内容见于作者博士论文《尽心·知性·知天——老庄孔孟哲学的底蕴及其贯通》（1993年4月印行），期刊论文《老子的宇宙论与规律论新说》（《哲学研究》1994年第6期）、《从道论到心性之学——老子哲学之建构》（台北《哲学与文化》1997年第4期），以及专著《郭店竹简与先秦学术思想》第三卷第四篇《道家：修身与治国》（上海教育出版社2001年版），收入本书时做了修改。

太上下知有之，其次亲誉之，其次畏之，其次侮之。信不足，安有不信？犹乎其贵言也。成事遂功，而百姓曰我自然也。

最好的社会，人民仅仅知道君主的存在而已；其次的社会，人民亲近并称誉他；再次的社会，人民惧怕他；更次的社会，人民轻侮他。怎么会有臣民不信任君主的事情发生？那是君主诚信不足的缘故。好的君主遇事前思后量，珍视诺言。事业成功了，而百姓们说这就是我们本来的样子。

在最好的社会，人民仅仅知道君主的存在而已，是因为君主是依自然的方式来治国的。"百姓曰我自然"之"自然"和"道法自然"之"自然"的意思是一样的，皆为本来的样子，只不过前者是说百姓本来的样子，后者是说道本来的样子。如果百姓们说"我自然"，那么，这就是君主的成功。由此可见，不管君主，还是百姓，皆一如其本来的样子，这便是老子的政治理想。

当然，要想实现这个政治理想，最关键的不在百姓，而在君主。老子说：

执大象，天下往。往而不害，安平大。乐与饵，过客止。故道〔之出言〕，淡呵其无味也。视之不足见，听之不足闻，而不可既也。（第四篇第二章）

河上公注："执，守也。象，道也。圣人守大道，则天下万民移心归往之也。"成玄英疏："大象犹大道之法象也。"执守大道者，唯有圣人，故本章诚如河上公所言，乃论圣人之治。

"往而不害"，注家多理解为归往者不互相妨害、伤害。如任继愈先生注曰："〔即使天下人向它〕投靠也不会互相妨害。"①陈鼓应先生注曰："归往而不互相伤害。"②非是。此处言圣人无为，虽然天下万民归往，但他对归往者并不妨碍，与本篇第一章"百姓曰我自然也"之旨相发明。

"乐与饵，过客止"在这里是要说明什么道理？注家似多未点明。窃以为，老子的意思是就连"乐与饵"都能使"过客止"，而大道更有过之也。也就是说，圣人之所以"安平大"，万民归往，就是因为其执守大道之故。简本和帛本在"道之出言"前都有一"故"字，使这种比喻更加明确了。

综之，此章大意是说，圣人执守大道，天下万民归往他。虽然天下万民归往，但他并不妨碍归往者，于是圣人的国度更加和平宏大。就连音乐和美食都能使过客止步，何况大道！所以道平淡得没有味道，以至于不足以看见，不足以听到。尽管如此，它是不可穷尽的。质言之，圣人之所以能使天下归往，就在于他执守平淡无味的大道。

至于圣明的君主应该如何"执大道"，老子提出了许多精辟的见解。

老子认为："夫天〈下〉多忌讳，而民弥叛；民多利器，而邦滋昏；人多知，而奇物滋起；法物滋彰，盗贼多有。"第一句今本作"天下多忌讳，而民弥贫"，于理难通，因这两句话之间并没有什么因果关系。简本"贫"字作"叛"，于理畅然。要让人民自然而

① 任继愈：《老子新译》，上海古籍出版社1985年版，第135页。
② 陈鼓应：《老子注译及评介》，中华书局2009年版，第197页。

然，不要给予太多的制约；否则，如果"多忌讳"，则人民更容易叛乱。这就是说，天下的禁忌越多，人民越容易叛乱；人民的利器越多，国家就越混乱；人的智慧越多，奇怪的事物就越泛滥；珍好之物越彰显，盗贼就越多。在这里，"天下多忌讳""民多利器""人多知""法物滋彰"，统统是对自然的背离。正是它们，导致了社会的堕落。

因此，实现理想社会，最重要的是君主无为而治。

第二篇第九章："是以圣人居无为之事，行不言之教。万物作而弗始也，为而弗恃也，成而弗居。夫唯弗居也，是以弗去也。"圣人担当"无为"的事业，实施"不言"的教化。让万物自己兴起而不替它开始，有所作为而不自恃，有所成功而不自居。正因为他不自居，所以他的功名永存。何谓"不言之教"？我们知道，道本来是没有名的。道既然无名，那么就其本身而言是不可言说的。窃以为，"不言之教"，乃符合道（"不言"者）的教化。

在第二篇第六章，老子阐述了类似的主张。

> 为之者败之，执之者远之。是以圣人无为，故无败；无执，故无失。临事之纪，慎终如始，此无败事矣。圣人欲不欲，不贵难得之货；教不教，复众之所过。是故圣人能辅万物之自然，而弗能为。

着意做某事的人，反而会把事情搞坏；着意控制某物的人，反而会远离初衷。所以，圣人无为因而无所败，无执因而无所失。处理事情的准则，是在结束的时候仍像开始一样慎重。这样，任何事情都不会失败。圣人以"不欲"为欲，因而不以难得之货为贵；以"不教"为教，因而能补救众人的过错。所以，圣人能够帮助顺应万物本来的样子，而不会有意作为。在这里，"欲不欲"和"教不教"，皆与"为无为"之旨相发明。而"教不教"之第一个"教"字，正是"不言之教"的"教"。

所谓"辅万物之自然"，并不是有意地帮助万物去做什么。圣人只需无为，便是"辅万物之自然"了。

> 道恒无为也。侯王能守之，而万物将自化。（第二篇第七章）
>
> 道恒无名。朴虽微，天地弗敢臣。侯王如能守之，万物将自宾。（第二篇第十章）
>
> 天地相合也，以雨甘露。民，莫之命而自均安。（第二篇第十一章）
>
> 以正治邦，以奇用兵，以无事取天下。……是以圣人之言曰：我无事而民自富，我无为而民自化，我好静而民自正，我欲不欲而民自朴。（第二篇第十四章）

以上几章所反复强调的，是圣人、侯王自然无为与人民之自然的关系，即如果圣人、侯王执守大道，自然无为，人民便会自己归于自然的。所谓"自化""自宾""自均安""自富""自正""自朴"，分别指不需圣人、侯王的强制，人民会自我教化、自我宾从、自我均安、自我富足、自我端正、自我朴实，此皆人民自然之状。

君民同归自然，天下太平："躁胜凔，静胜热，清净为天下定。"（第三篇第七章）"定"，竹简整理者依今本读为"正"。今按，此字不必改读。今本"清静为天下正"的"正"字历来有多种解释，似皆不妥。简本此字作"定"，甚为明达。大意为，清静无为能够制服社会躁动从而使天下安定，这就像剧烈的活动能够战胜寒冷，心安体静能够克服暑热一样。

君民同归自然，天下敦化："绝智弃辩，民利百倍；绝巧弃利，盗贼无有；绝伪弃虑，民复孝慈。"（第二篇第一章）弃绝智慧和论辩，人民就会得到百倍的好处；弃绝计巧和利益，盗贼就会灭迹；弃绝人为和谋虑，人民就会恢复真正的孝慈。

然而，事物都是在不断发展变化的。天下回归自然以后，如果再产生违背自然的倾向怎么办？老子说："化而欲作，将镇之以无名之朴。夫亦将知足，知〈足〉以静，万物将自定。"（第二篇第七章）如有欲望兴起，侯王将用"无名之朴"也就是道来镇服。这不过是让万物知足。知足就能宁静，于是万物将归于自我安定。

虽然最理想的社会是君民同归自然，但并不是说双方之间是漠不关心的。君主当然以治国理政为务，人民也真实地感觉到君主的存在（"下知有之"）。不仅如此，双方还有着互动的关系。在人们的观念中，君主是高高在上的。那么老子是如何看待君主的特殊地位的呢？他说：

　　江海所以为百谷王，以其能为百谷下，是以能为百谷王。圣人之在民前也，以身后之；其在民上也，以言下之。其在民上也，民弗厚也；其在民前也，民弗害也。天下乐进而弗厌。以其不争也，故天下莫能与之争。（第二篇第二章）

　　江海之所以为百川之王，是因为它能够处在百川之下；圣人之所以在人民之前，是因为他将自身置于人民之后；他之所以在人民之上，是因为他以谦下的言辞对待人民。他在人民之上，人民不以之为负担；他在人民之前，人民不以之为妨害。所以，天下的人都乐于推举他而不厌倦。正因为他的不争，天下才没有谁能够和他竞争。

　　老子又说：

　　　　何谓贵大患若身？吾所以有大患者，为吾有身。及吾无身，有何患？故贵为身于为天下，若可以托天下矣；爱以身为天下，若可以寄天下矣。（第三篇第四章）

　　"贵为身于天下"，高明先生注："犹言为身贵于为天下，乃动词前置。即谓重视为自身甚于重视为天下。"其说诚是。今按，动词"为"用在"身"和"天下"之前，各有具体含义。"为身"，即修身；"为天下"，即治世。"爱以身为天下"，高注："'爱'为动词，亦置于句首，即谓以自身为天下最爱者。""爱"为前置动词，是也。然其对全句的解释，恐有未当。愚以为，此句的句式不同于"贵为身于天下"。此句缺少一个介词"于"字，所以没有将爱身同爱天下相比的意思。应理解为"以爱身为天下"，即以"爱身"的态度去"为天下"。根据上文所言，"身"为至贵，故以"爱身"的态度去治理天下，则天下无不治。在此两句中，老子之所以将动词"贵"和"爱"前置，是为了强调之。这段文字的大意是，为什么重视大患就像重视生命一样呢？我们之所以有大患，就是由于我们有生命。如果我们没有生命，还有什么祸患呢？这就是说，生命是最重要的。所以，重视修身甚于重视治理天下的人，才可以托天下于他；以爱身的态度去治理天下的人，才可以寄天下于他。在这里，老子已朦胧地提出了人民选择君主的问题。而这，正是现代民主政治的一个根本原则。

这段文字还揭示了一个道理，即对于君主来说，治国和修身是相辅相成的。上文提到的"治人事天莫若啬"也阐明了这个道理。"治人"，即治理人民，治国也；"事天"，即事养天性，修身也。

处于君和民之间的大臣应该扮演什么角色呢？老子并没有忽视他们的地位和作用。

> 以道佐人主者，不欲以兵强于天下。善者果而已，不以取强。果而弗伐，果而弗骄，果而弗矜，是谓果而不强，其事好〈还〉。（第二篇第四章）

用道辅佐君主者，不想靠兵力逞强于天下。好的辅佐君主者，只求达到目的而已，但不通过强力来取得。成功而不夸耀，成功而不骄傲，成功而不自负，这就叫成功而不逞强。如此，事情便有好报。这就是说，理想的大臣是以道来辅佐君主的。他成功而不逞强，更不想靠兵力逞强于天下，以达守道归朴之效。

老子处在战争频仍的春秋时期，亲眼看见了兼并战争造成的人民生命的严重损失。他除了在该章流露出反对战争的情绪外，还在第四篇第三章专门讨论这个问题。

君子居则贵左，用兵则贵右。故曰兵者不祥之器也，不得以而用之，恬淡为上，弗美也。美之，是乐杀人。夫乐之，不可以得志于天下。故吉事上左，丧事上右。是以偏将军居左，上将军居右，言以丧礼居之也。故杀人众则以哀悲位之，战胜则以丧礼居之。

兵器是一种不祥的器物。不得已而用它的时候，最好恬淡处之，不要美化它。如果美化它，这就意味着喜欢杀人。战争总是要死人的，所以即使胜利了也不是什么光彩的事。不仅如此，对于死人众多的战事，要以悲哀的心情处之；战胜了，也要以凶丧的仪式对待它。在这里，老子没有从政治、军事上去评价敌我的得失，而是用敌我双方所共同拥有的生命的价值标准去看待战争，表现了对生命的无限关怀和尊重。这激起了老子对人的地位、生命的价值的无穷探索，或许，这正是老子整个思想体系的出发点和最终归宿。

二、"治大国若烹小鲜"——今本《老子》的政治学说

同人生学说一样，在政治学说上，太史儋对老聃亦既有继承发展，也有背离和反动。

太史儋对老聃政治思想的继承发展，主要表现在自然无为的治世原则上。他说：

民之难治，以其上之有为，是以难治。（七十五章）

取天下常以无事。及其有事，不足以取天下。（四十八章）

　　治大国若烹小鲜。（六十章）

　　人民之所以难以治理，那是因为统治者的有为。所以，治理天下要用无为的方式。如果有为，就不能很好地治理天下了。河上公曰："取，治也。""无事"，犹无为；"有事"，犹有为。如何用无为的方式去治理天下呢？太史儋举了一个生动的例子：治理大国就像烹煎小鱼那样，不能时常扰动。如果时常扰动，就很容易导致天下大乱。

　　太史儋还将老聃提出的"绝知""寡欲"两个修身原则用于政治。

　　　　不贵难得之货，使民不为盗；不见可欲，使民心不乱。是以圣人之治，虚其心，实其腹，弱其志，强其骨。常使民无知无欲，使夫智者不敢为也。为无为，则无不治。（三章）

　　在太史儋看来，"无知无欲"即无为，而采取"不贵难得之货""不见可欲""虚其心，实其腹，弱其志，强其骨"等各种措施，以"常使民无知无欲，使夫智者不敢为也"，便是"为无为"。如此，天下大治。

　　沿着这一思路，太史儋进一步指出："古之善为道者，非以明民，将以愚之。民之难治，以其智多。故以智治国，国之贼；不以智治国，国之福。"（六十五章）其实，"知"和"智"是两个概念；前者指知识，后者指智慧。老聃反对"知"，以为知识会障蔽自然，所以主张"绝知"，但他并不反对"智"。而太史儋不但反对知识，而且反对智慧。他认为人民之所以难治，是因为他们太有智慧，所以主张不要让人民变得聪明，而是让他们变得愚蠢。这显然已偏离了老聃的思路。

另外，太史儋反对战争的思想也是与老聃一以贯之的。

师之所处，荆棘生焉；大军之后，必有凶年。（三十章）

天下有道，却走马以粪；天下无道，戎马生于郊。（四十六章）

夫唯兵者，不祥之器。物或恶之，故有道者不处。（三十一章）

兵强则灭。（七十六章）

太史儋注意到战争对农业的严重破坏，指出军队驻扎的地方长满荆棘，大的战役之后必有饥荒。他由此得出结论：天下有道，社会太平，连战马都用来种田；而天下无道，战争频仍，连怀胎的母马都用来作战。所以兵器是不祥之物，大家都厌恶它，有道者是不愿使用它的。那么，仅靠军事优势就能取得胜利吗？恰恰相反，军队强大了就会被消灭。

太史儋不仅把其人生理论作为权术，还把其政治理论作为权术，这是他违背老聃政治思想的主要表现。

简本第二篇第二章的"圣人之在民前也，以身后之；其在民上也，以言下之"一段，王本作"是以欲上民，必以言下之；欲先民，必以身后之"，帛本为"是以圣人之欲上民也，必以其言下之；其欲先民也，必以其身后之"。依简本，"圣人之在民前""在民上"是其"以身后之""以言下之"的自然而然的结果；但王本和帛本的几个"欲"字把境界降低了，它表明圣人"以言下之""以身后之"不过是他为了达到"欲上民""欲先民"的目的而采取的手段，是一种权术。也就是说，前者体现了无为的精神，后者则落入了有为的层面。这是太史儋以其权术政治论篡改老聃自然政治论的显证。

除了如此这般地篡改老聃原文，太史儋还对其政治权术专门详加论说：

> 故贵以贱为本，高以下为基。是以侯王自谓孤、寡、不谷。此非以贱为本耶？非乎？（三十九章）
>
> 大国者下流，天下之交，天下之牝。牝常以静胜牡，以静为下。故大国以下小国，则取小国；小国以下大国，则取大国。故或下以取，或下而取。（六十一章）
>
> 将欲歙之，必固张之；将欲弱之，必固强之；将欲废之，必固兴之；将欲夺之，必固与之。是谓微明。柔弱胜刚强。鱼不可脱于渊，国之利器不可以示人。（三十六章）

太史儋总结出这样一个规律：贵是以贱为根本的，高是以下为基础的。正因如此，侯王才自称为孤、寡、不谷。出于同一个道理，大国就像大海一样，居于百川的下流，而这既是天下柔雌之处，又是天下汇聚之地。柔雌常常以其宁静战胜雄强，以其宁静居下。所以大国以其谦下对待小国，就能夺取小国；小国以其谦下对待大国，就能夺取大国。也就是说，不管大国还是小国，谦下只是夺取对方的手段、权术。过去注家为太史儋的无为政治论所蒙蔽，对其政治权术认识不清，故多曲解"取"字。或据他本读为"聚"，或解为"取得信任"。其实，太史儋在这里说得很清楚——"牝常以静胜牡"。他所谈的是谁战胜谁的问题，是战胜对方的权术，所以此处的"取"字只能释为取得、夺取。另外，"或下以取"与"或下而取"意义有所不同。前者谓大国以"下"为手段取得小国，"下以"即"以下"；后者谓小国本来为"下"反而能够取得大国，这当中也含有以"下"为手段的意思。

有鉴于此，太史儋告诫统治者：对于某物，想要收敛它，必须姑且扩张它；想要削弱它，必须姑且增强它；想要废弃它，必须姑且振作它；想要夺取它，必须姑且给予它。好一个权术！太史儋美其名曰"微明"，并以其为"国之利器"。所谓"国之利器"，说白了，就是治国权术。

其实，太史儋关于"愚民"的说教，也是一种权术。他之所以提出"愚民"，是因为"民之难治，以其智多"。也就是说，"愚民"是统治的手段。

和太史儋的人生权术一样，其政治权术的根据也是事物对立的双方相互转化、物极必反的规律。用太史儋自己的话说，就是"牝常以静胜牡""柔弱胜刚强"。当然，这是与其无为自然的政治观相矛盾的。

太史儋背离老聃政治思想的另一个方面是政治理想。我们知道，老聃的政治理想是君主无为、百姓自然、天下万民归往。因而圣人国度的特点是"安平大"，即安宁、和平、广大。那么太史儋的政治理想如何呢？他是这样描述的：

　　小国寡民。使有什伯之器而不用，使民重死而不远徙。虽有舟舆，无所乘之；虽有甲兵，无所陈之。使民复结绳而用之。甘其食，美其服，安其居，乐其俗。邻国相望，鸡犬之声相闻，民至老死不相往来。（八十章）

　　与老聃笔下的天下万民归往的大国气势相反，太史儋的理想国度是"小国寡民"，以至"邻国相望，鸡犬之声相闻，民至老死不相往来"。同时，他将老聃提出的"绝知"学说推向极致，否定一切文化进步——"虽有舟舆，无所乘之；虽有甲兵，无所陈之"，甚至主张重新回到"使民复结绳而用之"的原始状态。

第五篇

中华文化再生之路

第十四章
受之以荀，纠之以孟——儒学重建的方向 [①]

　　儒学从来都是与时俱进、不断发展的。从历史上看，儒学的发展，有时候是为了回应社会现实的挑战，如先秦原始儒学是为了回应春秋战国时期剧烈的社会变动而创建起来的，而汉代新儒学则是为了回应秦汉一统的新局势而提出的；有时候是为了回应外来文化的挑战，如宋明新儒学就是为了回应佛教的挑战而重建的。然而，当代儒学的发展，既面临着社会现实的挑战，即近代以来的"三千年未有之大变局"，又面临着外来文化的挑战，这就是西方文化之冲击。当然，此"三千年未有之大变局"，主要是由西方文化之冲击而造成的，因而这两种挑战是交织在一起的。本章试图从回应西方文化的挑战着手，来探讨儒学的当代重建的问题。

[①]　本章内容曾以《受之以荀，纠之以孟——现代化背景下的儒学重建》为题在2017年7月讲演于孔子研究院"春秋讲坛"；以《儒学何以回应现代化与后现代主义的挑战——兼论儒学的当代重建》在2017年10月讲演于韩国安东市"21世纪人文价值论坛"；以《受之以荀，纠之以孟》为题在2017年10月讲演于中国人民大学"重估道统与统合孟荀"学术研讨会；以《受之以荀，纠之以孟——现代化背景下的儒学重建》为题刊于《文史哲》2020年第2期。

一、儒学何以回应西方文化的挑战

就回应西方文化的挑战而言，我以为儒学的当代重建面临两项重要任务：一是接受、吸纳西方现代性，从而实现现代转型，以回应现代化的挑战；二是挺立人的主体价值，从而纠正、修复现代化的缺陷，以解决后现代主义所提出的问题。

所谓西方现代性，主要是新文化运动所说的德先生和赛先生，现在一般表述为民主政治和知识论。接受、吸纳这些现代性，一直就是现代新儒学的目标，牟宗三先生提出的"三统并建""内圣开出新外王"等命题，即为此而设。然而，随着中国经济的腾飞和民族意识的觉醒，近年来儒学界内部出现了一股拒斥上述这些西方现代价值的潮流，我期期以为不可，认为这不但不能维护儒家的尊严，对儒学的当代发展而言，也是十分有害的。道理很简单，尽管这些西方现代价值有这样那样的缺陷，但其合理性，更是显而易见的，正好可以弥补儒学之不足，其为世界上越来越多的国家和地区所接受，不是偶然的。从某种意义上说，西方现代性代表着几百年来的世界潮流。借用孙中山先生的话说："世界潮流，浩浩荡荡，顺之者昌，逆之者亡。"儒学如果不能顺应这一潮流，就会故步自封，从而失去生机。

应该如何接受、吸纳西方现代性呢？鉴于我们所面临的形势和任务与宋明时期的儒学重建极其相似，诸如都要应对外来文化的严峻挑战和传统文化的严重失落等问题，我们或许可以从宋明时期的儒学重建历程中获得某些启示。

在我看来，宋明时期的儒学重建大约经历了三个境界。第一境界为"泛滥于诸家，出入于老释者几十年"（程颐《明道先生行状》）。此境界展现了宋明儒家充分学习、消化和吸收各种学说尤其道家、佛家的心路。第二境界为"返求诸六经而后得之"（程颐《明道先生行状》）。这句话可以从两个方面来理解，一是归宗于六经，二是从儒家传统中挖掘有效的资源。第三境界为"吾学虽有所受，天理二字却是自家体贴出来"（程颢《外书》卷十二）。这意味着在前两种境界的基础上，提出自己的新思想和新哲学。

依此，儒学的当代重建，也将经历类似的三个境界：第一是充分学习、消化和吸收西学，第二是深入挖掘儒家传统中现代性的资源，第三是建构新的哲学体系。

如果说宋明儒学所面临的主要挑战来自佛教心性论，其使命是吸纳佛教心性论，并发扬光大儒家传统中的心性论资源，从而在此基础上重建儒家心性论的话，那么，当代儒学所面临的主要挑战则来自作为现代性之基本内容的民主政治与知识论，其使命是吸纳西方民主思想与知识论，并发扬光大儒家传统中的民主思想和知识论资源，从而在此基础上重建儒家民主思想和知识论。

问题是，在儒家传统中，是否存在民主思想和知识论的资源呢？对此，人们一般会持否定态度。笔者却以为，早在两千多年前，起源于不同地区的三个轴心文明已经对人和社会进行了全面而深入的探索，提出了各种各样的学说，也埋下了各种各样思想的种子。在其后的历史长河中，一俟条件具备，其中某些思想的种子就会萌生、发芽、成长。作为中国轴心文明的代表性学派，先秦时期的儒学大师们，已经为我们埋下了民主思想和知识论的种子了。

笔者认为，轴心文明时代儒家民主思想和知识论的种子主要存在于荀子所代表的传统中。充分挖掘这种宝贵资源，可以帮助我们实现儒学的现代转型，从而有效地回应现代化的挑战。因而，我们应该像宋明新儒学借助于思孟心性论来接受、吸纳佛教心性论那样，借助于荀子的民主思想和知识论资源来接受、吸纳西方现代民主思想。这种儒学当代重建的路径，我称之为"受之以荀"。

不过，经过数百年的迅猛发展，现代化的弊端和缺陷也日益彰显，并引起人们的忧虑，所谓后现代主义思潮，因之而起。后现代主义对现代性的批评，主要在于由现代化所导致的精神失落、价值扭曲、人为物役、环境恶化、核弹危机等方面。因此，挺立人的主体价值，从而纠正、修复现代化的缺陷，以解决后现代主义所提出的问题，构成了儒学当代重建的另一任务。

如何医治这些现代病呢？我认为，早在两千多年以前，原始儒学的另一个传统，也就是孟子所代表的传统，已经为我们准备好了良药。这种儒学当代重建的路径，我称之为"纠之以孟"。

二、孟荀皆为道统传承者

不过，最早明确提出道统论而成为理学先驱的韩愈早有言："斯吾所谓道也，非向所谓老与佛之道也。尧以是传之舜，舜以是传之禹，禹以是传之汤，汤以是传之文、武、周公，文、武、周公传之孔子，孔子传之孟轲。轲之死，不得其传焉。荀与扬也，择焉而不精，语焉而不详。"（《韩昌黎全集》卷十一）自此以后，荀学被排除在道统之外，成为儒学中的异端。如果真是这样，荀学自然难以承担回应西方文化的挑战以重建儒学的重任。但事实远非如此！

让我们先来看什么是道和道统。在儒家思想中，道为人当行之道，即人道。此道有两层含义。一是客观之道，二是观念之道，即由往圣先贤认识客观之道所形成的一套观念，而这套观念又表现为一套概念系统和行为准则。按照荀子的说法："道者，非天之道，非地之道，人之所以道也，君子之所道也。"（《荀子·儒效》）"人之所以道"，是说人们用来遵循的道，即客观之道。"君子之所道"，是为君子所言谈的道，即用语词表达的道，也就是观念之道。因此，道为各种道德范畴之总称，也就是说，各种道德范畴都属于道。如孔子说"君子道者三，我无能焉。仁者不忧，知者不惑，勇者不惧"（《论语·宪问》），以仁、智、勇为道；曾子说"夫子之道，忠恕而已矣"（《论语·里仁》），以忠、恕为道；子思说"君臣也，父子也，夫妇也，昆弟也，朋友之交也。五者，天下之达道也"（《中庸》），以五种人伦为道；孟子说"尧舜之道，孝悌而已矣"（《孟子·告子下》），以孝悌为道；荀子说"道也者，何也？礼义、辞让、忠信是也"（《荀子·强国》），以礼义、辞让、忠信为道。这就是说，所有这一切，莫不是对客观之道的发现，莫不属于道的范畴。客观之道是一个无穷无尽的宝藏，需要求道者去不断地挖掘、发现和弘扬。正是在这个意义上，孔子才说"人能弘道，非道弘人"（《论语·卫灵公》）。因此，道统之道，乃观念之道。所谓道统，就是往圣先贤求道、弘道的足迹。

在儒家看来，人道乃天道的体现，因而观念之道来自对天人之际的追究。既然如此，那么既可自上而下地"推天道以明人事"，又可自下而上地"究人事以得天道"，这是往圣先贤求道、弘道的两种基本路径。由此，道呈两统，由前一种路径所形成的传统可称为"天人统"，由后一种路径所形成的传统可谓之"人天统"。

　　道之两统的渊源，可以追溯到祝、史二职。祝和史可谓中国最早的知识分子。祝与天、与神打交道，其思维方式是"推天道以明人事"，所以属于天人统。史官和人打交道，其思维方式是"究人事以得天道"，所以属于人天统。在六经中，《周易》代表祝的传统，其究天人之际的主要方式为"以天道而切人事"或"推天道以明人事"，属于天人道统；《诗经》《尚书》《礼记》《乐经》《春秋》代表史的传统，其究天人之际的主要方式为"以人事而协天道"或"究人事以得天道"，属于人天道统。孔子上承夏商周文明之精华，下开两千年思想之正统，无疑是道统传承的枢纽性人物。在早年，"孔子以《诗》《书》《礼》《乐》教"，主要继承了《诗经》《尚书》《礼记》《乐经》之人天道统。自"晚而喜《易》"，孔子又将重点转向继承和发扬《周易》之天人道统。进入战国，儒家开始分化为两系。一系承《诗经》《尚书》《礼记》《乐经》《春秋》之人天统和孔子早期思想，本之以圣人之教化，从而论性情之原，礼乐之生，可谓之教本派。此派创自公孙尼子，继之以《性自命出》《内业》，而集成于荀子。另一系承《周易》之天人道统，融合孔子中晚期之思想，本之以天命之善性，从而论情心之变，教化之功，可谓之性本派。此派创自子思，而集成于孟子。

　　由此可见，不管是孟子，还是荀子，不但皆得孔子之真传，而且皆承孔子之前之古老传统，都是道统的继承者、弘扬者和集大成者，在道统传承史上都具有重要的地位。孟学和荀学，堪称儒学史上的两个典范。

　　既然如此，自韩愈至宋明儒家为什么厚此薄彼呢？这并不是因为他们缺乏学术修养，而是有其深刻的历史根源的。隋唐时期，佛教取代了儒学独尊的地位，成为显学。那些有志于复兴儒学的学者明白，佛教是靠心性论征服中国的，而在传统儒学中，具有比较丰富的心性论资源，可以开发出来与佛教心性论相抗衡的，正是思孟学派，即我所说的天人统。所以，挺立思孟，提出道统学说，正是为了满足当时的现实需要。

三、以荀学迎接德先生和赛先生

然物换星移，时过境迁，我们今天所面临的挑战已非佛教心性论，而是来自西方的民主思想和知识论，因而回应挑战的武器也应该由天人统中的心性学说转变成道之另统，也就是以荀学为代表的人天统所蕴含的民主思想和知识论了。

为什么说荀学蕴含着民主思想的种子，可以成为接受、吸纳西方现代民主思想的桥梁呢？换言之，"受之以荀"何以可能？

一种合理的政治制度，往往有其人性基础，民主思想也不例外。它的一个重要前提，是承认人是有缺陷的，所以需要各种规范、制度乃至法律的制约，而认识人性的缺陷，也正是荀子最重要的理论贡献。

有关荀子性恶的学说，人们耳熟能详，兹引《荀子·性恶》篇首段足以说明问题："人之性恶，其善者伪也。今人之性，生而有好利焉，顺是，故争夺生而辞让亡焉；生而有疾恶焉，顺是，故残贼生而忠信亡焉；生而有耳目之欲，有好声色焉，顺是，故淫乱生而礼义文理亡焉。然则从人之性，顺人之情，必出于争夺，合于犯分乱理，而归于暴。"

　　既然如此，如何才能建设一个健全的、和谐的社会呢？荀子接着说："故必将有师法之化，礼义之道，然后出于辞让，合于文理，而归于治。""师法"中的"师"为师长，"法"当指下文的"法度"。看来，控制人性之恶的途径有二，一是师法的教化，二是礼义的引导。前者相当于现在的国民教育，后者相当于制度建设。礼是一种外在规定，其作用相当于现代法制，可以说是一种软性的制度，在中国古代，起到了宪法的作用。不过"法度"的含义较广，当包含道德、礼制、法制等各种规则。

　　然而，师法和礼义又来自何处呢？荀子认为："古者圣王以人性恶，以为偏险而不正，悖乱而不治，是以为之起礼义，制法度，以矫饰人之情性而正之，以扰化人之情性而导之也，始皆出于治，合于道者也。"（《荀子·性恶》）就是说，礼义、法度等皆由圣人所制定。这一判断，是符合历史事实的，应该来自历史的经验。在中国历史上，最典型的事例莫过于"周公制礼作乐"了；在西方历史上，美国国父们讨论签署《独立宣言》，早已传为佳话。

　　民主的一个重要因素是平等。就此而言，虽然儒家不主张权利平等，但人性和人格的平等，却为大多数儒家学者所坚持。在这方面，荀子多有论述。如："材性知能，君子小人一也；好荣恶辱，好利恶害，是君子小人之所同也"（《荀子·荣辱》）；"凡人之性者，尧舜之与桀跖，其性一也；君子之与小人，其性一也"（《荀子·性恶》）。正因如此，荀子主张"涂之人可以为禹"："凡禹之所以为禹者，以其为仁义法正也。然则仁义法正有可知可能之理。然而涂之人也，皆有可以知仁义法正之质，皆有可以能仁义法正之具，然则其可以为禹明矣。"（《荀子·性恶》）

更难能可贵的是，荀子认为，通过个人的努力和修养的提升，人的社会地位也是可以改变的："虽王公士大夫之子孙也，不能属于礼义，则归之庶人。虽庶人之子孙也，积文学，正身行，能属于礼义，则归之卿相士大夫。"（《荀子·王制》）

至于荀子的科学观和知识论思想，更是显而易见的。在那个宗教和迷信思想流行的时代，他断言："雩而雨，何也？曰：无何也，犹不雩而雨也。日月食而救之，天旱而雩，卜筮然后决大事，非以为得求也，以文之也。故君子以为文，而百姓以为神。以为文则吉，以为神则凶也。"（《荀子·天论》）正因如此，对于一些怪异现象，荀子能做出理性的解释，如："星队木鸣，国人皆恐。曰：是何也？曰：无何也！是天地之变，阴阳之化，物之罕至者也。怪之，可也；而畏之，非也。"（《荀子·天论》）

在荀子看来，客观世界是有规律可循的，是不以人的意志为转移的："天行有常，不为尧存，不为桀亡""天不为人之恶寒也辍冬，地不为人之恶辽远也辍广，君子不为小人之匈匈也辍行。天有常道矣，地有常数矣，君子有常体矣"（《荀子·天论》）。因而，客观世界是可以认识的，而人也具备认识客观世界的能力："凡以知，人之性也；可以知，物之理也。以可以知人之性，求可以知物之理而无所疑止之，则没世穷年不能徧也。"（《荀子·解蔽》）那么，"人何以知道？曰：心。心何以知？曰：虚壹而静。"（《荀子·解蔽》）由此，荀子对心的认识能力、人的精神世界，乃至名实关系等诸多方面，都提出了独到的见解。限于篇幅，兹不赘述。

如此等等，都体现了荀子的科学精神和知识论思想。

需要指出的是，荀子的民主思想和知识论思想与现代民主思想和知识论既有相通之处，又有相异之处。但其相异之处构不成我们否定其为民主思想和知识论的理由，这就像我们不能因为思孟心性论不同于佛教心性论从而否定其心性论的性质一样。这种差异意味着两者是相互补充、相得益彰的，就像思孟与佛教心性论的差异意味着两者相互补充、相得益彰一样。因此，荀子的民主思想和知识论可以成为儒学接受、吸收现代西方民主思想和知识论的桥梁，就像当年宋明理学家以思孟心性论为桥梁去接受和吸收佛教心性论一样。

四、以孟学解后现代主义之忧

与荀子相反，孟子主张人性是善的："无恻隐之心，非人也；无羞恶之心，非人也；无辞让之心，非人也；无是非之心，非人也。恻隐之心，仁之端也；羞恶之心，义之端也；辞让之心，礼之端也；是非之心，智之端也。人之有是四端也，犹其有四体也。"（《孟子·公孙丑上》）孟荀关于人性的看法看起来针锋相对，势不两立。那么孰是孰非呢？其实，他们的看法都是正确的。如果说荀子发现了人性中消极的、丑恶的一面的话，那么孟子则发现了人性中积极的、美善的一面。

孟荀的人性论都是中国人性论长期发展的结果。根据笔者的考察，中国古人至迟在殷周之际就开始探索人性的奥秘了。不过，当时人们对性的认识主要还限于经验层面，即血气之性，也就是后儒所说的气质之性。在各种血气之性中，与道德关系最密切的，当数情感，因而作为情感的性尤其受到重视。在这个意义上，我们甚至可以说，性即情也。此种性，也被称为"情性"。就情性对道德的作用而言，当有积极和消极之分。

殷周之际的人文主义思潮，形成于周初政治和文化精英对夏、商两代覆灭的反省，因而从逻辑上推测，最早引起人们注意的应该是消极的、可能导致恶的性。在《尚书·召诰》中，我们读到："节性，惟日其迈。王敬作所，不可不敬德。"孔安国传："和比殷周之臣，时节其性，令不失中，则道化惟日其行。"[①]从孔传看，所谓"节性"，就是节制情欲，类似于《中庸》所说的"喜怒哀乐之未发谓之中，发而皆中节谓之和"的思路。《尚书·西伯戡黎》亦云："非先王不相我后人，惟王淫戏用自绝。故天弃我，不有康食。不虞天性，不迪率典。"郑玄注曰："王逆乱阴阳，不度天性，傲狠明德，不修教法。"对此，阮元进一步解释道："'度性'与'节性'同意，言节度之也。"（《擘经室集·性命古训》）既然这种性需要节制，那么它一定是消极的、可能导致恶的性。这是荀子人性论之渊源。

当然，积极的、能够导致善的性也没有受到忽视，这主要表现在"厚性"之说上。《国语·周语上》载祭公谋父谏周穆王曰："先王之于民也，懋正其德而厚其性，阜其财求而利用其器用，明利害之乡，以文修之，使务利而避害，怀德而畏威，故能保世以滋大。"何为"厚性"？依韦昭注："性，情性也。"至于"厚"，则与《国语·晋语一》载"彼得其情以厚其欲，从其恶心，必败国且深乱"中的"厚"字同义，正如韦昭所注："厚，益也。"在这里，"厚其性"指促进、培育、发扬性情。在"彼得其情以厚其欲，从其恶心，

---

① 廖名春、陈明整理，吕绍纲审定：《十三经注疏·尚书正义》，北京大学出版社1999年版，第398页。

必败国且深乱"中，"厚其欲"是反道德的，故此"欲"是消极的、能够导致恶的性，而在"懋正其德而厚其性"一语中，"厚其性"是高扬道德的，故此"性"无疑为积极的、能够导致善的性。这是孟子人性论之滥觞。

可见，早在西周时期，人们已经认识到了情性既有积极的、可以导致善的一面，也有消极的、可以导致恶的一面，孟荀不过分别继承和弘扬了这两个传统而已。

尤其值得注意的是，和荀子一样，孟子的人性论也是就情性立论。孟子的性为"恻隐之心"等四端，而"恻隐"正是一种情感体验。因此，和荀子的人性论一样，孟子的人性论也属于气质之性，而后儒以孟子人性论为义理之性之典范的成见，是需要重新考量的。

既然人性是善的，那么恶从何来？孟子指出："耳目之官不思，而蔽于物。物交物，则引之而已矣。"（《孟子·告子上》）原来罪魁祸首是"耳目之官"，即情欲。"耳目"等感官没有"思"的能力，故为外物所遮蔽。外物陈陈相因，最终导致堕落。孟子进一步分析道："体有贵贱，有大小。无以小害大，无以贱害贵。养其小者为小人，养其大者为大人。"朱子注云："贱而小者，口腹也；贵而大者，心志也。"在孟子看来，既然"人之有是四端也，犹其有四体也"，那么对于人人所固有的"四端"，就不必外求，也不必借助任何手段，只需当下体认，便可获得。这种体认，孟子谓之"思"："人人有贵于己者，弗思耳矣。"（《孟子·告子上》）这里的"人人有贵于己者"指的是什么呢？孟子说："仁义礼智，非由外铄我也，我固有之也，弗思耳矣。"（《孟子·告子上》）一方面说"人人有贵于己者，弗思耳矣"，一方面说"仁义礼智……弗思耳矣"，

可见"思"的对象，正是仁义礼智这些本心或善端，即"四端"。至
于"思"的主体，当然是"心"："心之官则思，思则得之，不思则
不得也。此天所与我者。"（《孟子·告子上》）"思则得之"的
"之"，当然也是"四端"。

从这里，我们依稀可以看出孟子对西周以来人性论传统的继承与
发展。他一方面将那种消极的、可以导致恶的情性归结为耳目之欲，
名之为"小体"，另一方面将那种积极的、可以导致善的情性归结为
心之思，称之曰"大体"。我们也不难发现，孟荀对恶之来源的看法
也是一致的，那就是耳目之欲，只是孟子不以之为性而已。

用我们今天的话说，作为"耳目之官"的"小体"就是生理需
要、物质享受，是人和动物共有的；而作为"心之官"的"大体"是
精神寄托、价值诉求，是只有人才具有的，是人之为人的本质。

让我们把思路拉回今天。用孟子的观点来反观现代化，只能让我
们感叹，现代化的种种弊病，都被两千多年前的孟子不幸而言中！现
代化给我们带来的积极影响，最明显的是极大的物质享受，包括衣食
住行等各个方面。但这一切，所满足的不过是孟子所说的"小体"而
已。同时，现代化给我们带来了诸如精神失落、价值扭曲等等为后现
代主义所诟病的种种问题。这个过程，不正是"耳目之官不思，而蔽
于物。物交物，则引之而已矣"吗？不正是"以小害大"吗？不正是
"养其小者"吗？

因此，如欲克服现代化的种种弊端，必须像孟子所说的那样：
"先立乎其大者，则其小者弗能夺也。"（《孟子·告子上》）这反
映在儒学重建上，就是"纠之以孟"，即用孟学来纠正已被扭曲的现
代化。

原来，现代化和后现代这两种看起来势不两立的世界思潮，分别与孟子所讨论的两种人性是相对应的（用今天的眼光看，不管"大体"还是"小体"，皆为人性），现代化所满足的主要是"小体"，后现代所追求的则是"大体"。既然二者都有其人性基础，那么它们就都有其合理性，那种有你无我的思维方式是不可取的，因而承认并发挥其合理性，克服并抑制其弊病，是唯一正确的选择！对于儒学的当代重建来说，这意味着"受之以荀"和"纠之以孟"是同时进行的，其结果是，统合孟荀，开出儒学的新境界、新时代！

第十五章
道哲学——重建中国哲学的新尝试 ^①

引言

近代以来，如何整合知识论和价值论，从而建构新的哲学体系，

---

① 本章内容曾以《新道论提要》讲演于2005年10月国际儒学联合会主办的"2005国际儒学高峰论坛"，以同题刊于《国际儒学研究》第十四辑（九州出版社2006年版）；以《易本论》为题讲演于2007年11月国际儒学联合会与上海师范大学主办的"国际儒学高峰论坛"；以"Philosophy of Dao--Reconstruction of Chinese Metaphysics"为题讲演于首尔"第22届世界哲学大会"；以"Knowledge, Value and Life-World"为题讲演于2008年9月德国哲学学会（Die Deutsche Gesellschaft für Philosophie）主办的"生活世界与科学——第21届德国哲学大会"（Lebenswelt und Wissenschaft - XXI. Deutscher Kongress für Philosophie），以同题刊于 *Deutsches Jahrbuch Philosophie, Bd. 2: Lebenswelt und Wissenschaft*（《德国哲学年鉴》第二卷《生活世界与科学》, Felix Meiner Verlag, Hamburg, 2011)；以《中国哲学的当代建构》为题刊于《河北学刊》2009年第4、5期；以"Dao and Daoic Philosophy—a General Introduction"为题作为会议讨论文本讲演于2011年6月科隆大学形态学国际学院（Internationales Kolleg Morphomata）和科隆大学哲学系主办"中欧哲学中知识与伦理的形而上学基础"（Metaphysical Foundation of Knowledge and Ethics in Chinese and European Philosophy）国际学术研讨会；以"Metaphysics, Nature and Mind—The Main Idea of Daoic Philosophy"为题刊于 *Metaphysical Foundation of Knowledge and Ethics in Chinese and European Philosophy*（published by Wilhelm Fink, Paderborn, Germany, 2013)；以《道哲学——重建中国哲学的新尝试》为题刊于《人民政协报》2011年8月22日（《新华文摘》2011年第21期）；以《道哲学概要》刊于《开新——当代儒学理论创构》（北京大学出版社2013年版）。

是整个世界哲学的根本任务。从西方哲学方面看，尽管知识论成为时代的主旋律，但对价值的追求一直没有停止过，形成了诸如现象学、存在主义、后现代主义等思潮。从中国哲学方面看，在原有价值论的基础上发展出具有现代特色的知识论，是有识之士的努力方向，而牟宗三的"三统并建""内圣开出新外王"之说就是一个典型事例。但是，时至今日，他们并没有提出一个令人满意的方案，其根源恐怕在于他们没有在更高的层面上处理好知识论和价值论的关系。

在现代化和资本主义浪潮的冲击下，十九世纪以降，中西传统哲学不约而同地走向了衰落。之所以如此，是因为传统哲学与现代性秉性各异，格格不入。

传统哲学和现代性的特性各是什么？一言以蔽之，如果说所谓现代性就是理性的话，那么传统哲学更多地表现为价值。

中国哲学始于忧患，从一开始就关注人生的价值和生命的意义。中国哲学虽然也重视知识，但所讨论的主要是关于道德的知识。道德和道德知识，中国先哲分别称之为"尊德性"和"道问学"。他们在提到"知""学""道问学"等时，大抵指道德修习。至于自然知识和科学知识，在他们眼中不过是一些无关紧要的"小道"。因此，中国哲学基本上是一种价值哲学。在这种价值哲学的影响下，自然知识和科学知识始终没有引起中国古人足够的重视，以致没有纳入国家教育体系。从这个角度看，中华文明未能发展出资本主义和现代化是有其必然性的；"五四"时期那批热血青年在全盘接受西方现代化思潮的同时愤然全盘抛弃传统哲学，也是有其必然性的。

在西方文化中，哲学的本义是"爱智"，这注定了西方哲学从一开始就对知识情有独钟。尽管如此，在康德以前，西方哲学所讨论的问题还是和中国哲学有很强的相似性的，价值也是其所关注的重要问题。近代以降，从中世纪神学挣脱出来的西方哲学家便满腔热情地扑向知识世界，以知识为最高目标，把主要精力投向探索"物性"与自然奥秘，培根的名言"知识就是力量"成了一个标志性口号。他们所讨论的知识，更侧重自然知识和科学知识；他们的理性，主要是作为工具的理性和逻辑关系。与此同时，反映人与人、人与社会的价值悄然疏离。如此看来，资本主义和现代化之所以发生在西方，也绝不是偶然的。

但是，资本主义和现代化并没有像人们所期望的那样，将人类带到一个真正的自由世界。的确，现代化不断带来剧变，使我们享受到前所未有的物质文明，但随之而来的却是环境破坏、核弹威胁、文明冲突、精神沉沦与物欲横流。与此相映成趣的是，为现代性所深深渗透和侵蚀的现当代哲学尽管学派林立，思潮时现，但难免呈现出江河日下的颓势。这场人类危机和哲学危机迫使我们不得不重新反省，重新选择，重新起航。

回到人自身吧！正如康德所说，"人是目的"。人的一切活动，最终都是为了人自己，哲学作为人的高级智力活动，当然也不能例外。准此，我们就不得不承认，在一个合理的哲学体系中，价值论应该居于主导的和核心的地位，而知识论则处于次要的和辅助的地位；前者是目的，后者是实现前者的手段。

这场人类危机和哲学危机的实质，正是价值危机。所以，维护价值论在哲学中应有的地位，重建人类的精神家园，是摆脱危机的根本道路。这样，我们就可以对中西哲学所存在的问题和目前所面临的任务有清醒的认识。中国哲学的缺陷在于知识论的缺失，而现代西方哲学的不足则是价值论的淡化。因而，中国哲学的使命是建立知识论以辅助价值论，西方哲学的使命则是重构价值论以主导知识论。双方恰恰可以取长补短，相得益彰。可以预见，在中西哲学相互渗透、相互激荡下形成的未来世界哲学，将是一种以价值论为主导，以知识论为辅助的新的哲学体系。

本文的目的，就是以中国哲学为出发点，向这一宏大目标迈进。我以为，这首先需要我们对形而上学抱有正确的态度。形而上学是哲学的命脉。自亚里士多德以来，形而上学就被称为"第一哲学"，可见其在传统西方哲学中的地位。但自近代以来，西方哲学出现了重大转向。随着分析哲学、后现代主义等思潮的流行，西方哲学开始由形而上走向形而下，由本体走向现象，由先验走向经验，"解构形而上学""哲学的终结"的呼声此起彼伏。

这一反形而上学的潮流波澜壮阔，声势浩大，俨然已经成为当今哲学界的主流。它真的代表着未来哲学的发展方向吗？且看当代天体物理学家史蒂芬·霍金的看法："以寻根究底为己任的哲学家不能跟得上科学理论的进步。在十八世纪，哲学家将包括科学在内的整个人类知识当作他们的领域，并讨论诸如宇宙有无开初的问题。然而，在十九和二十世纪，科学变得对哲学家，或除了少数专家以外的任何人而言，过于技术性和数字化了。哲学家如此地缩小他们的质疑的范围，以至于连维特根斯坦——这位二十世纪最著名的哲学家都说道：'哲学仅余下的任务是语言分析。'这是从亚里士多德到康德以来哲学的伟大传统的何等的堕落！"①

---

① 史蒂芬·霍金：《时间简史——从大爆炸到黑洞》，湖南科学技术出版社1996年版，第156页。

　　是的，这个潮流背离了哲学的本性和实质，意味着哲学传统的堕落。当然，这种情况的出现不是偶然的。本体与现象的分离是西方传统形而上学的基本特征，恐怕也是最大缺陷。由此所导致的种种后果和弊端，最终致使西方传统形而上学积重难返。这要求我们改革甚至重建形而上学，而不是将它抛弃。以历史的眼光看，可以预见，反形而上学的潮流将不过是整个哲学发展史的一个过渡阶段。哲学终究要回到哲学的轨道上，回到形而上学的轨道上。

　　形而上学也是中国哲学的基础与核心。从历史上看，《周易》乃五经之首，大道之原，更是中国形而上学之根。孔子晚年的易本体论是直接通过阐发易理而建立起来的，而老子的道本体论又何尝不源于大易？老子和晚年孔子所创建的形而上学体系，发展到子思、孟子已经十分成熟。这个形而上学体系的基本框架是由三个层面组成的：一是作为世界本原的道（老子）、易（孔子）或天（思、孟）；二是作为人之为人本质的性；三是作为主观世界的心。宋明理学是中国哲学的又一个高峰，而为之开辟道路并奠定形而上学基础的，正是周敦颐根据易理所作的《太极图说》。周敦颐《太极图说》及其所引发的宋明理学的主要贡献，是对孔子的易本体论和宇宙论做了新的阐述和发展。

　　如果说程朱和陆王的形而上学分别深受佛学中以华严宗为代表的理本派和以禅宗为代表的心本派的影响，但依然保持着中国传统形而上学基本结构的话，那么二十世纪冯友兰"真际""实际"两个世界的划分与牟宗三的"两层存有论"形而上学不仅深深打上了西方哲学的烙印，而且偏离了中国传统形而上学的基本方向。可以说，近代以来，在西方哲学的强力冲击下，中国传统形而上学无疾而终，早已被时代所遗忘和抛弃。

现在到了重新反省和认识中国传统形而上学的时候了。我以为，这套形而上学体系不但没有西方传统形而上学的那些弊端，而且恰恰能够纠正这些弊端，并为未来形而上学的发展指明方向。

通过创建或重建形而上学来开出种种有关人生、伦理、社会、政治的学说，是包括儒、道、释三家在内的中国哲学各流派的基本路径。

中国形而上学的另一个重要特色，是宇宙论与本体论合一，所谓天人合一、体用一如、内圣外王等，都是以此为基础的，这样就避免了西方哲学本体与现象脱节的弊病。

宇宙论是研究宇宙起源、演变的理论，本体论是探讨世界本原、本性和结构的学问，而在哲学层面上，宇宙和世界两个范畴相当，它们都是天地万物的总称，所以宇宙论和本体论的对象只不过是同一事物的两个方面，二者相辅相成，混而为一。准此，通过探索宇宙的起源来论证世界的本体、万物的本性以至社会的秩序，是形而上学建构的最根本、最可靠的途径，也是中国哲学的大智慧之所在，值得今人效法。

一、宇宙大爆炸与中国古代哲学宇宙论

在过去，人们对浩瀚的宇宙所知甚少，哲学家们是根据当时有限的天文学知识和自己对大自然的洞察来建立宇宙论的。时至今日，宇宙学已经取得了令人瞩目的长足发展，并成为一门显学，它不能不成为我们建构当代形而上学的一个坚实的基础。我想，倘使老子、孔

子、朱子以及亚里士多德、康德活在今天的话，他们一定不会无视现代宇宙学的成就的。

1、宇宙大爆炸理论

众所周知，宇宙大爆炸学说已经得到了科学界的广泛认同。这个学说认为，宇宙起源于一个比原子还小的"奇点"。大约138亿年以前，积聚了巨大宇宙能量的奇点发生了一次大爆炸，并迅速膨胀，从而形成我们今天的宇宙。从大爆炸的那一刻起，才有了时间和空间。就是说，时间是有开端的，空间也是有边际的。这一结论和传统物理学理论恰恰相反。

宇宙大爆炸的理论有一个不断发展和完善的过程。1929年，美国天文学家哈勃通过观测发现，河外星系都在离开我们向远方退行，而且距离越远的星系离开我们的速度就越快，这正是一幅宇宙膨胀的图景。1932年，勒梅特首次提出了宇宙大爆炸理论，指出宇宙是从一个"原始原子"开始，不断分裂膨胀而成的，宇宙诞生于没有昨天的那一刻。二十世纪四十年代，美籍俄国天体物理学家伽莫夫首次将爱因斯坦的广义相对论融入其宇宙学说中，建立了完整的大爆炸理论，并对大爆炸遗迹辐射的温度作出了科学预言。他坚信，高热爆炸产生的辐射，即使是在一百多亿年后的今天，也不会完全消失。1965年，彭齐亚斯和威尔逊果然发现了大爆炸遗留下来的"痕迹"，即宇宙微波背景辐射，以确凿的数据证明了宇宙的确曾经处于与今天完全不同的高温高密状态，从而为宇宙大爆炸理论提供了重要的依据。后来，彭洛斯的研究结果显示，宇宙中大质量的物质，即大质量的恒星会坍塌，并最后被压缩成"黑洞"。霍金意识到，如果把彭洛斯所描绘的坍塌过程反转过来，那么扩张的宇宙正在坍塌，这恰好就是大爆炸发生的反向过程。1970年，霍金和彭洛斯在论文中证明，时空中一定存在着"奇点"，因此黑洞和宇宙大爆炸都是不可避免的。霍金还进一步对大爆炸后10—43秒以来的宇宙演化过程做了清晰的阐释：比原子还要小的奇点发生大爆炸后，形成了一些基本粒子，这些粒子在能量的作用下，逐渐形成了宇宙中的各种物质。1989年，美国航空航天局将COBE卫星送上了太空。斯穆特根据卫星所发回的观测数据用计算机绘制出了一张宇宙微波背景辐射的图像，他称之为"宇宙蛋"。这个宇宙蛋显示，宇宙大爆炸后存留于宇宙不同方向上的温度存在细微变化，这使宇宙大爆炸理论再次得到观测的证实，从而被大多数人所接受。2001年，美国航空航天局发射了WMAP太空探测器。美国科学家通过对WMAP太空探测器发回的宇宙微波背景辐射的分析，发现有证据表明，宇宙在大爆炸后不到万亿分之一秒的时间里，经历了一个从仅由显微镜可见的尺寸暴涨成天文数字规模的极速膨胀的过程。至此，宇宙大爆炸的理论得到了最有说服力的支持。

那么，宇宙的最终结局如何呢？科学家们认为，宇宙并不会永远地膨胀下去。膨胀停止后，由于星系重心吸引力的作用，宇宙开始向内部塌缩，使所有星系越聚越紧，最终变回一个高度密集的点，然后这个点再次发生爆炸，从而形成一个新的宇宙。有的科学家甚至认为，很可能存在宇宙死亡和重生的循环。也就是说，宇宙将永远不会结束，而是处于从生长到消亡的不断循环过程中；而大爆炸既不是宇宙的起点也非终点，只是宇宙的两个不同阶段中间的过渡，如今的宇宙就是在上个宇宙的废墟中诞生的。

2、中国古代哲学宇宙论

中国古代的宇宙论，可以分为天文学宇宙论和哲学宇宙论两类。

前者所探索的是作为物质的宇宙，如盖天说、浑天说、宣夜说等，不属我们讨论的范围。后者除了探索作为物质宇宙外，更关心作为本体的宇宙。中国古代的哲学家们固然无法想象上述现代宇宙学的发展，但令人称奇的是，他们所建立的宇宙模式却同大爆炸宇宙模式惊人地相似。

我们可以大略地把中国古代的哲学宇宙论归结为四种模式。

第一种哲学宇宙论模式：宇宙产生于一个原始元点，万物都由这个元点所生。作于春秋末期老聃的郭店楚简本《老子》便代表了这种模式："有状混成，先天地生，寂寥，独立，不改，可以为天下母。未知其名，字之曰道，吾强为之名曰大。大曰逝，逝曰远，远曰反。"这种"先天地生""可以为天下母"的"道"，显然就是宇宙的原始元点。它不是一种具体事物，而是一种混而为一的状态。既然它创生了宇宙万物，当然是最伟大的，故谓之"大"。"大曰逝，逝曰远，远曰反"三语，可以看作宇宙演变的过程。是不是"大曰逝"相当于宇宙大爆炸过程、"逝曰远"相当于宇宙膨胀过程、而"远曰反"相当于宇宙塌缩过程呢？这种表述，的确给人以遐想的空间。

具体言之，道是如何生万物的呢？老子说："反也者，道之动也。弱也者，道之用也。天下之物，生于有，生于无。"可见，天下万物都是在道的循环运动和柔弱本性中产生的。就各种事物的产生过程而言，有的"生于有"，有的"生于无"。盖婴儿诞生之类，"生于有"者也；风雨雷电之属，"生于无"者也。

与此不同，郭店楚简《太一生水》把宇宙的原始元点称为"太一"："太一生水，水反辅太一，是以成天。天反辅太一，是以成地。天地〔复相辅〕也，是以成神明。神明复相辅也，是以成阴阳。

阴阳复相辅也，是以成四时。四时复〈相〉辅也，是以成沧热。沧热复相辅也，是以成湿燥。湿燥复相辅也，成岁而止。……是故太一藏于水，行于时。周而或〔始，以己为〕万物母；一缺一盈，以己为万物经。此天之所不能杀，地之所不能厘，阴阳之所不能成。"何为"太一"？我们先看《说文》对"一"字的解释："一，惟初太始，道立于一，造分天地，化成万物。"可见，"一"就是宇宙万物的最初始点，它是最伟大的，是绝对的，故谓之"太一"。"太一"既然就是宇宙产生的原始元点，空间、时间以及宇宙万物皆由它所生，故其地位、作用乃至形态皆类似于现代宇宙学中的奇点。

《潜夫论·本训》谈到了一种类似的宇宙模式："上古之世，太素之时，元气窈冥，未有形兆，万精合并，混而为一。莫制莫御，若斯久之。翻然自化，清浊分别，变成阴阳。阴阳有体，实生两仪。天地壹郁，万物化淳。和气生人，以统理之。"宇宙万物产生于"元气"。何谓"元气"？"元气窈冥，未有形兆，万精合并，混而为一。"这令人自然地联想到小至几乎没有形兆，但密度极大、能量极强的奇点。而"翻然自化，清浊分别，变成阴阳"，又与大爆炸之情形十分相似。至于"阴阳有体，实生两仪。天地壹郁，万物化淳。和气生人，以统理之"，则是各种宇宙物质演化成万物乃至产生人类的过程。

第二种哲学宇宙论模式：宇宙大爆炸理论尽管已经相当完美了，但它不能解释奇点的形成以及奇点大爆炸之前的情况。同样，上述宇宙模式也没有说明诸如"道""太一""元气"等原始元点是如何生成的。古代中国的第二种哲学宇宙论模式，不但认为宇宙来源于一个原始元点，而且对产生这个元点的母体作了进一步的探讨，从而将我们的视野引进一个绝对的本体世界。

成于战国中期太史儋的今本《老子》是这样阐述其宇宙生成论的："天下万物生于有，有生于无。"（四十章）如果说"有""无"在郭店简本《老子》"天下之物，生于有，生于无"中是普通概念的话，那么在这里它们显然是一对哲学范畴。我曾指出："'有'和'无'是太史儋从不同角度对道的存在状态的描写：'有'是就道的实在性而言的，'无'是就道的自然性而言的"；"所谓'有生于无'，是指道之实在（'有'），是通过道之自然（'无'）来表现的"。[①]因而，这段文字所要表达的是：天下万物皆由道所生。太史儋又把道称为"谷神"："谷神不死，是谓玄牝。玄牝之门，是谓天地根。"（六章）这把道创生万物的意思表达得更加直白和生动。这样一来，太史儋的宇宙模式与老聃似无不同。但太史儋进一步指出："道生一，一生二，二生三，三生万物。万物负阴而抱阳，冲气以为和。"（四十二章）从"一""二""三""万物"的生成过程看，"一"就是宇宙的具体创生者，也就是《太一生水》中的"太一"，即宇宙的原始元点。至于"二""三"，则分别为阴阳二气和八经卦三爻之"三"。值得注意的是，作为万物创生者的"一"，又由"道"所生。因此，太史儋为原始元点找到了终极根据，这就是"道"。在这个意义上，老聃的"道"和太史儋的"道"是不同的，一为宇宙的原始元点，一为产生原始元点并在原始元点之上的绝对的本体世界。

上海博物馆藏战国楚竹书《恒先》也讨论了前元点状态，并且对

---

① 郭沂：《郭店竹简与先秦学术思想》，上海教育出版社2001年版，第711—715页。

宇宙生成过程做了更加详细的描述。

> 恒先无有，朴，静，虚。朴，太朴。静，太静。虚，太虚。自厌，不自忍，或作。有或焉有气，有气焉有有，有有焉有始，有始焉有往者。未有天地，未有作行，出生虚静，为一若寂，梦梦静同，而未或明，未或滋生。气是自生，恒莫生气。气是自生自作。恒气之生，不独，有与也。或，恒焉。生或者同焉。……浊气生地，清气生天，气信神哉，云云相生。

"恒先"就是原始元点之上的那个绝对的本体世界，相当于太史儋的"道"。这个本体世界是绝对永恒、绝对在先的，故谓之"恒先"，又简称"恒"。其本性有三，即朴、静和虚。但这不是一般的朴、静、虚，而是"太朴""太静""太虚"，即最本原的、高于一切的朴、静、虚。从"恒先无有"一语看，作为绝对本体世界的"恒先"，是没有任何存在者的，是一个绝对的虚无世界。后来，在朦朦胧胧中，一种叫"或"的东西自我满足，便顺其自然，不刻意压抑自己，开始兴起。"或"，犹今言"有的"，或"某一种东西"。这种东西之所以被称为"或"，是因其不确定性。有了"或"，便有了"气"；有了"气"，便有了"有"；有了"有"，便有了"始"；有了"始"，便有了"往"。"有有"，前一"有"字为动词，即存在着；后一"有"字为名词，即超现象界的形上存在。此"有"乃万有之源，宇宙万物皆由其所生，故此"有"相当于《太一生水》的"太一"或宇宙大爆炸学说中的奇点。"有或""有气"的"有"，当然也是动词。"有或焉有气，有气焉有有"之语，意味着超现象界的形上存在有三个自上而下或自先而后的层次，即"或""气""有"。换言之，"或""气""有"都属于形上存在，但在整个演化链条中，它们分别居于不同层面和阶段上。"往"，《说文》云"之也"，犹老子"大曰逝"之"逝"，言宇宙成长膨胀过程。在天地产生之前的恒先世界，没有任何事物的兴作和运行，处在极其虚静的状态，混沌为一，万端寂灭，茫昧无边。在"未或明""未或滋生"二语中，出于强调，"未"字皆前置，当读为"或未明""或未滋生"。是说当时"或"还没有显现和滋生。那么，"或"和"气"是如何产生的呢？"气"是自己产生的，而不是由"恒"产生的。最初的"气"一旦产生，就具有恒常性，故谓之"恒气"。但是，"恒气"不是孤立产生的，而是"有与"，即有参与者或辅助者的。"与"犹《太一生水》中的"辅"。这个参与者或辅助者就是"或"。"或"一旦产生，也具有恒常性。而产生恒常的"或"的，是其自身。就是说，"或"也是自己产生的。气分清浊，浊气生地，清气生天。气的确是神奇的，宇宙万物，由之而生。

成书于汉代的《易纬·乾凿度》延续了这一思路：

> 有太易，有太初，有太始，有太素也。太易者，未见气也。太初者，气之始也。太始者，形之始也。太素者，质之始也。气形质具而未离，故曰浑沦。浑沦者，言万物相浑成，而未离也。视之不见，听之不闻，循之不得，故曰易也。

"浑沦"相当于奇点。"万物相浑成，而未离也。视之不见，听之不闻，循之不得"云云，同现代宇宙学对奇点的描述何其相似！所不同的是，古人对"浑沦"形成之前的情况做了大胆的推测。这里的"气""形""质"，与《恒先》的"或""气""有"类似，也是属于不同层面和阶段的形上存在，它们分别始于"太初""太始""太素"三个前后相继的演化状态。而"未见气也"的"太易"，则是一个没有任何存在的绝对的本体世界，相当于《恒先》的"恒先"。

第三种哲学宇宙论模式：说起中国古代宇宙论，人们总不会忘记《系辞》的这段文字："是故易有太极，是生两仪。两仪生四象。四象生八卦。八卦定吉凶，吉凶生大业。"按照笔者的考证，《系辞》反映了孔子晚年的学说。现当代《周易》注家，包括高亨、金景芳等名家，多把《系辞》"易与天地准""易有太极"等语中的"易"字加上书名号。这是一个很大的误解。其实，这些"易"字非指《易》书，而是宇宙之本原、世界之本体，是孔子晚年哲学的最高概念，大致与今本《老子》的"道"相当。其实，《系辞》本身已经明确区分了"易"作为书和作为"道"两个概念："'易'之为书也不可远，为道也屡迁。"汉代的桓谭曾经说："扬雄作《玄书》，以为玄者，天也，道也。言圣贤著法作事，皆引天道以为本统，而因附属万类、王政、人事、法度。故宓羲氏谓之'易'，老子谓之'道'，孔子谓之'元'，而扬雄谓之'玄'。"[1]（《新论·闵友》）虽然桓谭将世界本原的概念追溯到伏羲未免过于夸张，但这至少说明，在他看来《周易》中的"易"像老子的"道"、孔子的"元"、扬雄的"玄"

---

[1] 桓谭之所以说"孔子谓之'元'"，缘于孔子作《春秋》——《春秋》的核心概念是"元"。正如阮籍《通老论》所说："道法自然而为化，侯王能守之，万物将自化。《易》谓之太极，《春秋》谓之元，老子谓之道。"

一样，是世界的本原、本体。总之，在历史上，《易传》中作为哲学概念的"易"和作为典籍的《易》区分得很清楚，误"易"为《易》的流行只是晚近的事情。

"易"为绝对的本体世界，相当于太史儋的"道"和《恒先》的"恒先"。"太极"之"极"有"极点"之意，故"太极"即"太一"，谓宇宙的原始元点。这里的一个重要问题是"易"和"太极"的关系。从"易有太极"一语，看不出是"易"产生了"太极"。这句话有两层含义。一是"易"含有"太极"，二是"太极"与"易"同在，二者之间不存在"生"与被"生"的关系。①"太极"生阴阳二气，由阴阳二气产生四时之运行，在四时的运行中形成八卦，即天、地、雷、风、水、火、山、泽八种基本宇宙物质。

第四种哲学宇宙论模式：见于《淮南子·天文训》。

> 天地未形，冯冯翼翼，洞洞灟灟，故曰太始。道始生虚霩，虚霩生宇宙，宇宙生气，气有涯垠。清阳者薄靡而为天，重浊者凝滞而为地。清妙之合专易，重浊之凝竭难，故天先成而地后定。天地之袭精为阴阳，阴阳之专精为四时，四时之散精为万物。

"太始"之"始"原作"昭"，从王引之校改。"道始生虚

---

① 对"易有太极"，汉代的纬书做了两种解释，恐皆为误解。一见于《易纬·乾凿度》："孔子曰：易始于太极，太极分而为二，故生天地。"谓"太极"先于"易"。二见于《易纬·乾坤凿度》："太易始著，太极成。太极成，乾坤行。"郑康成注："太易，无也。太极，有也。太易从无入有，圣人知太易有理未形，故曰太易。"如果我们可以把"太易"理解为"易"的话，那么这是说"易"先于"太极"。

霏",原作"道始于虚霏",从《太平御览》引文改。高诱注:"冯翼洞灟,无形之貌。"王逸注《楚辞·天问》曰:"太始之元,虚廓无形。""廓",同"霏"。可见,"虚霏",即"天地未形,冯冯翼翼,洞洞灟灟"的"太始"。何为"宇宙"?高诱注曰:"宇,四方上下也。宙,往古来今也。"故"宇宙"犹今言"时空"。这段话是说,"道"产生了"虚霏"(即"太始"),"虚霏"产生了宇宙,宇宙产生"气"。清阳之气飞扬为天,重浊之气凝固为地。天地聚合精气为阴阳,阴阳的专一精气为四时,四时的分散精气为万物。这个宇宙模式与《恒先》有相似之处。"太始""虚霏"类似"朴,静,虚"而"无有"的"恒先","宇宙"相当于"或"的阶段。所不同的是,在《恒先》中,"恒先"就是绝对本体世界了;在《淮南子·天文训》,"太始""虚霏"生于"道","道"才是宇宙万物的终极创生者。有意思的是,由于在"道""气"之间存在一个"太始""虚霏"阶段,所以在这个宇宙生成链环中,我们似乎找不到一个相当于奇点的原始元点。也许在作者看来,"道"就是宇宙的原始元点。也就是说,作为原始元点的"道"首先创生了"太始""虚霏",然后才产生宇宙、气、天地、四时以至万物。

不难看出,上述这些宇宙模式同大爆炸宇宙模式的确十分相似。它们都认为宇宙起源于一个原始元点,宇宙有一个成长或膨胀过程,时空是在宇宙生成过程中产生的,如此等等。

那么,这种相似性是否只是偶然的巧合,甚或只是一种比附呢?非也!奥妙就在于宇宙与万物的生成过程是十分相似的。首次提出大爆炸学说的勒梅特曾把宇宙从"原始原子"不断分裂膨胀的过程,比喻成一颗小小的橡果,长大成为一棵参天的橡树。其实,万物都会经历一个类似的过程。中国古代的哲人正是将他们对万物生长过程朴素、直观的观测认识加以提升和形而上学的思辨,来建构其宇宙模式的。例如,郭店《老子》常用"素""朴""婴儿"等事物的状态来形容道之自然。又如,今本《老子》以事物的生死过程来表达"反者,道之动"的道理:"人之生也柔弱,其死也坚强。万物草木之生也柔脆,其死也枯槁。"(七十六章)所以,他们能够根据万物的运行现象来推导出类似宇宙大爆炸的宇宙模式。

3、原始元点与万物之间的内在关联

现代生物学证明,父母的基因会遗传给子女,而一个拥有共同祖先的族群会携带相同的基因。由此推断,作为宇宙之母的奇点应该蕴藏着万物的一切基本信息,或者说,任何事物都会携带奇点的原始信息。这正是中国古代哲学家们的思维方式——他们认为,在产生万物的过程中,宇宙万物的产生者将自己的特性赋予了万物。

在郭店《老子》看来,道创生出天下万物后,它自身便存在于天下万物之中了:"譬道之在天下也,犹小谷之与江海。"意思是说,道之存在于天下,犹如河流与江海的关系一样。河流的水流入江海后,便存在于江海,无所不在。今本《老子》进一步明确指出:"朴散则为器。"(二十八章)"朴"是道的别名,"器"即万物。在这里,"散"字与郭店《老子》"道之在天下"之"在"字完全一致。也就是说,当道生出天地万物以后,道便"散"在天地万物之中。今本《老子》还把"道"与万物的关系比喻成母子关系:"天下有始,以为天下母。既得其母,以知其子。既知其子,复守其母,没身不殆。"(五十二章)从行文看,"母"分明指道,"子"分明指天下万物。既然道"散"在万物,既然我们对道的本性已有所了解,那么

我们完全可以据此推知天下万物的本性，万物的本性与道的本性必然
是一致的。

这样，道其实就存在两个层面，一是作为天地之根、万物之母、
具有创生能力的道，姑名之本原道；二是存在于万物，或者说为万物
所得的道，姑名之次生道。次生道就是"德"，也就是人之为人的本
质、本性。

这一思路为晚年孔子的易本体论所继承。孔子说："乾坤，其易
之蕴邪？乾坤成列，而易立乎其中矣。乾坤毁，则无以见易。易不可
见，则乾坤或几乎息矣。"又说："天地设位，而易行乎其中矣。成
性存存，道义之门。"（《系辞》）《周易》以乾坤喻天地，故这里
的"乾坤""天地"实为"两仪"。从这两段引文看，"易"中具有
创生功能的"太极"生出天地以后，"而易立乎其中矣""而易行乎
其中矣"，即"易"也随之存在于天地之中了。这种思路颇似老子
的"譬道之在天下也，犹小谷之于江海也"和太史儋的"朴散则为
器"。这样，也可以将孔子的"易"相应地分为"本原易"和"次
生易"两类。和老子不同的是，孔子径直地将存在于天地之中的
"易"称为"性"。所谓"成性存存，道义之门"，是说这种存在于
天地的"易"，即次生易实际构成了"性"，并成为各种"道义"的
根源。

对于这个道理，宋明理学家们进一步提出了"理一分殊"的观
念，朱子更用"月印万川"的现象做了明白形象的阐释："本只是一
太极，而万物各有禀受，又自各全具一太极尔。如月在天，只一而
已，及散在江湖，则随处而见，不可谓月已分也。"（《朱子语类》
卷九十四）学者们以为理学家的"理一分殊"思想和朱子的"月印万

川"之喻来自华严宗，殊不知它们更与老子的道论和孔子的易本体论存在渊源关系。朱子所说的月亮"散在江湖，则随处而见"的"在"字和"道之在天下也"的"在"字完全一致。当太极创生出天地万物以后，它便存在于天地万物之中了，这就犹如"月在天，只一而已，及散在江湖，则随处而见"一样。

二、道体——万物从何而来

可见，中国古代哲学宇宙论至今仍然具有强大的生命力，在此基础上建构的宇宙论和本体论合一的形而上学堪称典范。因此，以现代宇宙学和中国古代哲学宇宙论为基础，以中国古代形而上学为榜样，综合中西古今的哲学意识，建构一套新的宇宙论和本体论合一的形而上学，就成了开辟未来哲学的一条可靠道路。

在这里，我沿着从《周易》、老子、孔子到程朱、陆王的思路，将形而上学改建为三个部分或三个世界，即道体界、性体界和心体界。

1、道的构成

应该用什么概念来表达宇宙之本原、世界之本体？中国的先民认为，万物皆为天所创生，这样"天"就成了中国最早的表达宇宙本原的概念。春秋末年，老子和孔子分别提出了更具哲学意味的"道"和"易"两个概念。尽管如此，人们仍然认为"天"具有至高无上的地位，所以战国至汉唐的儒家既没有接受"道"，也没有采用"易"，而是继续沿用了"天"作为本原、本体概念。魏晋时期，玄学大盛，老子的"道"逐渐为越来越多的人所接受，以至于连宋明理学家们都大谈"道体"。在这种情况下，为了避免不必要的隔阂，我采用"道"这个概念来表达宇宙之本原、世界之本体，把下面将要讨论的哲学和形而上学分别称为"道哲学"和"道形而上学"。

"道哲学"和"道形而上学"既吸收儒道两家有关"道"的思想，又有所超越，所以不能理解为某种"道家哲学"和"道家形而上学"。就其基本价值取向而言，反倒可以列入儒家的谱系。

"道哲学"和"道形而上学"是一种在"道"的基础之上或者说沿着"道"的进路而建立起来的哲学和形而上学（Daoic philosophy, Daoic metaphysics），而不是为了"道"而建立的哲学和形而上学，也不是对"道"所做的哲学和形而上学的解释（philosophy of Dao, metaphysics of Dao）。二者的区分，犹如牟宗三"道德的形而上学"（moral metaphysics）和"道德底形而上学"（metaphysics of moral）之别。

道体是一个超越的、绝对的本体世界，与孔子的"易"、今本《老子》中的"道"和《恒先》中的"恒先"相当。它无边无际、无穷无尽、无所不包、不生不灭，是一个绝对的"大全"和一切存在者之母。

何以知"道"？鉴于道体与万物的关系，认识道体和万物的途径有两种。一是由道体推索万物，如今本《老子》在"天下有始，以为天下母"之后接着说："既得其母，以知其子。"二是由具体事物追溯道体，如孟子所说："尽其心者，知其性也；知其性，则知天矣。"

今本《老子》把道与万物的关系比喻成母子，十分形象。但是，道与万物的关系同生物学上的母子关系毕竟有所不同。当我们见到一对夫妇，我们可以从他们身上推断和想象他们的孩子，尽管我们没有见过他们的孩子。而道毕竟是超绝的，是看不到、摸不着的，离开万物，我们不可能了解大道。所以，对道体的认识总是始于对万物的认识，而不能说对万物的认识始于对道体的认识。当我们由认识万物而认识道体以后，才可以再由道体反过来进一步把握万物。对这个认识过程的完整表达应该是："既知其子，以得其母；既得其母，以知其子。"今本《中庸》云："君子之道，费而隐。夫妇之愚，可以与知焉。及其至也，虽圣人亦有所不知焉。夫妇之不肖，可以能行焉。及其至也，虽圣人亦有所不能焉。天地之大也，人犹有所憾。故君子语大，天下莫能载焉。语小，天下莫能破焉。《诗》云：'鸢飞戾天，鱼跃于渊。'言其上下察也。君子之道，造端乎夫妇。及其至也，察乎天地。"由物观道，以道知物，"上下察也"。

值得强调的是，这是就认识发生过程而言的，至于在事实上和逻辑上，总是先有"母"后有"子"的。

历史上种种作为宇宙本根、世界本原的范畴，都是哲学家们先由物观道，再以道知物，然后"上下察也"得出来的。换言之，他们所构建的超验世界，归根结底，源自经验世界。不过，他们对这些范畴只是笼统地肯定，而没有对其构成做进一步的分辨。在我看来，经验世界可以归纳为三种基本元素，它们是物质、价值和知识。由此推知，道体界也至少由三种基本元素构成，我分别称之为值、气和理，统谓之"三元"。值是"价值元"，乃价值、意义的存有。气是"质料元"，乃质料的存有，为物质世界的本原，也就是古人所说的气之本体。理是"形式元"，乃理则的存有、知识的存有。其中，理无自体，而是寓于值和气之中的，故分为两类：一类与值相对应，乃值所含之理，可谓之值理，如作为一种价值，仁本身属于值，但仁之为仁，当有其理，此即值理；另一类与气相对应，乃气所含之理，是自然界的法则、规律，即古人所说的"物理"，可谓之气理。

我之所以要提出"值"这个概念，是出于三个方面的考虑。其一，中国传统哲学的重心虽然是探讨价值问题，却没有一个独立表达价值的概念，这就好像中国历史上诸子学、经学、玄学、佛学、理学的最高层面都是哲学，却没有哲学这个概念一样。或许在古人看来，大家都在探讨这个问题，都在研究这门学问，便不言而喻了。其二，在中国传统哲学中，价值和理则是合而为一的。且不说仁、义、礼、智、信，就连宋明理学的核心概念理、心等，莫不如此。它们既是价值，也是理则；或者更确切地说，这种价值就是理则，这种理则也就是价值，价值等同于理则。其三，从形而上的层面看，传统哲学的本原概念亦是价值的承载者，像老庄的"道"、孔子的"易"、思孟的"天"、程朱的"理"、陆王的"心"，皆既是世界的本原，又是价值的存有，当然也是知识的存有。以上这些状况不但是许多问题纠缠不清的一个重要原因，也不利于现代学术语境下的哲学讨论，从而会在一定程度上限制中国哲学的创新和发展。有鉴于此，我将价值的存有从本原概念中析出，并以之同作为知识存有的"理"相对应，从而重构中国形而上学。

值、理、气三者的特性各有不同。值是至真、至善、至美的，或者说是纯真、纯善、纯美的。气本身虽然是无所谓真、善、美或假、恶、丑的，但又包含着导致真、善、美和假、恶、丑的可能性。理的情况比较复杂。虽然理本身也是无所谓真、善、美或假、恶、丑，但同时我们又不得不把真、善、美和假、恶、丑的理则归之于理。换言之，理包含着真、善、美和假、恶、丑之理则。具体地说，值理自然属于真、善、美之理，但气理则真、善、美之理与假、恶、丑之理相杂。这就是说，气本身虽然无所谓真、善、美或假、恶、丑，但自理言之则两方面并存。所以，从一方面说，理本身无所谓真、善、美或假、恶、丑，但从另一方面说，它既是至善之本，又是万恶之源。

值、理、气特性的这种不同，决定了三者在道中的地位是不同的。显而易见，值是道的高级形式，气为道的低级形式，而理则介乎二者之间。

2、道的特征

道之特性有九，即朴、静、虚、独、诚、和、生、仁与易，统谓之"九德"。朴、静、虚，取自老聃、太史儋、《恒先》。朴，状道体"自然"。根据笔者的考证，所谓"自然"，谓本来的样子、初始的样子。静，状道体"寂兮寥兮"。虚，状道体"虚而不屈"。独，状道体"独立不改"，自由自在。子思云："诚者，天之道也。"吾谓："诚者，道之道也。"《说文》："诚，实也。"道体之值、理、气以及太极，皆真实无妄，非虚无也。"保合太和"，本乎道体之至和；"天地之大德曰生"，亦本乎道体生生无穷之德。《系辞》曰："生生之谓易。"质言之，易学就是生命哲学，而生实为宇宙之精神，天地之意志。朱子说："天地自有个无心之心。"（《朱子语类》卷四）是之谓也。道体生生，长养万物，岂非大道之仁耶？易有三义。孔颖达《周易正义》卷首引《易纬·乾凿度》云："易一名而含三义，所谓易也，变易也，不易也。"又进一步指出："郑玄依此义作《易赞》及《易论》云：'易一名而含三义：易简，一也；变易，二也；不易，三也。'"从此，易简、变易、不易作为易之三义为人们所接受。道由三种基本元素构成，故曰"易简"；道并不是静止的，而是运动变化的，故曰"变易"；这种运动变化是永恒的，故曰"不易"。此道之九德的总体特征为"恒"，故谓之"恒朴""恒静""恒虚""恒独""恒诚""恒和""恒生""恒仁""恒易"。需要说明的是，九德只是道的特性或存在方式，其本身并不是价值。

3、"无极而太极"

在道体界，值、理、气是永恒的，也是自在的、散在的。自其永恒性而言，可分别谓之"恒值""恒理""恒气"；从其自在的、散在的状态而言，即是"无极"。学者们认定周敦颐的"无极"观念来自老子，其实未必。在我看来，所谓"无极"源自孔子易说，不过是易体的本来状态而已。《易》曰："易，无思也，无为也，寂然不动，感而遂通天下之故。"我以为这是对易体本来状态即无极的描述。

道为一切存在者之母只是一个笼统的说法。宇宙万物的直接源头是太极，也就是被现代科学家称为"奇点"的原始原子。太极与道的关系如何呢？这涉及太极如何形成的问题。科学家们虽然能够证明宇宙始于奇点，但至今不能证明奇点的生成机理。从上文看，孔子的"易有太极"说认为，作为宇宙原始元点的"太极"，本来就存在于作为绝对本体世界的"易"之中，是与"易"同在的，是永恒的。这种看法，我称之为本有论。而今本《老子》的"道生一"说则认为，作为宇宙原始元点的"一"是由作为绝对本体世界的"道"创生的。也就是说，宇宙原始元点并不是永恒的，而是有一个产生过程。这种看法，我称之为生成论。我们现在还无法证明这两种看法谁是谁非。

在这个问题明了之前，我暂且采用生成论之说。在我看来，道犹如母体，太极就像母体孕育出来的卵子，而宇宙则是由卵子演变而成的孩子。

道体之中，孕育我们这个宇宙的太极（奇点）是唯一的，还是有其他同伴呢？对此，我们目前尚无法作出明确的答复。如果道体之中存在着若干个甚至无数个太极，那么每个太极都可以演化出一个宇宙。这样，道体就是一个超级宇宙，或曰超级母亲。

太极乃由恒值、恒理、恒气三者相搏聚而成，这是道体孕育太极的过程，也就是周敦颐所谓的"无极而太极"的过程。

存在于太极的恒值、恒理、恒气，已非一般的恒值、恒理、恒气了，而是参与创生、为宇宙万物本源的恒值、恒理、恒气，我分别谓之"太值""太理""太气"。太值、太理寓于太气中，与太气不相分离。故太极者，携太值、太理之太气也。

太气既然是一种质料，那么它就是一种有限的存在，而这又进一步决定了它所禀受的太值和太理也是有限的。因而，我们说太极乃由恒值、恒理、恒气三者相搏聚而成，并不意味着太极禀受了道体的全部信息。作为道体的结晶，太极是有限的，这具体表现于"太值""太理""太气"的有限性。

就像太极具三元一样，它亦备九德作为其整体特征。太极之九德乃道体之九德的显现和落实。如易之三义于太极之中，见乎动静，察乎阴阳，显乎刚柔。故动静、阴阳、刚柔三者，乃易之表现形式。

4、太极生万物

至于太极创生宇宙万物的过程，我接受周敦颐《太极图说》的阐述："无极而太极。太极动而生阳，动极而静；静而生阴，静极复动。一动一静，互为其根；分阴分阳，两仪立焉。阳变阴合而生水火木金土，五气顺布，四时行焉。五行一阴阳也，阴阳一太极也，太极本无极也。五行之生也，各一其性。无极之真，二五之精，妙合而凝。乾道成男，坤道成女。二气交感，化生万物，万物生生而变化无穷焉。"当然这是一种哲学语言，而不是科学表达。在这套语言里，就像太极相当于奇点一样，水、火、木、金、土涵盖了通过大爆炸的能量所形成的基本粒子以及其后形成的各种宇宙物质，而太极创生万物的过程相便当于宇宙大爆炸后的整个宇宙演变史。

只有道体才是绝对永恒的，而太极有始亦有终，至于由其演生的宇宙，当然也是一个有限之物，会经历一个生长与老死的过程。

我完全赞成朱子"本只是一太极，而万物各有禀受，又自各全具一太极尔"这一陈述，但又进一步认为，太极也存在两个层面：一是作为万物创生者的太极，是为本原太极；二是万物所具的太极，是为次生太极。前者即朱子所谓"本只是一个太极"的"太极"，后者即朱子所谓"万物各有禀受，又自各全具一太极"的"太极"。用现代科学的观念看，所谓本原太极，就是宇宙大爆炸之前那个奇点；所谓次生太极，就是万物所携带的奇点的原始信息。

朱子认为，创生太极和存在于万物中的太极之间虽然犹如"月在天，只一而已，及散在江湖，则随处而见"一样，但这并不意味着太极本身被拆散了。太极存在万物之中以后，创生太极依然完好无缺，就像月亮"散在江湖"，其本身仍然完好无缺一样，"不可谓月已分也"。但根据现代宇宙学的研究，奇点经过大爆炸以后，它自身便演化为宇宙。换言之，宇宙一旦形成，奇点便不复存在了，正如今本

《老子》所说，"朴散则为器"。所以，我们理应据此对朱子之说加以修正。

鉴于太极为道体的结晶，故当奇点演化宇宙万物，或者说本原太极演变为次生太极，大道也便随之流贯于万物。这正如孔子对易道流贯万物之情状的描述："易……为道也屡迁，变动不居，周流六虚，上下无常，刚柔相易，不可为典要，唯变所适""易，无思也，无为也，寂然不动，感而遂通天下之故"。

次生太极，也就是万物之性。太极本由值、理、气三者组成，故作为次生太极的性，亦存在三类，即值之性、理之性和气之性，或分别简称为值性、理性、气性。这里的气之性或气性相当于宋明理学家的气质之性。

总之，任何事物都是由价值元、形式元和质料元构成。此三元之在道体为恒值、恒理、恒气，在太极为太值、太理、太气，在万物为值性、理性、气性。

作为道的体现，太极一方面为宇宙之本原、世界之本体，所以是超越的、先验的；另一方面，它流贯于万物，所以又是内在的、经验的。也就是说，对于万物，太极既超越又内在，亦先验亦经验。鉴于太极和道的关系，我们也可以说道既超越又内在，亦先验亦经验。作为次生太极，万物之性亦在整体上承载了道之九德或太极九德。

对于以上道体演化以至万物化生的过程，今依生成论之模式，略仿周敦颐太极图，造道生万物图如下。

道生万物图

道（无极）

道生一（无极而太极）

一生二（太极生两仪）

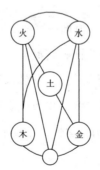

五气顺布

万物化生

　　需要稍加说明的是，其一，周子之所以名其图为"太极图"，盖由于其第一部分为"太极"。今第一部分为"道"，且全图所表达的是道体演化以至万物化生的过程，故吾称之为"道生万物图"。其二，周子《太极图说》"无极而太极"之语容易产生歧异，正如陈荣捷所说："'无极而太极'的'而'字，意谓'也是'或'转为'；但亦可训释为'以及'，在此训释下，无极与太极，便分为两橛；此正陆象山所极力反对，认为周敦颐已析太极而为二矣。他方面朱熹则坚称周子非谓太极之外别有无极，无极是实体未有形状之前的状态，而太极则是实体有形状之后的状态，两者通贯一体。"①今道生万物图首列"道"，以表明无极实为道体的本来状态。次列"道生一"，以显示大道孕育太极，由无极而至太极之情势。其三，太极图将"乾道成男，坤道成女"和"万物化生"分为两部分，然窃以为到了"成男""成女"的阶段，万物已然化生，故道生万物图将其合二为一。

三、性体——我们是谁

1、人、物之性的差别

　　万物各具一太极，是否意味着万物之性相同呢？

　　我们先来看万物之气性。由于太极中的气是质料，所以万物对气的禀受，即气性，也属质料。既然是质料，它就是一偏的和有限的。也正因如此，万物对气之本体的禀受是千差万别的，亦即万物的气之性是千差万别的。在宋明理学家看来，人物皆受天地之气以为形。人

---

① 陈荣捷：《中国哲学文献选编》，江苏教育出版社2006年版，第400页。

具五行，"物亦具有五行，只是得五行之偏者耳"（《朱子语类》卷四）。也就是说，虽然人和万物俱具五行，但人得五行之全，而物只得五行之偏者。

早在战国末期，荀子对万物的差别有一个很好的概括："水火有气而无生，草木有生而无知，禽兽有知而无义，人有气有生有知亦且有义，故最为天下贵也。"（《荀子·王制》）这个"生"字既然与"气""知""义"并列，且为草木所具备，那么就不是一般意义上的生命，而是植物生命。当一个人完全失去了意识，但仍然活着，我们便说他是一个"植物人"，这意味着他只有植物生命。"知"即知觉、意识，也就是"心"。荀子将万物分为四类，第一类"有气而无生"，即没有生命的物质，诸如水火之类；第二类"有生而无知"，即虽然有生命，但没有知觉、意识，没有心，诸如草木之类；第三类为动物，"有知而无义"，即虽然有知觉、意识，有心，但不懂得"义"；第四类为人，"有气有生有知亦且有义"，不但有生命、有知觉，而且"有义"。在荀子看来，性就是本能、欲望，因而他不可能像孟子那样以"义"为性。所以这里的"有义"并不意味着义为人性，而是指具有懂得"义"的能力。也就是说，虽然动物和人都有心，但动物的心是低级的，不足以懂得"义"，而人的心是高级的，能够懂得"义"，"故最为天下贵也"。用周敦颐的话说，就是："惟人也，得其秀而最灵。"（《太极图说》）此四类，我们可以用荀子的语言分别称之为有气之物、有生之物、有知之物和有义之物。

笼统地说，所谓性就是各种事物所具有的各种素质的总和。其中，最能代表一类事物的本质并以之同其他事物相区别的素质，我称为"本质的性"，其他素质则称为"非本质的性"。

就气之性来说，在荀子所分的四类事物中，后三类不仅分别具有其前一类的素质，而且具有更高层次的素质，而这种更高层次的素质便是此类事物气之性的最高的和本质的体现。物质性是有气之物的唯一特性，故没有本质和非本质之分；有生之物的非本质的性为物质性，其本质的性为生命性；有知之物的非本质的性为物质性、生命性，其本质的性便是知觉能力；有义之物的非本质的性包括物质性、生命性、知觉能力，而发现价值的能力则是其本质的性。换言之，有生之物的本质的性体现在生命中，有知之物的本质的性便体现在动物之心中，而有义之物的本质的性则体现在人心中。在万物之中，人心是气之性的最高体现。朱子云："心者，气之精爽。"（《朱子语类》卷五）不难看出，不同层次的素质正是区分不同事物的决定因素。在这个意义上，甚至可以说这些不同层次的素质，就是不同事物的气之性。非生命是诸如水火等非生命物质的气之性，生命是生物的气之性，动物之心是动物的气之性，人心则是人的气之性。因此，所谓兽心就是兽性，人心就是人性，心即性也。

既然性就是心，那么性与心何以异？我以为，性和心是从不同角度对同一事物的界定，性是就其先天禀赋和客观存在性而言的，心是就其主观能动性而言的，作为性的心与其他事物之性的根本不同就在于心能知觉。陆九渊云："在天者为性，在人者为心。"（《语录》下，卷三五）所以，性和心只有逻辑上的区别（在逻辑上，性先于心），而无事实上的区别。

那么，万物是否都具有值性？其值性是否相同？从先秦哲学史上看，在以义理（值）为性的哲学家中，只有孟子主张以四端为内涵的性是人类所特有的。其他各家，无论老子还是晚年孔子和子思，都持万物有性论。至于万物之性是否相同，他们没有做进一步的讨论。到了宋明时期，理学家们才以偏全来分辨人物之别。

在我看来，万物气之性的不同直接决定了值之性的差异，甚至可以说气之性与值之性是相应的、同构的。在荀子据以分辨万物的四种素质中，气、生、知皆非价值，只有义才属价值。荀子认为，只有人才能发现价值。按照气之性和值之性同构的原理，这其实意味着只有人才具有值之性。孟子说："人之所以异于禽兽者几希，庶民去之，君子存之。舜明于庶物，察于人伦，由仁义行，非行仁义也。"（《孟子·离娄下》）从上下文看，人不同于禽兽的"几希"是指仁、义、礼、智之端绪，即"恻隐之心"等"四端"。就是说，"四端"只有人才具有，有没有"四端"是人和动物的根本区别。可见，在这一点上，孟荀不谋而合，只是荀子不把价值特性的义称为"性"而已。

应该承认，有生之物、有知之物和有义之物皆由有气之物不断演化而来，也就是说，生命、兽心、人心也是气长期演化的结果。在这个意义上，我们不得不说有气之物已经蕴含着值之性的种子，有生之物的生命形式是值性种子的萌动，至于有知之物的心智形式则是值性种子的萌芽。但无论如何，不管值性种子还是值性种子的萌动、萌芽，都不是真正的值性。禾虽出米，禾非米也。然朱子认为，对于植物，"只看戕贼之便凋瘁，亦是义底意思"（《朱子语类》卷四）。在我看来，这并非真正的义，而只是疑似之义，或者说疑似值性。

理既分值理和气理两类，因而理之性亦相应地含值理性和气理性两类。准此，万物气之性和值之性的差异，决定了其理之性的不同。概而言之，有气之物、有生之物、有知之物和有义之物皆具有各自的、处在不同层面的气理性，但唯有作为有义之物的人才拥有值理性。也就是说，从理之性的角度而言，物质理性为有气之物的唯一理之性，它不存在本质与非本质之别；有生之物的非本质的性为物质理性，其本质的性为生命理性；有知之物的非本质的性为物质理性、生命理性，其本质的性为知觉理性；有义之物的非本质的性包括物质理性、生命理性、知觉理性，其本质的性则为值理性。

总之，人物之性的差别主要表现在三个方面，一曰高低，二曰偏全，三曰通塞。其中，高低、偏全两个方面已如上文所述。通塞是指人禽之心对自性的自觉能力不同。禽兽之心缺乏自觉和自省的能力，其性不可通达，故谓之塞；人心具有自觉和自反的能力，故其性通过其心得以感通，故谓之通。这里的高低、偏全、通塞，只是相对的。换言之，人物相较，我们说物性为低、偏、塞，人性为高、通、全。但如果存在比地球人更高级的地外生物，则其性为高、通、全。相比之下，人性为低、偏、塞，而物性又等而下之矣。这意味着，此种地外生物拥有高于值性的、人类所不具备的本性。

对于人性物性之别，朱子论述颇多。如他说："以气言之，则知觉运动，人物若不异；以理言之，则仁义礼智之禀，非物之所能全也。"（《孟子集注·告子上》）有弟子问："性具仁义礼智？"朱子答曰："……虽寻常昆虫之类皆有之，只偏而不全，浊气间隔。"他进一步指出："如蜂蚁之君臣，只是他义上有一点子明；虎狼之父子，只是他仁上有一点子明。其他更推不去。"（《朱子语类》卷四）对此，朱子曾经打过一个很形象的比喻："人物之生，天赋之以此理，未尝不同，但人物之禀受自有异耳。如一江之水，你将勺去取，只得一勺；将碗去取，只得一碗；至于一桶一缸，各自随器量不同，故理亦随以异。"（《朱子语类》卷四）"器量"以气言，江水以理言。人物之"器量"不同，故所取之水量亦别，或如勺如碗，或如桶如缸。从这些记录看，朱子认为，由于所受之气的限制，人物之异，一方面在于偏全，另一方面在于通塞。

不过，朱子有时对这个问题的态度并不明确。如有弟子问："物物具一太极，则是理无不全也。"朱子答曰："谓之全亦可，谓之偏亦可。以理言之，则无不全；以气言之，则不能无偏。"（《朱子语类》卷四）这个回答模棱两可，没有点破物所禀之理到底是否不全，着实让人摸不着头脑。他还说："以其理而言之，则万物一原，固无人物贵贱之殊；以其气而言之，则得其正且通者为人，得其偏且塞者为物。是以或贵或贱而有所不能齐。"（《大学或问》）又有弟子问："气质有昏浊不同，则天命之性有偏全否？"朱子表示："非有偏全。谓如日月之光，若在露地，则尽见之；若在蔀屋之下，有所蔽塞，有见有不见。昏浊者是气昏浊了，故自蔽塞，如在蔀屋之下。然在人则蔽塞有可通之理。至于禽兽，亦是此性，只被他形体所拘，生得蔽隔之甚，无可通处。"（《朱子语类》卷四）偏全和通塞是两个问题。从行文看，"至于禽兽，亦是此性"，似乎"非有偏全"。其所以与人不同，是因为"只被他形体所拘，生得蔽隔之甚，无可通处"。也就是说，人物之异，只是通塞的差异，而非偏全的不同，这与上述的见解显然是不协调的。出现这种情况的缘由，大概是朱子过于拘泥其物物具一太极的理论罢。

值理和气理以及与之相应的值理性和气理性，是有本质区别的两类事物。然而，宋明理学家将其混为一谈，以为万物兼备值理性和气理性，导致有关人性、物性异同的讨论纠缠不清。弟子问："人物皆禀天地之理以为性，皆受天地之气以为形。若人品之不同，固是气有昏明厚薄之异。若在物言之，不知是所禀之理便有不全耶，亦是缘气禀之昏蔽故如此耶？"朱子答曰："惟其所受之气只有许多，故其理亦有许多。如犬马，他这形气如此，故只会得如此事。"（《朱子语类》卷四）这是将值理性和气理性合而言之。《朱子语类》卷四载：

> 问："枯槁之物亦有性，是如何？"曰："是他合下有此理，故云天下无性外之物。"因行街，云："街砖便有砖之理。"因坐，云："竹椅便有竹椅之理。枯槁之物，谓之无生意则可，谓之无生理则不可。"

竹椅之理，即朱子所说的"生理"，只是气理，而非值理；枯槁之物的性，只能是气理性，而不可能是值理性。然而，枯槁之物到底有没有值理和值理性呢？《朱子语类》同篇又载：

> 问："枯槁之物有理否？"曰："才有物，便有理。天不曾生个笔，人把兔毫来做笔。才有笔，便有理。"又问："笔上如何分仁义？"曰："小小底，不消恁地分仁义。"

如果说枯槁之物也有仁义，那是无论如何也令人难以接受的。所以面对弟子的追问，朱子只一句"小小底，不消恁地分仁义"搪塞过去。其实，不是"不消"，而是"不可"。

总之，虽然从整体上可以说物物具一太极，但具体言之，由于物物所受气之性有异，故其所禀值之性和理之性不同，由此决定了物物之太极各有不同。人所具的太极，当然是最高级、最全备的太极，禽兽次之，草木又其次，至于水火，偏之甚矣。不过，在现实世界中，任何事物（包括最为天下贵的人类）所禀受的太极，相对于本原太极来说，总是一偏的，就像其所禀受的气是一偏的一样。也就是说，相对于本原太极，任何次生太极都是不完全的，虽然它们都是本原太极的具体体现。可见，气是决定万物之性的首要因素。值随气异，理因气别，万物以分，是一个基本规律。

既然太极只禀受了有限的道体信息，而万物又只禀受了有限的太极信息，那么，道之在万物是十分有限的。

2、人性的差别

有气之物、有生之物、有知之物和有义之物四者对太极的禀受既然有如此这般的差别，那么，同一类事物的不同个体之间的情况如何呢？人人之性，或者说每个人对太极的禀受是相同还是相异？

孔子说："性相近也，习相远也。"（《论语·阳货》）这个"性"是我们所说的气之性和宋明理学家的气质之性。在这里，孔子已经提出，相对于差别较大的后天习染来说，人与人之间的气之性虽然是"相近"的，但其本身毕竟是不同的。孔子曾经将人的天赋分为四等："生而知之者，上也；学而知之者，次也；困而学之，又其次也；困而不学，民斯为下矣。"（《论语·季氏》）他认为："唯上知与下愚不移。"（《论语·阳货》）孟子则认为，每个人都具有作为人性的"恻隐之心"等四端："人之有是四端，犹其有四体也。"（《孟子·公孙丑上》）不仅如此，每个人的人性是相同的，就连圣人也和普通人没有什么区别："非独贤者有是心也，人皆有之""圣人先得我心之所同然耳"（《孟子·告子上》）。孟子的性，相当于我们的值之性和宋明理学家的天命之性或义理之性。

　　或许由于受孔孟传统的共同影响，宋明理学家虽然认为每个人的气禀即气质之性有厚薄、清浊、昏明之别，但对理的禀受即天命之性则毫无差异。朱子认为，就天命之性来说，"人之性皆善"，人与人之间没有什么差别。至于"有生下来善底，有生下来便恶底，此是气禀不同。且如天地之运，万端无穷，其可见者，日月清明气候和正之时，人生而禀此气，则为清明浑厚之气，须做个好人；若是日月昏暗，寒暑反常，皆是天地之戾气，人若禀此气，则为不好的人，何疑？"（《朱子语类》卷四）因而，人性的差异在于气质之性，而非天命之性。但他又认为气禀的清浊对天命之性会产生很大的影响："性譬之水，本皆清也。以净器盛之，则清；以不净器盛之，则臭；以污泥之器盛之，则浊""禀气之清者，为圣为贤，如宝珠在清冷水中；禀气之浊者，为愚为不肖，如珠在浊水中"。所以，"人之性论明暗，物之性只是偏塞"（《朱子语类》卷四）。

　　但在我看来，值随气异、理因气别、万物以分这个基本规律不但适应于每类事物之间，而且适应于同一类事物之中的不同个体。每个人对气之本体的禀受，诚如理学家所言，是千差万别的。现代科学证明，不但各个物种之间的基因不同，而且同一物种不同个体的遗传基因也不同，甚至除了同卵多胞胎外，世界上不存在遗传基因完全相同的两个人。这些不同，当然也表现为天赋的高低。可以说，在万物中，唯人类的天赋最高；而在人类中，唯圣人的天赋最高。或者说，气之性的最高表现形态是心，心的最高表现形态是人心，人心的最高表现形态是圣人之心。

　　气是任何事物得以存在的物质基础。气之性的差异，不可能不导致值之性的差异。朱子量器取水之喻亦适合人人之别，小人之"器量"如勺如碗，圣人之"器量"如桶如缸。不同量器所取之"水"在理学家为理，在我为值。

气之性的差异，一方面决定了人人对值之性的禀受存在偏全之别，另一方面，也决定了人人对值之性的自觉能力存在通塞之分。这表明，虽然作为类，人的值之性相对于物是通而全的，而作为个体，人人的值之性仍然存在偏全、通塞的差别。

气之性和值之性的不同，遂决定了人人理之性的不同。不过，我们也必须意识到，圣贤的通全仍然是相对的，而不是绝对的。也就是说，相对于本原太极来说，其所禀受的太极，包括气、值、理，仍然是一偏的、有限的。因此，在人类中，每一个个体的先天禀赋是色彩斑斓的，世界上不存在先天禀赋完全相同的两个人，就像不存在完全相同的两片树叶一样。这是否意味着有的人天生就是善人，有的人天生就是恶棍呢？

关于这个问题，让我们回到值、理、气三者的善恶特性来讨论。值之性是至真、至善、至美或纯真、纯善、纯美的，气之性虽无所谓真、善、美或假、恶、丑，却蕴含着导致真、善、美和假、恶、丑的可能性，而理之性本身虽然也无所谓真、善、美或假、恶、丑，却蕴含着真、善、美和假、恶、丑之理。具体地说，值理性蕴含着至真、至善、至美或纯真、纯善、纯美之理，而气理性既蕴含着真、善、美之理，也蕴含着假、恶、丑之理。

因此，如果单从值性和值理性来看，一方面，人性是至真、至善、至美或纯真、纯善、纯美的，这是圣人和芸芸众生之所同；另一方面，受作为"器量"的气性之所拘，人人所秉之值性和值理性又有大小、多少、强弱等差别,这是圣人和芸芸众生之所异。据此,虽人性皆美,然美亦分大小。或如大海之美,或如江河之美,或如溪流之美,或如露珠之美。

如果单从气性和气理性来看,则人性本身虽无所谓善恶,却蕴含着善恶的机理与为善、作恶的可能性。一方面,人人都有气性和气理性,故人人都有为善、作恶的可能性。这是圣贤与芸芸众生之所同。依此,不管一个人的天赋如何高,如何聪慧,他都不可能天生就是圣人。他和芸芸众生一样,如果要成为圣人,就必须通过后天修行。这表明,天生圣人只是人们对以往圣人的理想化和神秘化,在现实世界中是不存在的。正因如此,被后儒共同尊为圣人的孔子虽然预设了"生而知之者"这个最高等级,但他并不认为自己是天生圣人:"我非生而知之者,好古,敏以求之者也。"(《论语·述而》)另一方面,人人的气性和气理性千差万别,故人人为善、作恶的可能性亦千差万别。顺其自然情势,禀气之清者,其为善的可能性最大,作恶的可能性最小,故成圣最易;得气之浊者,其为善的可能性最小,作恶的可能性最大,故多为愚、不肖,成圣最难;占绝大多数的普通人,则居于二者之间。这是圣贤与芸芸众生之不同。

因此,气禀本身虽无所谓善恶,但隐含着行善作恶之机缘和功用。不同的气禀在行善作恶中所起的作用有所不同,有的更容易导致行善,而有的则更容易导致作恶。至于最终导致行善还是作恶,那就取决于后天的习染和教育之功了。今仿王阳明四句教,将气性和气理性的善恶问题归结为以下四语:

无善无恶性之体,

> 可善可恶性之用；
>
> 趋善趋恶赖气禀，
>
> 为善去恶靠教化。

鉴于心和性的关系，首二句中的"性"字亦可替换为"心"。

既然万物之间乃至人人之间存在着如此这般的差别，那么，这是否意味着人类有权奴役其他事物、天赋高的人可以奴役天赋低的人呢？我想，张载"民无同胞，物吾与也"的名言已经回答了这个问题。万物是同源的，人类是一个大家庭，只有相互尊重，才能各尽其性，共同生存，和谐发展。

3、从主观心、客观心之别看"性即理"还是"心即理"

至此，我们可以对性即理与心即理之争稍做清理了。

人心既然为性的实际承载者，那么，人兼备气之性、值之性和理之性，事实上可以具体落实为心兼备气之性、值之性和理之性，或者说心具一太极。太极在万物既为性，而心即性，故毋宁说心本身就是太极。以性言，心含值之性、理之性和气之性三类；以心言，则心含值之心、理之心和气之心三类。其中，只有气之心是主观的、能动的、具有知觉功能的，我们可称之为主观心、主宰心、能动心或知觉心。而值之心和理之心是客观的、自在的，我们可称之为客观心、自在心。

这样一来，如果以主观性来界定"心"、以客观性来界定"性"的话，那么我们可以说，主观心为"心"，而客观心为"性"。当然，这个"心"是狭义的，也就是说，作为广义的"心"，实包含狭义的"心"（主观心）和"性"（客观心）两部分。其实，张子《正蒙》所说"合性与知觉，有心之名"，已言明心含"性与知觉"两部分。其所谓"知觉"固然为知觉心、主观心，其所谓"性"，即"理"，相当于我所说的客观心，即值之心、理之心，或值之性、理之性。盖在张载看来，它是客观的，不具知觉功能，故谓之"性"。而在我看来，此"性"是"心"的一个部分。

理学家的"理"当涵我的"理"和"值"。站在我的立场上看，心即性，故心即理就是性即理。也就是说，心即理和性即理是从不同角度对同一事实的不同表达，在实质上二者并没有什么不同。

程朱、陆王两派所争论的焦点，在于他们对客观心的看法。在朱子看来，性即理。性、理为心所具，但不可谓心本身就是性、就是理。他说："心以性为体，心将性做馅子模样。盖心之所以具是理者，以有性故也。"又说："性便是心之所有之理，心便是理之所会之地。"（《朱子语类》卷五）但在陆王看来，理不但为心所具，而且心本身就是理。如陆九渊说："人皆有是心，心皆具是理，心即理也。"（《象山全集》卷一一《与李宰书》之二）王阳明说："心即理也，天下又有心外之事、心外之理乎？"（《传习录》）

由此，引发了两派对心之本体的不同看法。朱子说："所觉者，心之理也；能觉者，气之灵也。"他将"所觉者"和"能觉者"区分开来，并认为只有"能觉者"即"气之灵"才是心之本体："虚灵自是心之本体。"（《朱子语类》卷五）王阳明虽然也以灵明主宰为"心"——"何谓心？身之灵明主宰之谓也"，但认为这只是心之功用，而非心之本体——"必其灵明主宰者欲为善而去恶，然后其性体运用者始能为善而去恶也"。那么什么是心之本体呢？他说："然心之本体，则性也。"（《大学问》）此"性"即"理"，也就是朱子的"所觉者"。可见，朱子的"能觉者""气之灵""心之本体"和王阳明的"灵明主宰者"是一回事，相当于我们的主观心或知觉心，而朱子的"所觉者""心之理"和王阳明的"心之本体"是一回事，相当于我们的客观心。不难看出，朱子的"所觉者""心之理"即程朱一派"性即理"之"性"，王阳明的"心之本体"也就是陆王一派"心即理"之"心"。或者更明确地说，程朱的"性"就是陆王的"心"，二者都是指我所说的客观心，而程朱和陆王两派一致把客观心当作理。因此，"性即理"和"心即理"，除了名称之异外，是没有什么实质区别的。

有意思的是，两派也都曾提出心即性之说。如程颐说："孟子曰：'尽其心，知其性。'心即性也。在天为命，在人为性，论其所主为心，其实只是一个道。"（《河南程氏遗书》卷十八）王阳明亦云："心即性，性即理。"又云："性一而已。自其形体也谓之天，主宰也谓之帝，流行也谓之命，赋予人也谓之性，主于身也谓之心。"（《传习录》上）从这些表达可以看出，他们所谓的"心""性""道""理"，仍然是我所说的客观心。所以，理学家们的心即性和我所说的心即性不是同一个层面的问题。他们都是从义理之性来立论的，其"心"其"性"都只是指客观心，而我是从整体上来说的，其"心"其"性"兼概客观心和主观心，或者说是涵盖气之心、值之心、理之心的"心"和涵盖气之性、值之性、理之性的"性"。

事实上，程朱、陆王的性即理和心即理之争有遥远的思想源头，至少在战国时期的思、孟之异中已见其端倪。

思、孟之构成学派，从大处着眼，固然不错，但就具体问题看，二者的差异还是相当明显的，这包括他们对心、性的不同见解。子思的心和性是两种不同的事物，天性内在、性由心显代表了他的基本思路。就其三句教来说，"天命之谓性"是谈性的形成，而"率性之谓道"和"修道之谓教"则是谈心之于性的作用，虽然他在这里没有明确地使用"心"这个概念。在子思的思想中，"心"属于我所说的主观心或知觉心；它虽然能够呈现人性和认识道德，但其本身没有道德性。

孟子的"心"却包含我们所说的主观心和客观心两个层面。他说："心之官则思，思则得之，不思则不得也""人人有贵于己者，弗思耳矣"（《孟子·告子上》）。这个具有"思"的功能的"心"为主观心。这里"思则得之"的"之"和"人人有贵于己者"指的是什么呢？孟子说："仁义礼智，非由外铄我也，我固有之也，弗思耳矣。"（同上）可见，"思"的对象，正是天生即有的仁义礼智，孟子称之为"四端""良知""良能"或"本心"，也就是我们所说的客观心。正是在这个层面上，孟子合心、性为一。他说："无恻隐之心，非人也；无羞恶之心，非人也；无辞让之心，非人也；无是非之心，非人也。恻隐之心，仁之端也；羞恶之心，义之端也；辞让之心，礼之端也；是非之心，智之端也。人之有是四端也，犹其有四体也。"（《孟子·公孙丑上》）这里值得注意的是，"四端"即"恻隐之心"、"羞恶之心"、"恭敬之心"和"是非之心"，"非由外铄我也，我固有之也"，"人皆有之"，无之则"非人也"，以至"人之有是四端也，犹其有四体也"。如此，则"四端"，就是人生而即有的本性、本质，也就是"性"。在这个意义上，孟子的"性"就是"四端"，就是"心"；他的"性善"，也就是"心善"。对于孟子来说，"心"中有"性"，"性"中有"心"，"心""性"

一也。

如此看来，从子思的心性论到程朱的"性即理"之说，以及从孟子的心性论到陆王的"心即理"之说，实际上是血脉相连的。

四、心体——我们能够做什么

以上我们已经从"性"的角度对"心"做了整体性的描述，下面再对其具有主观能动性的部分即主观心或知觉心做进一步的探讨。

以现代科学的观点看，所谓知觉心，就是大脑以及整个神经系统。它有三种基本功能，可以分别用"知""情""意"三个概念来表达。

1、知——认知、感知、觉知

知是知觉心的认识功能，它包含三种形式，我分别称之为"认知""感知""觉知"，三者的主体可分别称为"认知心""感知心""觉知心"。认知是对理世界，包括恒理、太理、理之性、理之心的认识，是心对事物的理则和知识获取的方式，具有理智的特征；感知是对气世界，包括恒气、太气、气之性、气之心的认识，是心对事物本身的物理和生物特性的感触方式，具有感性的特征；觉知是对值世界，包括恒值、太值、值之性、值之心的认识，是心对宇宙价值和生命意义的体验、感悟和了解的方式，具有直觉的特征。

就认识的主体而言，为有知之物和有义之物。当然，作为有知之物的动物和作为有义之物的人的认识能力是不同的。动物没有值性，也没有觉知能力。出于这个原因，动物的认知仅局限于气理，而与值理无涉。这就是说，对值的觉知和对值理的认知是人所独有的，动物仅仅具有对气的感知和对气理的认知的能力，其水平也无法和人相比。

就认识的客体或对象而言，是道及其各种存在形式，包括自我之道、万物之道、太极之道和道体之道四个层面。这四个层面又可分别表达为道之在我、道之在物、道之在太极和道之在道体。

对于认识的主体而言，对自我之道的知是内向的，对万物之道、太极之道和道体之道的知是外向的。这意味着知有向内和向外两个指向。认知向内指向理之心亦即理之性（对我而言），向外指向恒理、太理和理之性（对物而言）；感知向内指向气之心亦即气之性（对我而言），向外指向恒气、太气、气之性（对物而言）；觉知向内指向值之心亦即值之性（对我而言的），向外指向恒值、太值和值之性（对物而言的）。认知、感知和觉知向内所分别指向的理性、气性和值性，就是认识主体所禀受的次生太极，这是一个内在世界。其向外所分别指向的理世界、气世界和值世界，就是道体、本原太极和认识主体之外的人和万物所具有的次生太极。对于认识主体来说，这是一个外在世界。

道本来是外在的，只是流贯于我并为我所得，它才成为内在世界，因而从这个意义上说，内在世界与外在世界是重叠的、同构的，所以对内在世界的认识，同时也意味着对外在世界的认识。这样的精神过程，都既是向内的，又是向外的。更确切地说，无论是认知、感知还是觉知，所指向的是同一个目标，这就是太极和道。这就好像空中之月就是万川之月，而万川之月就是空中之月。当你欣赏万川之月时，你所欣赏的同时就是空中之月；同样，当你欣赏空中之月时，你所欣赏的也正是万川之月。在这个问题上，程朱立足于向外的一面，故认为格物就是穷物之理；陆王立足于向内的一面，故认为格物就是格心。其实，穷物之理和格己之心是同一件事情，并没有什么实质区别。

但是，相对于完备的和无限的道体，次生太极毕竟是一偏的和有限的，而人们认识的对象，也不会仅仅局限于内在世界。如果单纯从认识外在世界的方面看，这只是一个穷物之理的过程，而不是一个格己之心的过程。不过，程朱和陆王的格物之辩，不可在这个层面上加以讨论，因为他们都认为，人所禀受的是一个完整的太极，次生太极和本原太极以及道体是相同的。

人之所异于禽兽者，以其能通。人心的自觉能力，能够打破其次生太极的一偏之限，通向浩渺的外在世界，故曰通则全。对此，程子所见极是：

> 问："人之形体有限量，心有限量否？"曰："论心之形，则安得无限量？"又问："心之妙用有限量否？"曰："自是人有限量。以有限之形，有限之气，苟不通之以道，安得无限量？……苟能通之以道，又岂有限量？"（《河南程氏遗书》卷十八）

在这里，有两点需要进一步明确：一是不但"人之形体"甚至"心之形"有限量，而且道之在人，或者说人所禀受的道也是有限量的；二是心的无限量是相对的，也就是说，相对于绝对无限的道体，心之妙用是非常有限的。任何人，甚至更高级的地球外生命（如果存在的话），对道体的体认皆不过以蠡测海，而本文所见，亦仅仅沧海一粟而已。

这就是说，由于道既超越又内在，亦先验亦经验，故既可以从经验世界归纳先验世界，又可以由先验世界推知经验世界。正因如此，我们才可以一方面由万物追溯道体，另一方面由道体推索万物。在这个问题上，西方的传统似乎恰恰相反，如在康德看来，先验性的理念是无法从经验中归纳出来的。

2、情——情爱本能、生理欲望和情绪

情是生命心的第二项功能。中国古代哲学家们对情极为重视。早在春秋时期，子产就提出六情之说："民有好恶喜怒哀乐，生于六气。……哀乐不失，乃能协于天地之性，是以长久。"（《左传·昭公二十五年》）"好恶喜怒哀乐"为已发之情，"六气"乃"好恶喜怒哀乐"六者之气。这说明，子产已经把情分为内、外或未发、已发两个阶段或两种状态，并把内、未发者称为"气"。子思承之，提出喜怒哀乐四情之论："喜怒哀乐之未发，谓之中；发而皆中节，谓之和。中也者，天下之大本也；和也者，天下之达道也。致中和，天地位焉，万物育焉。"这种关于未发、已发的论述，尤为后儒所重。郭店简《性自命出》沿着未发、已发的思路，亦持四情论，只不过其四情为喜怒哀悲："喜怒哀悲之气，性也。及其见于外，则物取之也""凡性为主，物取之也。金石之有声也，弗扣不鸣；人虽有性也，弗取不出"。子产的"气"、子思的"中"以及《性自命出》的"气"和"性"，其实一也，皆为情欲未发状态。

"气""性"或"中"是如何"见于外"或"发"为情的呢？子产和子思均语焉不详，而《性自命出》则明确地不止一次地说"物取之也"，并以"金石之有声也，弗扣不鸣"来比喻"人虽有性也，弗取不出"。"物"即各类客观事物，不具有能动性，何

以"取""出""性"？原来，在客观的"性"和"物"之间，存在一个不可或缺的环节，这就是具有主观能动性的"心"。就像《性自命出》所说："凡人虽有性，心无定志。待物而后作，待悦而后行，待习而后定""凡心有志也，无与不可。志之不可独行，犹口之不可独言也"。人虽然有心志，但如果"无与"，即没有参与者，也无所作为。这个"与"，就是"物取之也"之"物"。所以，"心"本"无定志"，需要"待物而后作，待悦而后行，待习而后定"。心志由"物"引起的"作""行""定"的连锁反应，正是"物""取""出""性"的过程。可见，情由心呈现，亦呈现于心。

鉴于心、性一也的判断，在我看来，这里所讨论的"未发"和"已发"，并不是性和情的转换，而只是情存在的两种状态和两个阶段。这就好比我们也可以将心的另外两个基本层面和功能即知和意分为"未发"和"已发"两种状态和两个阶段，但并不意味着"未发"的知、意和"已发"的知、意为两种事物一样。

《礼记·礼运》和荀子都持七情说，并且都不做"未发"和"已发"之分。《礼记·礼运》云："何谓人情？喜怒哀惧爱恶欲。七者，弗学而能。何谓人义？父慈，子孝，兄良，弟弟，夫义，妇听，长惠，幼顺，君仁，臣忠，十者，谓之人义。讲信修睦，谓之人利。争夺相杀，谓之人患。故圣人所以治人七情，修十义，讲信修睦，尚辞让，去争夺，舍礼何以治之？饮食男女，人之大欲存焉。死亡贫苦，人之大恶存焉。故欲恶者，心之大端也。人藏其心，不可测度也，美恶皆在其心不见其色也，欲一以穷之，舍礼何以哉？"荀子一方面继承了子产的六情说——"性之好恶喜怒哀乐谓之情"；另一方面又提出与《礼记·礼运》稍有不同的七情说——"喜怒哀乐爱恶欲

以心异。"（《荀子·正名》）

情感是由外部刺激引起的主观体验，出于生物本能，为气之发。具体地说，它发自气之性、气之心。简而言之，情感其实就是人和动物生物特性的体现形式，为感知的内在对象。在这个意义上，感知和情感之间是主体和客体的关系，二者相辅相成，组成感知—情感结构。

需要说明的是，由于作为觉知对象的值之性和值之心只是人的先天存在形式，并不直接表现为生物形式，或者说值并不存在于主观心，所以在主观心中不存在觉知—值结构。

情感包含三个层面：第一个层面我称之为情爱本能，包括人和某些动物生而即有的同情心、人类婴儿和某些动物幼崽对母亲的爱恋等等；第二个层面是欲望，即食色，现代科学归之于生理因素；第三个层面为情绪，现代心理学归之于心理因素，上文提到的六情、四情、七情都属于这个层面。

在典籍中，作为一种情，欲有两种含义。一是愿望、意欲、想望。如《玉篇》："欲，愿也。"《经义述闻·左传中·欲于巩伯》中"余虽欲于巩伯"王引之按："欲，犹好也。"这种含义的欲，属于第三层面。二是生理欲望。如《说文》："欲，贪欲也。"《孟子·尽心下》中"养心莫善于寡欲"赵岐注："欲，利欲也。"《吕氏春秋·重己》中"使生不顺者，欲也"高诱注："欲，情欲也。"《楚辞·大招》中"逞志究欲"王逸注："欲，嗜欲也。"这种含义的欲，属于第二个层面。

情的这三个层面都属于生物本能，其本身是无所谓善恶的，却含有导致善或恶的机理和可能性。就其自然情势而言，第一层面易于导致利他主义，第二层面易于导致利己主义，至于第三层面是走向利己主义还是利他主义，则完全取决于其"发而皆中节"与否。如果说可以把这种趋善趋恶的可能性当作善恶的话，那么，我们或许可以说第一层面是善的，第二层面是恶的，第三层面是善恶相混的。

3、意

生命心的第三项功能为意。我以为，意兼心之灵明、心之主宰、心之定向、心之状态诸义。这里的心之灵明，指心之灵处、心之素地，需要用一定的思想、意识、知识等充实之。《大学》云："物格而后知至，知至而后意诚，意诚而后心正。"诚者，实也。这句话所强调的是，以正确的道德知识（"知"）来充实"意"，如此方可将"心"纳入正确的道路。作为心之主宰的意，古人一般称之为"心"。如郭店楚简《五行》云："耳目鼻口手足六者，心之役也。心曰唯，莫敢不唯；诺，莫敢不诺；进，莫敢不进；后，莫敢不后；深，莫敢不深；浅，莫敢不浅。"荀子亦云："心居中虚，以治五官，夫是之谓天君。"（《荀子·天论》）可见，心乃一切行为之主宰。作为心之定向的意，古人一般称之为"志"。如孔子说："苟志于仁，无恶也。"（《论语·里仁》）后人把意念、动机称为"意"，如王阳明说"有善有恶是意之动"，这也是心之定向。作为心之状态的意，《大学》讨论尤多，如"知止而后有定，定而后能静，静而后能安，安而后能虑，虑而后能得""所谓修身在正其心者，心有所忿懥，则不得其正；有所恐惧，则不得其正；有所好乐，则不得其正；有所忧患，则不得其正。心不正焉，视而不见，听而不闻，食而不知其味"。至于今本《中庸》、《大学》、帛书《五行》所说的"慎独"和宋明理学家所说的"持敬"等等，都是对心之状态的描述。

从意之诸义不难看出，意是知觉心的另外两个基本内涵，即知和情的主导者。就知而言，意决定着知的方向，也在相当程度上决定着知所能达到的程度。就情而言，意不但决定了情之"发"还是"未发"，也决定了情之"发"而"中节"还是"失节"。同时，知和情又可以反过来对意施加影响。

4、认知心与生命心

在心的各项功能中，除认知心之外，其他诸项，包括觉知心、感知心、情、意，皆为生命体验的形式，可以统称之为"生命心"。

人们一般称认知心为认识心。在牟宗三的学说中，与认识心相对应的概念是"道德心"，但我觉得它只是生命之心的一个方面或一种因素。儒家讲的"恻隐之心""羞恶之心""辞让之心""是非之心"等固然可以归于"道德心"，但《老子》的"愚人之心"、《庄子》的"游心""心斋"之"心"，以及《坛经》"无诸尘劳之心"等，就很难说了。我认为，所有这些"心"连同"道德心"一起，都可归为"生命之心"。所以，"道德心"不足构成与认知心或认识心相对应的概念。

认知心和生命心对人的生存状态以及生命的意义是不同的。生命心是存在价值和生命意义的真正承载者，而认知心不过是实现存在价值和生命意义的一个途径和手段。换言之，生命体验是人的存在的目的，而认知只是实现这一目的的工具。

在生命心的四项功能，即觉知、感知、情、意中，意扮演着指挥官的角色，觉知、感知和情才是生命体验的具体执行者。所以，觉知与感知—情感结构是生命存在的两种基本状态。由于觉所指向的是值世界，而感知—情感结构源于气，亦指向气，为生物本能，所以我称由觉知所体现的生命形式为价值生命，由感知—情感结构所体现的生命形式为生物生命。不难看出，人兼备价值生命和生物生命，而动物只有生物生命。

5、万物的目的和意义

万物有无目的？万物的存在有无意义？古人给予了肯定的答复。他们认为，万物的目的和存在意义在于自性的充分实现。用他们的话说，就是"尽性""尽心"。

"尽性"之说，为孔子首创。在《易传·说卦》首章，晚年孔子对其新形而上学做了进一步阐述："昔者圣人之作《易》也，将以顺性命之理。是以立天之道，曰阴与阳；立地之道，曰柔与刚；立人之道，曰仁与义。"所谓"性命之理"，我以为指"易""命""性"于天地万物之理。正因为这里所讨论的是"性命之理"，所以"天之道""地之道""人之道"，可以分别理解为"天之性""地之性""人之性"。也就是说，孔子已经以"仁与义"为"人之性"。在同一章，晚年孔子从另一角度对这种性命思想做了说明："昔圣人之作《易》也，幽赞于神明而生蓍，参天两地而倚数，观变于阴阳而立卦，发挥于刚柔而生爻，和顺于道德而理于义，穷理尽性以至于命。"其中，"观变于阴阳而立卦，发挥于刚柔而生爻，和顺于道德而理于义"，分别相当于"立天之道，曰阴与阳；立地之道，曰柔与刚；立人之道，曰仁与义"。"理于义"的"义"，即帛书《要》篇所说的"德义"，而"仁与义"当然皆属"德义"。"穷理"之"理"即上段的"性命之理"。"穷理尽性以至于命"是说穷竭"性命之理"，便能极尽"天之道""地之道""人之道"，即"天之性""地之性""人之性"，从而达到"性"的来源——"命"。

　　子思继承了晚年孔子的"尽性"说。子思在《中庸》中区分了两种道德路径，并从不同角度对其做了阐述，如"率性之谓道"和"修道之谓教"、"诚者"和"诚之者"、"自诚明"和"自明诚"等。这事实上是圣人和普通人的道德路径的区别。依此，子思也区分了圣人和贤人以下"尽性"的不同路径。他说："唯天下至诚，为能尽其性；能尽其性，则能尽人之性，能尽人之性，则能尽物之性；能尽物之性，则可以赞天地之化育；可以赞天地之化育，则可以与天地参矣。""天下至诚"，圣人也。故此言圣人之"尽性"。这种对"尽性"的阐释和"成己""成物"之说是相辅相成的。所谓"尽其性"，即最大限度地"成己"；所谓"尽人之性""尽物之性"，即最大限度地"成物"。结合"成己，仁也；成物，知也"的说法，"尽性"实为大仁、大智，非圣人不足以当之。

　　子思接着说："其次致曲，曲能有诚，诚则形，形则著，著则明，明则动，动则变，变则化，唯天下至诚为能化。""致"，朱熹云"推致也"。"曲"，郑玄云"犹小小之事也"；朱熹云"一偏也"。我认为，"致曲"，即"择善而固执之也"；"曲能有诚"，即"诚之者"也。故此处乃论贤人以下之"尽性"。贤人以下通过"择善而固执之"即"致曲"，达到"诚"，以至"形""著"而"明"。至于"明则动，动则变，变则化，唯天下至诚为能化"的过程，则正是"尽人之性""尽物之性""可以赞天地之化育"的过程。"天下至诚"，圣人也；"化"，"赞天地之化育"之"化"也。到这里，事实上已经达到"天下至诚"的圣人的水平了。看来，贤人以下通过不懈的"诚之""修道""自明诚""至曲"，最终也可以成为圣人。

这种尽性观甚为可取。其"率性之谓道"和"修道之谓教"、"诚者"和"诚之者"、"自诚明"和"自明诚"的二分法，首先体现了个体先天气禀的差异，其次阐明了由这种气禀差异所决定的道德路径和功夫的不同，更指出了普通人成为圣贤的方向。这种观点不但继承了孔子"中人以上"和"中人以下"以及"生而知之""学而知之""困而知之""困而不学"的学说，而且惠及宋明理学家的功夫、本体之论，功莫大焉。如王阳明说："我这里接人，原有此二种。利根之人，直从本源上悟入。人心本体，原是明莹无滞的，原是个未发之中。利根之人，一悟本体，即是功夫，人己内外，一齐俱透了。其次不免有习心，在本体受弊，故且教在意念上落实为善去恶。功夫熟后，渣滓去得净时，本体亦明尽了。"（《传习录》下）显然，这种看法和子思尽性说是一脉相承的。

不过，在孟子看来，性就是心，而心之"思诚"是唯一的道德路径，可见全部的道德功夫只系于一"心"。所以孟子不像晚年孔子和子思那样讲"尽性"，而是力主"尽心"。"尽其心"之"心"，当然为"恻隐之心"等等，即"四端"。所谓"尽心"，是说"四端"全般呈现，为我所得。此"心"既为"性"，故"尽其心者，知其性也"。而"性"由"天"所"命"，故"知其性，则知天矣"。

孟子之所以将"性"即本心称为"四端"，旨在强调它只是一种"端绪"。而既是"端绪"，则可沿此"端绪"向外推广、扩充。对此，孟子多有论述。如："凡有四端于我者，知皆扩而充之矣，若火之始然，泉之始达"（《孟子·公孙丑上》）；"老吾老，以及人之老；幼吾幼，以及人之幼。天下可运于掌。《诗》云：'刑于寡妻，至于兄弟，以御于家邦。'言举斯心加诸彼而已。故推恩足以保四海，不推恩无以保妻子。古之人所以大过人者，无他焉，善推其所为而已矣"（《孟子·梁惠王上》）；"亲亲而仁民，仁民而爱物"（《孟子·尽心上》）。显而易见，这种说法同子思以"成己""成物"为内容的"尽性"说实异曲同工。按照孟子的看法，心即性，故他的尽心也就是孔子和子思的尽性。王阳明亦云："性是心之体，天是性之原，尽心即是尽性。"（《传习录》上）

总之，尽性和尽心意味着实现本性、本心。《中庸》所说的"尽其性"是实现自我的本性，"尽人之性"为帮助他人实现其本性，"尽物之性"为帮助万物实现其本性。尽性、尽心、实现本性，就是万物的目的和存在的意义之所在。

万物之性的不同，决定了万物之目的和存在之意义有所不同。对各类事物而言，尽其非本质的性为低级目标，尽其本质的性则为高级目标。对于有气之物来说，其唯一目的是尽其物质性和物质理性；对有生之物来说，尽其物质性和物质理性只是低级目标，其高级目标是尽其生命性和生命理性；对有知之物来说，其低级目标是尽其物质性和物质理性、生命性和生命理性，其高级目标是尽其知觉能力和知觉理性；对有义之物来说，其低级目标包括尽其物质性和物质理性、生命性和生命理性、知觉能力和知觉理性，其高级目标则是尽其值性、值理性和发现价值的能力。可见，万物尽性的目标是处于不同层面上，对于每一类事物而言，目标越低，意义越小。如对于有知之物来说，实现作为物质的存在是微不足道的；对于有义之物来说，实现作为物质的存在和作为生命的存在（这里当然指的是植物生命）都是微不足道的。如果说高级目标决定事物的意义的话，那么，有气之物的意义在于实现其作为物质的存在，有生之物的意义在于实现其植物生命，有知之物的意义在于实现其生物生命，有义之物的意义在于实现其价值生命。至于有生之物以上各类事物的物质躯体，则不过是其实现各自生命意义的凭借、工具和手段而已。也就是说，枝叶花果是植物实现其植物生命的工具，动物躯体是动物实现其生物生命的工具，人的躯体是人实现其价值生命的工具。

显然，对于人来说，价值生命决定着生命的意义，是生命存在的高级形式，而生物生命本身无所谓真善美和假恶丑，不具有价值，所以是生命存在的低级形式。

人对内在世界或者说自我之道的认识，同时也意味着自我本性的呈现，这是一个问题的两个方面。由于先哲以为外在世界和内在世界是同一的，而没有意识到外在世界远远大于内在世界，所以他们相信，充分地开发内在世界，是全般地呈现本性，实现自我的途径。在我看来，这只是实现自我本性的一个途径，另一个途径是充分地开发外在世界。需要附带一提的是，道体也是有目的的，这就是孕育和帮助宇宙与万物实现其本性。

6、价值生命的层次和人生境界

相对于作为认知对象的理而言，作为感知对象的气，更具丰富性、生动性和不确定性，而作为觉知对象的值，则最为丰富、生动和不确定。不仅如此，作为道体高级形式的值世界，是存在不同层次的。所以，如果说人们对理的认知是大同小异的话，那么每个人对气世界的感触和对值世界体验和感悟的方向和程度是千差万别的，"仁者见之谓之仁，智者见之谓之智"，由此形成了千差万别的境界。关于境界，我们可以借用冯友兰的话来描述。他说："各人有各人的境界，严格地说，没有两个人的境界，是完全相同底。……但我们可以忽其小异，而取其大同。就大同方面看，人所可能有的境界，可以分为四种：自然境界，功利境界，道德境界，天地境界。"①其自然境界、功利境界属于感知和生物生命的不同层次，而道德境界、天地境界则为觉知和价值生命的不同层次。也就是说，各个主体认识道的难易程度不同，所达到的层次亦异。其实，这在很大程度上取决于他们气禀的差异。对此，古人多有讨论。如《河南程氏遗书》卷十八载：

> 问："人性本明，因何有蔽？"曰："……才禀于气，气有清浊。禀其清者为贤，禀其浊者为愚。"又问："愚可变否？"曰："可。孔子谓上智与下愚不移，然亦有可移之理，惟自暴自弃者则不移也。"

王阳明亦云：

> 人之气质，清浊粹驳，有中人以上，中人以下。其于道有生知安行，学知利行，其下者必须人一己百，人十己千，及其成功则一。（《传习录》上）

贤者、中人以上者禀气之清，其体道更易且深；愚者、中人以下者禀气之浊，其体道更难且浅。但是，只要付出足够的努力，"亦有可移之理"，就是说愚者一样能够成功。

---

① 冯友兰：《三松堂全集》（第四卷），河南人民出版社1986年版，第550页。

　　觉知能够达到值世界的不同层面和高度，这就决定了价值生命本身也是存在不同层次的。我们知道，作为觉知的对象，值世界包含恒值、太值、值之性（或值之心）三个层面，而三者之间是部分与整体的关系，即值之性为有限的太值，太值为有限的恒值。其中，值之性乃值之在我，是觉知最直接的对象。所以觉知的目标首先是对值之性的体悟，然后是进一步对作为值之性直接来源的太值的体悟。觉知的最高目标是达至值世界的本原形态即处在道体无极状态的恒值并与之相契合，从而充分实现和体验作为道的本性的道之九德，并由此获得生命的最高自由、最高自在、最高快乐、最高满足、最高安顿。我把这种状态称为生命巅峰状态或巅峰体验。可以说，它体现了生命的根本意义和终极关怀，是人类真正的精神家园。可见，觉知的不断追求，就是精神不断解放的过程。

　　达到生命巅峰状态的途径大致可以分为五种：一是自心了悟的路径；二是各种身心修行的路径；三是道德的路径；四是审美的路径，五是神灵的路径。其中，第一种路径是生命心无所凭借、直截了当地对道的彻悟和洞察，是最高超的体道路径。第二、三、四种路径虽然分别借助于修行、道德和审美，但仍然是依赖生命心自身的认识能力。第五种则主要靠外力的作用，是在依赖生命心自身的能力无法达到巅峰状态的情况下不得不采用的路径，是不得已的办法。

　　当然，这只是一种理论层面上的区分，在现实中它们又是互相包容的，尽管不同的人群会有不同的侧重。一般说来，利根之人易于采用第一种路径，其次采用第二、三、四种路径，而对于普通大众来说，则采用第五种路径更为便捷。所以，神灵虽然不是高超的体道路径，却是最为广泛运用的体道路径，这就是神灵的重要价值之所在。

各种人生学说和生命体验对五种路径各有倚重。大致地说，自心了悟的路径和身心修行的路径为儒、道、释三家所并重。不过，对于儒家来说，道德的路径显得更为重要。至于审美的路径，向来为文学家、艺术家所青睐；而基督教和伊斯兰教则对神灵的路径情有独钟。因而，就各大文明系统的情况看，除审美的路径为各种文明所并重之外，中华文明侧重于前三种路径，印度文明侧重于前两种路径，西方文明和伊斯兰文明则以最后一种路径为主。这也就不难理解，就像西方文明的物质文化达到了人类最高水平一样，中华文明的精神文化达到了人类最高水平。

我要强调的是，这只是达到生命巅峰状态的路径不同，其最终的目标则是一致的。好比从不同方向爬同一座山，虽然路径不同，但最终所达到的是同一个顶点，正所谓"道通为一"。只不过各家对这同一个顶点称谓不一，孔子谓之"易"，后儒谓之"天"，道家谓之"道"，佛教谓之"真如"，基督教谓之"上帝"，伊斯兰教谓之"真主"，如此等等，其实一也。《周易》曰："天下同归而殊途，一致而百虑。"

不断提高境界，最终完全达到生命巅峰状态，往往是一个漫长的修养过程。"吾十有五而志于学，三十而立，四十而不惑，五十而知天命，六十而耳顺，七十而从心所欲，不逾矩"，不正是孔子对其一生境界演进的总结吗？

7、生物生命和知识对价值生命的腐蚀

对人来说，实现其价值生命和实现其生物生命之间往往存在冲突。如果一任价值生命的实现，必然要压抑生物生命的实现，反之亦然。不仅如此，生物生命无限度的放纵有时会侵蚀甚至吞噬价值生

命，从而使人失去人生的目标和意义。

对此，古往今来的思想家多有论述，当然他们都是以高扬价值为宗旨的。如郭店本《老子》说："罪莫厚乎甚欲，咎莫憯乎欲得，祸莫大乎不知足。"所以主张："视素保朴，少私寡欲。"今本《老子》也说："五色令人目盲，五音令人耳聋，五味令人口爽，驰骋畋猎令人心发狂，难得之货令人行妨。是以圣人为腹不为目。故去彼取此。"（十二章）

关于这个问题，孟子有精彩的论述："体有贵贱，有大小。无以小害大，无以贱害贵。养其小者为小人，养其大者为大人。"（《孟子·告子上》）在和公都子的对话中，孟子又对此做了进一步阐述。

> 公都子问曰："钧是人也，或为大人，或为小人，何也？"孟子曰："从其大体为大人，从其小体为小人。"曰："钧是人也，或从其大体，或从其小体，何也？"曰："耳目之官不思，而蔽于物。物交物，则引之而已矣。心之官则思，思则得之，不思则不得也。此天之所与我者。先立乎其大者，则其小者弗能夺也。此为大人而已矣。"（《孟子·告子上》）

孟子的"大体""心"相当于我的价值生命和觉知心，"思"为觉知心对值世界的觉知，"小体"和"耳目之官"为生物生命和感知心。从孟子的论述中，我们可以得出这样的结论：觉知心的功能就是对值世界的觉知，这是上天赋予我的，是生命中高贵部分。感知心不能认识值世界，故为外物所遮蔽。外物陈陈相因，最终导致价值的堕落，从而造成对价值生命的残害。这是生命中低贱的部分。所以，滋养和顺从价值生命和觉知心的人为"大人"，滋养和顺从生物生命和感知心的人为"小人"。当然，对于"大人"来说，并不是要完全断绝生物生命和感知心，关键在于"先立乎其大者"，即首先确立价值生命和觉知心的主导地位，以之统帅生物生命和感知心，这样后者就不能动摇前者了。

生物生命与价值生命的冲突，最终可以归结为觉知心与感知心的冲突；认识心的另一部分即认知心与觉知心之间也存在着冲突，这表现为知识与价值生命的冲突。也就是说，如果一任认知心的发挥，一味地追求知识，也会导致价值生命的失落。

郭店本《老子》是这样论述"学"和"为道"之关系的："学者日益，为道者日损。损之或损，以至无为也。无为而无不为，绝学无忧。"知识是通过学习得到的。相对于精神的本来状态而言，学习无疑是一种增益，正是这些增益的东西导致了对道的背离。因而，"为道"与此恰恰相反，正是对这些增益之物的减损。减损又减损，以至于"无为"，从而回归自然，与道合一。"无为"作为一种自然行为，看起来没有做什么，但事实上无所不为。既然"学"是"为道"的反动，那么只好杜绝之——"绝学无忧"。弃绝学习，回归大道，便可无忧。老子还进一步认为，弃绝知识和论辩，人民会得到百倍的好处——"绝知弃辩，民利百倍。"

《庄子·天地》篇表达了类似的思想："有机械者必有机事，有机事者必有机心。机心存于胸中则纯白不备，纯白不备则神生不定，神生不定者道之所不载也。"有缘于知识的机械，便有投机取巧之事；有投机取巧之事，便有投机取巧之心。投机取巧之心存于胸中，精神便不能澄明纯净；精神不能澄明纯净，微妙的本性便摇曳不定；

微妙的本性摇曳不定的人，便不能载道了。

或许老庄对知识的态度过于极端了。孟子以"先立乎其大者，则其小者弗能夺也"来确定价值生命和生物生命的关系，这也是我们对待价值生命和知识关系的正确态度。

总之，在觉知心、感知心和认知心三者中，觉知心居主导地位，后二者居从属地位。当三者之间发生冲突时，后二者要服从于觉知心。

8、价值生命和生物生命的互相渗透

作为两种基本的生命存在状态，价值生命和生物生命之间也是相互影响、相互渗透的。一方面，由于情的渗透，价值生命变得更加生动活泼，更加丰富多彩；另一方面，价值生命的介入，赋予情以价值和意义的属性，这其实是价值对生物生命的提升和转化。此外，由于情隐含着趋善趋恶的机理和可能性，所以它也会对价值生命本身产生一些正面的和负面的影响。这种带有价值属性的情感，我称为价值情感；这种为情感所渗透的价值，我称为情感价值。前者是情感的价值体现，后者是价值的情感体现。二者名称虽异，其实一也。在这种价值和情感的混合体中，价值起着主导性的作用。人们一般所说的道德情感、审美情感、宗教情感等，皆属此类。相应地，我把不带有价值属性的情感称为生物情感，把不带有情感色彩的价值称为单纯价值。

生物情感的三个层面向价值情感转变的模式有所不同。我们说就其自然情势而言，第一层面易于导致利他主义，其实是说它可以顺发为价值和价值情感；第二层面易于导致利己主义，意味着只有通过道德修养的功夫，它才能转换为价值和价值情感；第三层面则在两者之间，

或可顺发为情感价值，或通过道德修养功夫才转化为情感价值。生物情感向价值情感的顺发或转化，今本《中庸》称之为"发而皆中节"。一种生物情感能否转变为价值情感，仍然取决于意的主宰作用。意的这种统合知（包括觉知和认知）、情之态势，我们可以仿照古人的话语方式称为"意统知情"。中国古代哲学家所探讨的功夫论，统而言之，大抵可归结为由生物情感转变为价值情感的功夫。

9、从孟荀的以情为性说看善恶的起源

情在中国传统人性论中占有极其重要的地位，并且总是和道德纠缠在一起。中国传统人性论的核心问题是"德""欲"及其相互关系。由此引发了两条发展脉络：一是三代以降以情欲为"性"或者说气质之性的旧传统；二是晚年孔子所开创的以"德"为"性"或者说义理之性的新传统。也就是说，中国早期对人性的认识经历了一个从"欲"到"德"，或者说从人的本能到人的本质的过程。孔子以前，"性"就是情欲、本能。当时的人性论主要表现在两个方面，即以"德"御"性"和以"气"释"性"。老子开始将"德"作为人之为人的内在本质。早期孔子提出"性相近也，习相远也"，他对"性"的理解，基本上维持了传统的观念。晚年孔子则进一步以"德"为"性"，从而完成了对传统人性论的根本转化。这实为义理之性之渊源、性善说之滥觞。子思提出"天命之谓性"之说以弘扬新传统，将情欲之"性"称为"中"。竹书《性自命出》不但发展了子思的"中"论，而且将其恢复为"性"，并为之建构了一套独特的外在道德先验论，从而使旧传统发扬光大。孟子力图纠正这一趋势，力主只有"四端"才是"性"，而情欲之"性"只是"命"，从而将新传统发挥到极致。对此，荀子进而沿着《性自命出》开辟的道路，将旧传

统推向顶点，明确提出了性恶的主张①。

新旧传统所谈的人性不可同日而语。旧传统所谓的人性为气之性或气之心，而新传统所谓的人性为值之性、值之心或价值情感。即使同为旧传统，所论人性也有差异。如《性自命出》的性主要指情绪，而荀子的性，如下文所言，主要是生理欲望。

那么，古人是如何定义"性"的呢？"性"的本字为"生"，二者密不可分，以致古人亦多以"生"解"性"。如告子说："生之谓性。"（《孟子·告子上》）荀子说："生之所以然者谓之性。"（《荀子·正名》）董仲舒云："如其生之自然之资谓之性。"（《春秋繁露·深察名号》）刘向："性，生而然者也。"（《论衡·本性》引）情欲为"生而然者"，这是每一个人都容易理解和接受的。但如果要论证道德为"生而然者"却非易事。所以，新传统对"德"之为天生即有的性，起初只作笼统的肯定，而不作具体论证。

后来，面对越来越多的挑战，善辩的孟子不得不为这种新人性观进行论证和辩护。一方面，"所以谓人皆有不忍人之心者，今人乍见孺子将入于井，皆有怵惕恻隐之心——非所以内交于孺子之父母也，非所以要誉于乡党朋友也，非恶其声而然也"（《孟子·公孙丑上》）。所谓"怵惕恻隐之心"，事实上就是人生而即有的同情心。另一方面，"人之所不学而能者，其良能也；所不虑而知者，其良知也。孩提之童无不知爱其亲者，及其长也，无不知敬其兄也。亲亲，仁也；敬长，义也；无他，达之天下也"（《孟子·尽心上》）。所

---

① 详见拙作《"德""欲"之际——中国人性论的起源与早期发展》，见蔡德麟、景海峰主编：《全球化时代的儒家伦理》，清华大学出版社2007年版。

谓"孩提之童无不知爱其亲者",是说婴儿对母亲的天然爱恋。这两个方面都是本能,属于情爱本能。既然是本能,故虽然它能够表现为利他主义,或者说表现为善,但其本身是无所谓善恶的。"人之所不学而能""所不虑而知",不过是对本能的描述。但是,孟子称之为"良能""良知",却值得玩味。如果说这种"能""知"自然趋向"良",故谓之"良能""良知",我们是可以接受的;如果由于此"能"此"知"本身就"良",故谓之"良能""良知",就令人难以苟同了。

令人疑惑的是,这两种态度,在孟子思想中是并存的。在《孟子·告子上》中,面对公都子的质疑,孟子劈头便说:"乃若其情,则可以为善矣,乃所谓善也。""可以"二字表明,性善只是一种可能性,或是一种趋势。这无疑不符合他一贯主张的性善说。所以,孟子话头一转,接着便说:"仁义礼智非由外铄我也,我固有之也。"据此,性善为实然。

孟子论证"我固有"仁义礼智的理由是"仁义礼智根于心"(《孟子·尽心上》)。他还进一步将仁义礼智在心中的"根"称为"四端"。

> 无恻隐之心,非人也;无羞恶之心,非人也;无辞让之心,非人也;无是非之心,非人也。恻隐之心,仁之端也;羞恶之心,义之端也;辞让之心,礼之端也;是非之心,智之端也。人之有是四端也,犹其有四体也。(《孟子·公孙丑上》)

程朱都认为,四端皆情:

或问："孟子言四端处有二，大抵皆以心为言。明道却云：
'恻隐之类，皆情也。'伊川亦云：'人性所以善者，于四端之
情可见。'一以四端属诸心，一以四端属诸情，何也？"曰：
"心，包性情者也，自其动者言之，虽谓之情亦可也。"（《朱
子语类》卷五十三）

依我之见，心即性也，而情又是心的一项功能，故言四端为心、
为情是不矛盾的。其实，不但四端为情，而且仁义礼智本身又何尝不
是情？前者为生物情感，后者为价值情感。

孟子之所以陷入自相矛盾的境地，我以为根源于他对性的概念首
鼠两端。当他将性归结为仁义礼智，即我们所说的值之性、值之心及
其呈现形式价值情感的时候，他得出了性善的结论；而当他将性归结
为情爱本能的时候，便自然得出性善为一种可能性的结论。孟子既然
将性归结为仁义礼智了，为什么还要将之归结为情爱本能，以至陷自
己于进退维谷之地呢？问题就出在他试图论证其仁义礼智为性说是符
合"生而然者"的普遍性定义的，殊不知，值之性或值之心是难以用
现实事例来证明的。

荀子的性恶论与孟子的性善说虽然结论截然对立，但在思维方式
上却如出一辙。在《荀子·性恶》篇，荀子不仅将"性"和"情"并
称——"从人之性，顺人之情"，且屡言"情性"，直白其"性"为
"情"。此"情"为情的哪个层面呢？荀子说："今人之性，饥而欲
饱，寒而欲暖，劳而欲休，此人之情性也。"又说："若夫目好色，
耳好听，口好味，心好利，骨体肤理好愉佚，是皆生于人之情性者
也。"可见，荀子的"性"为生理欲望。

性既为生理欲望，即属本能，即无所谓善恶。荀子是如何论证性恶的呢？《荀子·性恶》篇开宗明义："人之性恶，其善者伪也。今人之性，生而有好利焉，顺是，故争夺生而辞让亡焉；生而有疾恶焉，顺是，故残贼生而忠信亡焉；生而有耳目之欲，有好声色焉，顺是，故淫乱生而礼义文理亡焉。"三个"顺是"，已准确无误地告诉我们，荀子的性恶，不过是人性向恶的趋势罢了。这段表白，同孟子"乃若其情，则可以为善矣，乃所谓善也"的断言，何其相似乃尔！所以，荀子认为只有"化性起伪"才能将生理欲望转化为价值："故圣人化性而起伪，伪起而生礼义，礼义生而制法度；然则礼义法度者，是圣人之所生也。"（《荀子·性恶》）

朱子如是区分孟子的四端和荀子的七情："四端是理之发，七情是气之发。"（《朱子语类》卷五十三）依我之见，四端、七情皆气之发，或发自情爱本能，或发自生理欲望。

尽管我不赞成孟、荀将趋善、趋恶当作性善、性恶，但他们对善恶根源的追究却值得我们给予特别的关注。综合二家之说，情爱本能和生理欲望等生物情感本身虽然无所谓善恶、无所谓价值，却是善恶、价值之端绪，隐含着向善向恶的趋势。可以说，在生物情感的三个层次中，情爱本能，善之端也；生理欲望，恶之端也；喜怒哀乐，两端并存也。教化的作用就是抑止恶端，推扬善端，故曰"为善去恶靠教化"。

从宏观上看，孟、荀之间除了思维方式有所雷同外，具体观点也多有契合。如他们都认为生理欲望为恶的来源，并且都主张通过教化以达到为善去恶的目的。

王阳明继承和发展了孟子的良知说。王阳明的"良知"虽然也是情爱本能，但他对良知的善恶定性却比孟子合理："无善无恶心之体"。我认为，王阳明的"心之体"就是处于未发状态的情爱本能，它无所谓善恶，故谓之"无善无恶"。

尽管我们对知觉心的功能作了如此那般的区别，但在事实上，这些功能之间是盘根错节、难解难分的。知觉心是能动的。只要心有所动，往往就是知觉心各项功能的综合反应，虽然在不同情况下每项功能的地位有别。

五、人道——我们应当怎么做

1、文化及其系统

生命心和认知心对道所含有的值世界、气世界和理世界的认识，其本质是对道的开发，同时也是道的呈现。道是无限的，生命心和认知心对道认识也是无穷的，生命的意义就在于生命心和认知心对道的无穷呈现，其结果，便形成了文化。换言之，文化就是心体的呈现、心体的外化、心体的产品。不过，生命心和认知心的呈现者性质有所不同，由生命心所呈现的文化为生命文化或文化的生命系统，由认知心所呈现的是知识文化或文化的知识系统。当然，这是就文化的主要倾向而言的，文化作为心的产品，往往是生命心和认知心混合呈现的产物。

觉知体现了价值生命，感知体现了生物生命，所以由觉知所呈现的文化为价值性生命文化，可简称为价值文化，诸如道德、宗教、文学、艺术等；由感知所呈现的文化为生物性生命文化，可简称为生物文化，诸如体育、各种娱乐活动等。由于价值生命和生物生命本身就是相互渗透的，因而价值文化和生物文化之间也是你中有我，我中有你。因此，作为心的产品，价值文化中也含有非价值甚至负价值（假恶丑）的成分，而生物文化中也含有价值（真善美）的成分。

由于理世界包含值理和气理两部分，知识文化也相应地分为两种：一是价值知识，即由认知心所呈现的值理；二是自然知识或科学知识即由认知心所呈现的气理。前者来自值世界，又是通往值世界的桥梁；后者来自气世界，又创造出新的人为的气世界，这就是物质文化。

各个系统的文化一旦形成，就会分别成为人们认识值世界、气世界和理世界的凭借、工具和途径。

从认识论的角度看，我们可以说生命心和认知心是能知，值世界、气世界和理世界是所知，而文化（包括生命系统和知识系统）是既知，至于尚未被生命心和认知心所触及的值世界、气世界和理世界其余的那仍然无限的部分，则是未知。这里的能知、所知、既知、未知四个概念——合称"能所既未"，或许能够更全面地反映认识过程。

相对于无限的值世界、气世界和理世界，心之潜能总是有限的。最大限度地发挥心之潜能，则意味着最大限度地开发值世界、气世界和理世界。

文化被心创造出来以后，又反过来服务于心。一般来说，价值文化、生物文化和知识文化正好分别服务于各自的创造者即觉知心、感知心和认知心。孟子说："养心莫善于寡欲。其为人也寡欲，虽有不存焉者，寡矣；其为人也多欲，虽有存焉者，寡矣。"（《孟子·尽心下》）孟子所说的"养"也就是我这里所说的"服务"。不过，认知心毕竟不是生命的体验者，所以知识文化最终还是用来服务于生命心的。大致地说，价值知识主要服务于觉知心或价值生命，而科学知识以及由科学知识而形成的物质文化主要服务于感知心或生物生命。

动物有感知心和涉及气理的认知心，故能创造出一些简单的生物文化、自然知识以及相应的物质文化。

2、终极价值与一般价值

各种文化系统对人的意义是不同的。作为有义之物，人的目的和存在意义最终在于以其所特有的觉知心去实现其值之性、值之心，从而创造价值文化、价值知识。至于感知心和生物生命，则不过是人实现其目的和存在意义的工具、手段和凭借而已。

我们已经知道，在价值生命和觉知心中，生命巅峰状态或巅峰体验体现了生命的根本意义和终极关怀，是人类真正的精神家园。我把这种价值称为"终极价值"，它在文化系统中表现为信仰和行为准则，具有至高无上的地位。终极价值既是值本体至真、至善、至美之本性的体现，又是道体九德的落实。

终极价值应该包含哪些内容呢？我们知道，西方人提出的真、善、美三个价值观念已为世人所普遍接受。但正如钱穆所说："其实此三大范畴论，在其本身内涵中，包有许多缺点。第一，并不能包括尽人生的一切。第二，依循此真、善、美三分的理论，有一些容易引人走入歧途的所在。第三，中国传统的宇宙观与人生观，亦与此真、善、美三范畴论有多少出入处。"①我以为，真、善、美三大范畴仍然是达到生命巅峰状态各种途径所体现的价值，而不是生命巅峰状态

---

① 钱穆：《人生十论》，广西师范大学出版社2004年版，第8页。

本身所体现的价值。换言之，它们并不是价值的最高形式，也不是终极价值。

生命巅峰状态本身所体现的价值是什么呢？我用一个"安"字来表达。因此，我将价值的三大范畴扩大为四大范畴：真、善、美、安。其中，安与真、善、美不在同一个层面上，而是高于真、善、美之上的终极价值。在价值系统中，那些并非直接关涉终极关怀的价值，诸如伦理价值、社会价值、政治价值等等，我统统归之于一般价值（参见本书第一章）。

这样，文化就可以分为四个系统，即终极价值系统、一般价值系统、生物系统和知识系统。当然这只是一个大体的划分，四者之间并没有明确的界限。价值系统和生物系统之间相互渗透的情况已如上所述。而就价值系统和知识系统之间的关系来看，值理实现为文化，自然就是关于价值的知识，而一切知识又都服务于主体，所以知识自有知识的价值。

当然，这四大文化系统对人类的意义是有差等的。其中，终极价值系统是至关重要的，它决定了人类存在的根本意义，其次是一般价值系统，再次是生物系统，最后是知识系统。

3、作为终极价值的"道"

在儒家学说中，反映终极关怀的终极价值可以用"道"这一概念来概括。道是中国哲学的一个核心范畴，为儒、释、道三派所共同推崇，但各家对它的理解不尽相同。大致地说，作为哲学范畴的道，有两层含义：一是由本义道路引申出来的规律、原理、准则等义；二是宇宙的本原、本根、本体。作为宇宙本原、本根、本体的道为老子所首创；先秦儒家的道，大抵是作为规律、原理、准则的道。其中，除了加以限定者，如"天之道"（"天道"）、"地之道"（"地道"）等外，单独使用的道一般为人当行之道，即人之道、人道，也就是行为准则。

那么，儒家眼中的人当行之道是什么呢？大致地说，儒家之道有两个维度：一是精神境界；二是伦理道德。前者侧重个人修养，后者侧重社会秩序，二者又保持着高度的统一。孔子七十岁后所达到的"从心所欲，不逾矩"，既是最高的精神境界，又是最高的道德情操。所以，儒家之道表现为一系列的道德范畴。在儒家看来，人们应该遵守各种道德范畴，依道而行。今考经典，如果将先秦儒家的"道"理解为各种道德规范的总称，大致是不错的。如孔子说"君子道者三，我无能焉。仁者不忧，知者不惑，勇者不惧"（《论语·宪问》），以仁、智、勇为道；"子谓子产有君子之道四焉：其行己也恭，其事上也敬，其养民也惠，其使民也义"（《论语·公冶长》），以恭、敬、惠、义为道；曾子说"夫子之道，忠恕而已矣"（《论语·里仁》），以忠、恕为道；子思说"天下之达道五，所以行之者三。曰君臣也，父子也，夫妇也，昆弟也，朋友之交也。五者，天下之达道也。知、仁、勇三者，天下之达德也"（《中庸》），以五种人伦为道；孟子说"尧舜之道，孝悌而已矣"（《孟子·告子下》），以孝、弟为道；荀子说"先王之道，仁之隆也，比中而行之。曷谓中？曰：礼义是也。道者，非天之道，非地之道，人之所以道也，君子之所道也"（《荀子·儒效》），以仁、礼、义为道。

容易让人产生误解的是《易传》中的"道"字。随着魏晋玄学之风的兴起，《易传》中的"道"多被理解为作为本原、本根、本体的道。如韩康伯注《系辞》上"一阴一阳之谓道"曰："'道'者何？无之称也。无不通也，无不由也，况之曰'道'。"在韩氏看来，此"道"，即"无"，即本体。依我看，这只是对《周易》的玄学解释，万不可以之为《周易》本义。其实，《系辞》上篇的这个"道"字，只是天地之道，而非超越的本体。一方面，其上文有"易与天地准，故能弥纶天地之道"之语，明言"天地之道"；另一方面，《系辞》下篇亦有"立天之道曰阴与阳，立地之道曰柔与刚"之句，足可旁证。盖合则以阴阳兼状"天地之道"，分则以阴阳状"天之道"，以柔刚状"地之道"。

又如孔颖达《周易正义》注《系辞》上篇"形而上者谓之道，形而下者谓之器"曰："道是无体之名，形是有质之称。凡有从无而生，形由道而立，是先道而后形，是道在形之上，形在道之下。故自形外已上者谓之道也，自形内而下者谓之器也。形虽处道器两畔之际，形在器，不在道也。既有形质，可为器用，故云'形而下者谓之器'也。"这种以"无"释"道"的观点，与韩康伯如出一辙。宋明理学家们虽然不会接受以"无"释"道"的看法，但仍认为"道"就是本体，只不过将韩、孔二氏的"无"替换为"理"而已。朱子说："形而上者，指理而言；形而下者，指事物而言"（《朱子语类》卷七五）；"理也者，形而上之道也，生物之本也；气也者，形而下之器也，生物之具也。"（《晦庵先生朱文公文集》卷五八《答黄道夫》）至西学东渐以后，随着西文的"metaphysics"被翻译为"形而上学"，以"道""器"之分为本体与现象之别，已经成为常识。但我以为，这也是一个误会。"形而上"，即无形质的，感观所不能触及者；"形而下"，即有形质的，感观所能触及者。故"器"为有形的事物，"道"为此事物之规律、原理、准则。唐人李鼎祚《周易集解》引崔觐以"体""用"喻"器""道"，诚为真解："凡天地万物，皆有形质。就形质之中，有体有用。体者，即形质也。用者，即形质之妙用也。言有妙理之用，以扶其体，则是道也。其体比用，若器至于物。则是体为形之下，谓之为器也。假令天地圆盖方轸，为体为器，以万物资始资生，为用为道。动物以形躯为体为器，以灵识为用为道。植物以枝干为器为体，以生性为道为用。""器"为体，"道"为用，故"道"显然不是宇宙之本原、世界之本体。章学诚在《原道》中将《系辞》这两句话理解为"道不离器，犹影不离形"，可谓有识。

在儒学史上，道真正拥有本体的含义，是宋代以后的事情。宋明理学家们不但继承了原始儒学作为事物规律、原理、准则的道，而且在形式上吸收了道家作为世界本原、本根、本体的道，甚至明确地提出了"道体"的概念。在宋明理学中，道体就是太极，就是世界的本原、本体。就这样，道的两层基本含义就统一起来了。

总之，在原始儒学中，道只是事物的规律、原理、准则，是人当行之道，是行为准则，而不是理学家的"道体"之"道"。道既然为人道，则其切近人事，表现于伦常日用。如孔子所说："道不远人。人之为道而远人，不可以为道。"（语出今本《中庸》）孟子也说："夫道，若大路然，岂难知哉？"（《孟子·告子下》）至于表示世界本原、本体，相当于宋明理学中"道体"的概念，当时只有两个，一个是"易"，一个是"天"，前者只见于孔子易学。

我们说道见于伦常日用，并不意味着它仅仅来自现实生活。董仲舒说："道之大原出于天。"（《举贤良对策》）超越世界，才是大道最终的本源。故子思说："君子之道，费而隐。夫妇之愚，可以与知焉。及其至也，虽圣人亦有所不知焉。夫妇之不肖，可以能行焉。及其至也，虽圣人亦有所不能焉。"（今本《中庸》）"夫妇之愚，可以与知""可以能行"者，道之见于伦常日用者也；"虽圣人亦有所不知""有所不能"者，道之玄妙本原者也。

因而，作为人当行之道的"道"，其实就是儒家的终极关怀和信仰之所在，也就是儒家所讲的"道统"之"道"，它集中体现了儒家的终极价值。所谓道统，就是古往今来的圣贤探寻、继承、弘扬人类当行之道和终极价值的传统，是中国远古人文精神和孔子以来儒家道德精神薪火相传的系统，是中国文化生生不息的命脉。孔子说："人能弘道，非道弘人。"大道由远古圣人的发现得以成立，亦由历代圣贤的不断求索和弘扬得以生生不息。唯其如此，大道方可成"统"。在五千年的中国文化史上，道统不正像黄河、长江吗？由泉之始达而涓涓细流，以至滔滔巨澜，其间又容纳百川，不断吸收异质文明。

我以为，道与道统作为儒家终极价值及其传统的形成，具有普遍意义。虽然各种文明的价值观不同，但其终极价值无不最终落实于一套行为准则，也就是人当行之道。道体是无限的，是一个取之不尽、用之不竭的价值源泉。正像儒家从中发展出儒家之道并形成其道统一样，世界上所有价值体系都从中得出各自之道并形成其道统。到目前为止，形形色色的超越概念，诸如儒家的"天"、道家的"道"、佛学的"真如"、西方的"上帝"等，无不是各种文化系统站在自己的立场上从不同角度对道体的体认，最终无不落实于各自所持的人当行之道，来指导人们的行为。所以，我将人类的终极价值笼统地称为"道"。

作为终极关怀，信仰可以分为宗教信仰、人文信仰两种基本类型。由此，人类的终极价值——人道也相应地分为两类，一是宗教之道，二是人文之道。世界上大多数民族的信仰为宗教，故其终极价值是宗教性的；而中国人的信仰则宗教、人文并行，尤以人文性为主。

4、"道"的形成

在各个文化系统中，作为终极价值，道是如何形成的呢？诚如余英时所说："仅从价值具有超越的源头一点而言，中、西文化在开始时似乎并无基本不同。但是若从超越源头和人间世之间的关系着眼，则中西文化的差异极有可以注意者在。"他进一步指出，中国的超越世界内在于人，要通过内在超越之路才能进入这个超越的价值世界，由此形成了内在超越的价值论；西方的超越世界外在于人，要通过外在超越之路才能进入其超越的价值世界，由此形成了外在超越的价值论。[①]不过，我倒觉得，在中国历史上，虽然内在超越的价值论占有明显的优势，但外在超越的价值论也蔚为壮观。

中国外在超越价值论的源头，可以追溯到原始宗教，而被我称为"天地祖先信仰"的中国传统的主体宗教，就是其代表。这种宗教的主要内容有上天崇拜、民族始祖崇拜、祖先崇拜、圣贤崇拜、自然崇拜、社会习俗、传统节日等。在我看来，早在中国跨入原始文明时代之初，也就是古史传说的三皇五帝时期，天地祖先信仰就已经形成了。在夏商周三代以降至清末的漫长历史时期，天地祖先信仰一直高居国教的地位（参见本书第七章）。按照天地祖先信仰的思想，万事

---

① 余英时：《从价值系统看中国文化的现代意义》，见余著《文史传统与文化重建》，生活·读书·新知三联书店2004年版。

万物和一切价值的超越源头是天，而天之于人是一种外在的力量。至于其他中国本土宗教，包括道教，无疑也属于外在超越一系。

中国内在超越价值论起源于《周易》。如果从伏羲画八卦算起，其源头也可追溯到三皇五帝时期。依《周易》，万事万物和一切价值的超越源头是阴阳，而阴阳之于人是一种内在的力量，或者说是内在于人的。老子的道论脱胎于《周易》，所以道家的价值系统属于典型的内在超越论。

或许是由于全面继承了传统文化遗产的缘故，儒家同时接纳了外在超越和内在超越两系。对此，可以考之于儒家的道统传承谱系。大道兴于对天人之际的追究，而究天人之际，则既可自上而下地"推天道以明人事"，又可自下而上地"究人事以得天道"。由此形成了道之两统，可分别称之为天人统和人天统。①

所谓人天统和天人统，正好分别与外在超越和内在超越两系相对应。诚然，不管天人统还是人天统，都认为道来自超越世界，但其着眼点又各不相同。在天人统看来，性即人之为人的本质，故性本善。道即出自性，而性为天所命。关于这一点，子思表达得最为明确："天命之谓性，率性之谓道。"按照我的理解，所谓"率性之谓道"，就是说将"性"引导出来，便形成"道"；或者说引导出来的"性"，就是"道"。盖"性"为内在之物，必靠引导方可呈现。这种关于道之起源的看法，所走的是内在超越之路。与此不同，在人天统看来，性就是人生而即有的本能、欲望，故这种内在的性不可能

---

① 郭沂：《五经七典——儒家核心经典系统之重构》，《人民政协报》2006年12月18日、2007年1月15日连载。

成为道的来源。那么，在此派看来，道来自何处？郭店竹简《天降大常》（原题《成之闻之》，应为《性自命出》作者的另一篇作品）说："天降大常，以理人伦。制为君臣之义，著为父子之亲，分为夫妇之辨。是故小人乱天常以逆大道，君子治人伦以顺天德。"和人之"性"一样，人间之"道"亦由"天"所"降"，只不过"天"并不是将"道""降"于人自身，而是直接"降"之于天下、"降"之于社会、"降"之于人间。也就是说，"道"是外在于人的。这种关于道之起源的看法，所走的是外在超越之路。

一般来说，宗教是通过外在超越之路来建构其价值体系的，但佛教是个例外，认为超越世界是内在于人性的，是谓佛性。

那么，外在超越之路和内在超越之路谁是谁非呢？作为终极价值，人道源自道体，是值世界在心中的呈现，或者说是心对值世界的开发。值之本体，即恒值和太值，早在人类产生之前，本来就是客观存在的。尤其无极状态下的恒值，更是不生不灭的。在这个意义上，作为价值之源的值是外在于人的。由此，外在超越之路得以成立。但是，当太极创生万物之后，万物就各具太极，作为万物之灵的人自然也不能例外。在这个意义上，作为价值之源的值又内在于人，成为人的值之性。由此，内在超越得以成立。可见，外在超越和内在超越都是有充足的根据的，只不过它们各看到了真理的一个侧面，各执一端而已。由于太极无二，确切地说，值世界通而为一，故源自人自身和源自外部世界的道是相通的，外在超越之路和内在超越之路，终归于一。这样也就不难理解，子思通过内在超越所得之道与《性自命出》通过外在超越所得之道，并无实质区别。因而，对道的追求，理应内外互参，上下求索。

5、文明的重估

让我们以上述结论来重新评估人类文明。

正如德裔美籍思想家埃里希·弗罗姆在《逃避自由》一书中所说，站在现代立场上，中世纪的每个人虽然都被他在社会秩序中扮演的角色所束缚，可他从这个社会秩序中获得了安全感和归属感，从而不会感到孤独和孤立。进入现代社会以后，人们不但在个人情感的表达和宗教信仰方面获得了自由，而且在经济上、政治上也获得了自由。然而与此同时，个人失去了以往的安全保障，陷入了孤立无依的境地，由此导致孤独、恐惧、焦虑、苦恼和惶惑。这是为什么？现代社会到底出了什么问题？

的确，在传统社会，物质文化十分落后，政治制度也在很大程度上限制了人的自由。但更重要的是，那是一个高扬终极价值的社会。正如孟子所说，"先立乎其大者，则其小者弗能夺也"。只要守护住终极价值，人生的意义和心灵的安顿就有了保障，这才是当时人们获得安全感和归属感的根本原因。

现代社会的基本价值是科学和民主，但科学不过是生命的工具，而不是生命本身。随着科学的发展，人类登上了月球，建立了国际空间站，如此等等，但所有这一切虽然使人们开阔了眼界，增长了知识，但并未使人们的心灵获得丝毫安顿，并没有解决人生的意义问题。更有甚者，科学的发展极大地冲击了传统的价值体系。哥白尼提出日心说，达尔文提出进化论，以及现代科学的种种发现，深刻地动摇了作为西方终极价值的基督教的根基。

至于民主，则基本上是个制度层面的问题，属于我所说的一般价值，而非终极价值。现代自由观念，包括信仰自由、政治自由、言论自由、经济自由等等，是以确立个体同他人、同自然和社会的相对性为出发点的，其实现取决于个体对外在因素的摆脱。可见这是一种外在自由，与我所说的生命自由不可同日而语。

如此看来，现代人追求的主要目标不是终极价值，而是生命存在的工具和手段。人们把现代思维方式称为"工具理性"，也充分地说明了这一点。用孟子的话说，现代社会的特点是"以小害大""以贱害贵"，而现代人正是"养其小者"的"小人"。这意味着现代人已经遗忘了生命的价值，迷失了人生的方向。

这样说并不是要否定科学与民主，也不是说现代社会一无是处。我所强调的是，作为知识文化的科学要服从价值文化，而作为一般价值的政治制度要服从终极价值，真正做到"先立乎其大者，则其小者弗能夺也"。这才是一个健全的社会。

其实，将民主和科学纳入儒学体系，早已成为牟宗三哲学的任务。他认为，儒学经历了三期发展：自孔孟荀至董仲舒为第一期，宋明儒学为第二期，现代新儒学为第三期。儒学第三期发展的使命是"三统并建"："一，道统之肯定，此即肯定道德宗教之价值，护住孔孟所开辟之人生宇宙之本源。二，学统之开出，此即转出'知性主体'以融纳希腊传统，开出学术之独立性。三，政统之继续，此即由认识政体之发展而肯定民主政治为必然。"①他又将这种"三统并建"说归结为"内圣开出新外王"。所谓"内圣"，即传统儒家的心性之学，用牟宗三的话说就是"道德良知"，相当于"道统之肯定"；所谓"新外王"，就是科学和民主，分别相当于"学统之开

---

① 牟宗三：《道德的理想主义·序》，台北学生书局1985年版。

出"和"政统之继续"。至于"内圣"何以开出"新外王",牟宗三又创"道德良知自我坎陷"之说,认为道德良知经过自我限制、自我否定,自觉地从德性主体推演出知性主体,即从道德良知(内圣)开出科学和民主(新外王)。

牟氏的愿望是极其值得赞许的,但他的论证却大有问题,所以,学者们多不相信其"内圣"能够"开出新外王"。问题的关键,恐怕是他的哲学缺乏知识本体,故不得不要求从德性主体推演出知性主体,这无异于缘木求鱼。

十分巧合的是,牟宗三所说的"三统",即道统、政统和学统,正好分别属于我们这里所讨论的人道(终极价值系统)、一般价值系统和知识系统这三大文化系统。上文论述表明,这三大文化系统都是开放的系统,足以容纳来自不同文化系统的终极价值、一般价值,更不用说知识系统。因此,据此进行"三统共建",并从中建立民主和科学,即"新外王",是完全顺理成章的。

六、体用图

以上所论道体、性体、心体、人道等构成了一个体用的链环。其中,道体为天地之大本,以下迭为体用。即:道体为体,性体为用;性体为体,心体为用;心体为体,文化为用;生命为体,知识为用;价值为体,生物为用;人道为体,一般价值为用。故依此作"体用图"如下:

体用图

从图中可以看出，道体、性体、心体、文化、价值、人道之间体
用一如，上下融通，直如高山流水，一贯而下。

嗟夫，"道之大原出于天"，可得而观也！

第十六章
价值本原与人类生存——道哲学的新进展 [①]

当今世界处在大转折时期，由此带来了一系列的问题，诸如文明冲突、战争威胁、能源危机、生态危机、核弹危机、人工智能危机等等，但我以为当今世界所面临的最大危机，是精神危机。进入现代社会以来，物质生活极其丰富，个性也得到了前所未有的张扬。然而，现代化给人们的精神世界也带来了极其强烈的冲击，伴之而来的是人们对生命意义的怀疑和由此导致的精神的迷茫、错乱乃至崩溃。精神危机导源于人生意义的丧失，而归根结底，这又是由价值的失落造成的。

[①] 本章内容曾以《价值的本原与实现》为题在2019年9月讲演于韩国安东"第六届21世纪人文价值论坛"；以《由价值的本原看形上学之重建》为题在2019年11月讲演于台湾大学哲学系；以《价值的本原与人类的生存》为题在2019年12月讲演于山东曲阜"国际儒学论坛·2019"；以"To Rebuild the Human Spiritual Home through Re-exploring the Origin of Value"为题在2020年11月讲演于韩国荣州市"第二届世界人文论坛"（The 2nd World Humanity Forum）；以《价值本原与人类生存》刊于《儒学评论》第十四辑（社会科学文献出版社2021年版），收入本书时略做修改。

一、生命的三个层面与价值的广狭二义

在本书第一章中，我们曾经谈到，所谓价值，就是对人的存在最具关切性和重要性的属性，而人的存在包括生物存在、社会存在、精神存在、信仰存在四个自下而上的层面。人是以生命作为存在形式的，因而这四个层面又可分别称为生物生命、社会生命、精神生命和信仰生命。在这里，为了叙述的方便，我们把信仰生命归入精神生命，从而把人的存在分为生物生命、社会生命和精神生命三个自下而上的层面。

这三个层面之间是环环相扣、密不可分的。从客观上看，三个层面之间是递为体用的关系，即精神生命为体，则其下二者为用；社会生命为体，则生物生命为用。也就是说，除了精神生命为纯体、生物生命为纯用之外，社会生命兼体、用二职。社会生命相对于精神生命为用，相对于生物生命则为体。从主观上看，它们之间又是递为目的与手段的关系，即精神生命为目的，则其下二者为手段；社会生命为目的，则生物生命为手段。同它们之间的体用关系一样，精神生命为纯目的，生物生命为纯手段，至于社会生命则兼目的和手段二职。

如此看来，这三个层面对于人存在的意义是不同的，其中精神生命是最高之体、最高目的，或者说是生命的最高形式，其次是社会生命，至于生物生命，则是纯粹之用、纯粹手段。

据此，我们可以把生命的三个层次分为两类：一是工具性生命，包括生物生命和社会生命；二是目的性生命，即精神生命。打个比方，生物生命如船只，社会生命如船队，精神生命则如航行。船只也好，船队也好，都是为了航行而存在，都是航行的凭借和手段。

人的存在既然分为生物生命、社会生命、精神生命三个层面，那么对人的存在最具关切性和重要性的属性当存在于满足这三种生命形式的事物之中。显而易见，能够满足人的生命三个层面之需的事物分别为物质世界、制度文化和精神文化。其中，物质世界又包括自然物质和物质文化两个方面。可见，能够满足人的生命的事物，除了自然物质外，皆为文化，而文化是人的创造物。根据生命三个层面的性质，我们也可以相应地把文化分为两类：一是工具性文化，包括物质文化和制度文化；二是目的性文化，即精神文化。

这样一来，价值，即对人的存在最具关切性和重要性的属性，当存在于物质世界、制度文化和精神文化中。存在于这三种事物中的价值，可以分别称为物质价值、社会价值和精神价值。这是价值的三种类型和三个层面。

同精神生命、社会生命、生物生命之间的关系一样，精神价值、社会价值和物质价值之间也是递为体用、递为目的与手段的关系，即精神价值为体、为目的，其他二者为用、为手段；社会价值相对于精神价值为用，相对于物质价值则为体；至于物质价值，则是纯粹之用、纯粹手段。

这就是说，从生命形式三个层面的关系来看，它们对人生的意义是不同的，其中精神生命是最实质、最根本的，其次是社会生命，而生物生命只是人赖以生存的凭借。与此相应，从价值类型三个层面的关系来看，它们对生命关切性和重要性的程度也是不同的，其中精神价值是最实质、最根本的，其次是社会价值，最后是物质价值。

有鉴于此，我们把价值概念分为广狭二义。广义的价值包括精神价值、社会价值和物质价值三种类型，而狭义的价值专指精神价值。

下文所讨论的价值，除注明者外，皆用其狭义。

价值因目的而生。精神生命为目的性生命，精神文化为目的性文化，意味着精神价值才是真正的价值。事实上，人们通常所说的价值就是精神价值。当我们在讨论价值失落的时候，其实是就精神价值而言的。

在我看来，所谓的精神文化有三个领域：一是艺术，二是道德，三是信仰。这三个领域是互相融合、互相渗透的，没有明确的界限。不过，在整个精神文化中，这三个领域并不是平起平坐的，其中信仰是占主导地位的，决定着整个精神文明的方向。据此，价值也相应地分为三种类型，即艺术价值、道德价值和信仰价值，其中后者居主导地位。

二、人类基本价值系统的建立与式微

就人的需求形成机制而言，生物生命是人赖以生存的基础，只有在一定程度上满足生物生命需求以后，人们才会转而顾及其他需求。因此，人首先产生的是生物生命的需求，其次是社会生命的需求，最后才是精神生命的需求。依此，在价值系统中，最早形成的应该物质价值，其后为社会价值，最后是精神价值。至于人类基本价值系统，则是在轴心期建立起来的。

"轴心期"这个概念是1949年德国哲学家雅斯贝斯在其名著《历史的起源与目标》中提出来的，指"在公元前500年左右的时期内和在公元前800年至前200年的精神过程"①。他指出："最不平常的事

---

① 雅斯贝斯：《历史的起源与目标》，魏楚雄、俞新天译，华夏出版社1989年版，第7页。

件集中在这一时期。在中国，孔子和老子非常活跃，中国所有的哲学流派，包括墨子、庄子、列子和诸子百家，都出现了。像中国一样，印度出现了《奥义书》和佛陀，探究了一直到怀疑主义、唯物主义、诡辩派和虚无主义的全部范围的哲学可能性。在巴勒斯坦，从以利亚经由以赛亚和耶利米到以赛亚第二，先知们纷纷涌现。希腊贤哲如云，其中有荷马，哲学家巴门尼德、赫拉克利特和柏拉图，许多悲剧作者，以及修昔底德和阿基米德。在这数世纪内，这些名字所包含的一切，几乎同时在中国、印度和西方这三个互不知晓的地区发展起来。"①对此，英国著名宗教学家凯伦·阿姆斯特朗更明确地表示："自大约公元前800年至公元前200年起，在世界四个非同一般的地区，延绵不断抚育着人类文明的伟大传统开始形成——中国的儒道思想、印度的印度教和佛教、以色列的一神教以及希腊的哲学理性主义。"②据此，发生轴心期的文明为中华文明、印度文明、希伯来文明和希腊文明。后来，希伯来文明和希腊文明融合为西方文明，而伊斯兰文明则是在希伯来文明的影响下形成的。

轴心期具有什么特点呢？雅斯贝斯认为："世界上所有三个地区的人类全都开始意识到整体的存在、自身和自身的限度。人类体验到世界的恐怖和自身的软弱。他探询根本性的问题，人到底是一种什么样的存在。面对空无，他力求解放和拯救。通过在意识上认识自己的限度，他为自己树立了最高目标。他在自我的深奥和超然存在的光辉中感受绝对。""这一切皆由反思产生。"③

---

① 雅斯贝斯：《历史的起源与目标》，魏楚雄、俞新天译，华夏出版社1989年版，第8页。

② 凯伦·阿姆斯特朗：《轴心时代》，孙艳燕、白彦兵译，海南出版社2010年版，第2页。

③ 雅斯贝斯：《历史的起源与目标》，魏楚雄、俞新天译，华夏出版社1989年版，第8、9页。

值得说明的是，按照这个标准，中国的轴心时代应该始于殷周之际，迄于周秦之际，春秋、战国时期只是一个新的高潮而已。这意味着人类轴心时代早在公元前十一世纪就已经拉开了序幕，并非始于公元前800年。

雅斯贝斯的陈述当然是正确的。除此之外，我以为这个时期最大的贡献是人类基本价值系统。

人类基本价值系统建构的主要途径有二：一是宗教，二是哲学。各个轴心文明运用这两种途径的方式有所不同，由此造成了各自鲜明的个性。大致地说，希伯来采用了宗教的途径；希腊采用了哲学的途径；印度也采用宗教途径，但其宗教是具有哲学性的宗教；中国则同时采用了宗教和哲学两种途径，而且这两种途径之间是互相影响、互相渗透的，致使其宗教是带有哲学色彩的宗教，哲学也是带有宗教色彩的哲学。

各种宗教和哲学的价值学说都包含两个层面，一是价值实践论，二是价值本原论；前者是后者的体现，后者是前者的根基。

就价值本原论而言，世界上各种宗教都认为价值来自神或崇拜偶像。价值既然来自具有神圣性的神或崇拜偶像，它自身自然拥有神圣性，是每个人必须遵守的。各种哲学则认为，价值来自宇宙之本源、世界之本体。宇宙论研究宇宙的起源与演变，本体论探讨世界的本质和本性。在西方学术系统中，宇宙论和本体论属于两个不同的领域，前者是科学研究的对象，而后者是哲学研究的领域。与此不同，在作为中国本土主流哲学的道家和儒家看来，宇宙论和本体论是合二为一的，世界的本质和本性就是宇宙产生者的本质和本性，或者说，世界的本质和本性源自宇宙产生者的本质和本性。道家的道、孔子的易和后儒的天，莫不如此。它们既是宇宙论的范畴，又是本体论的范畴，可谓一身兼二任。

尤其重要的是，道家和儒家所认定的世界本质和本性，都具有价值属性。老子以自然为道的本性，《易传》和后儒分别以善为易和天的本性，而自然和善，皆为价值。既然世界的本质和本性源自宇宙产生者的本质和本性，那么作为宇宙产生者道、易和天的本质、本性，也就是价值的来源。

然而，进入近代社会以来，随着科学的发展以及人们理性的增强、理论思维的提高，传统的世界观、宇宙论以及本体论都面临着极大的挑战。就对价值本原说影响最大的宇宙论而言，目前影响最大的是宇宙大爆炸理论。首当其冲的当然是宗教的价值本原论。宇宙大爆炸理论与基督教的上帝创世说显然是势不两立的，以至于尼采公然宣称"上帝死了"。其与中国传统宗教所持作为至上神的天为万物本原的看法也是完全冲突的，自不待言。宇宙大爆炸理论对哲学价值本原论的否定也是显而易见的。根据这一理论，奇点无疑就是宇宙的本源和本体。它不过是一个原子，是一个物质的存在，其本身是没有价值属性的，当然也不携带价值。如此看来，传统哲学中那些认为价值来自宇宙之本源、世界之本体的观点，都是无稽之谈。

可见，宇宙大爆炸理论从根本上撼动了传统宗教和哲学的价值本原论和价值神圣性，而这正是轴心时代形成的人类基本价值系统式微的根源。

三、价值世界与物质世界并存而隔绝

既然人类基本价值系统衰落的根源在于价值本原论，那么重建人类基本价值系统和人类精神家园的根本途径，就是重探价值真正的本原。

在我看来，世界上有两种存在，一是物质的存在及其衍生物，二是价值的存在及其衍生物。人们一般把精神作为物质的对立物，这是一个误会。其实，精神是大脑的产物，而大脑又是物质衍化的结果，因而精神实为物质的衍生物。

道家的道、孔子的易和后儒的天既然是宇宙的本原，那么它们归根结底都是物质性的。换言之，儒道哲学中的宇宙论和本体论所研究的对象都是物质的存在，而物质的存在只具有物质属性，是不具有价值属性的，因此传统儒道哲学将宇宙的本质、本性即本体归为价值，是一个根本性的误会。

诚然，道、易、天是宇宙之本原、世界之本体，但并非价值之本原。价值的存在，属于物质世界之外的另外一个世界。就是说，物质的存在和价值的存在是并列的两个不同的世界，它们相互独立，相互隔绝。对于人来说，前者是此岸，后者才是真正的彼岸。

为了论述之便，我沿用老子的"道"来表达物质世界中作为宇宙本原、世界本体的概念，而用"藏"来表达价值世界。《玉篇》载："藏，库藏。"价值世界是一个蕴藏价值的宝藏，故名。

在物质世界，作为宇宙的本原和世界的本体，道是一个超越的和绝对的存在，堪称道体。它无边无际、无穷无尽、无所不包、不生不灭，是一个绝对的"大全"和一切存在者之母。鉴于道的物质性，构

成道的基本元素可谓之"气"。这样，我们可以把物质世界称为道的世界或气的世界。

气有三种基本形式，即质、能和理。其中，质就质料而言，能就功能而言，理就理则而言。

周敦颐曰："无极而太极。"（《太极图说》）在道体界，气为元气，是永恒的、自在的和无形的。故此种状态下的气，就是"无极"。而就其永恒性而言，此元气所含有的质、能和理可分别称为恒质、恒能和恒理。"无极而太极"意味着无极化生为太极，而太极就是现代天文物理学所说的奇点。被称为奇点的太极是宇宙的"原始细胞"，其体极小，以至于小到肉眼无法看到，但它毕竟是有形体的，因而是一个有限的存在。存在于太极中的质、能和理可分别谓之太质、太能和太理。太极的有限性，决定了它所禀受的太质、太能和太理也是有限的。

宇宙由太极（奇点）裂变而成，就是说太极是宇宙万物的直接源头。所以，道犹如母体，太极就像母体孕育出来的卵子，而宇宙则是由卵子衍化而成的婴儿。当太极演化为宇宙万物以后，它自身——具体言之即其所含有的太质、太能、太理便存在于宇宙万物之中了。这样，太极便有两个层面：一是作为万物产生者的太极，是为本原太极；二是万物所具的太极，是为次生太极。

四、人性及其类型

万物各具太极，意味着万物各具质、能和理。万物所拥有的质、能和理，可分别谓之物质、物能和物理。所谓物能，就是万物之性。就像太极禀受了有限的无极一样，万物也禀受了有限的太极。由于万物对太极的禀受是千差万别的，所以万物是千差万别的，万物之性也是千差万别的。荀子对万物的差别有一个很好的概括："水火有气而无生，草木有生而无知，禽兽有知而无义，人有气有生有知亦且有义[①]，故最为天下贵也。"（《荀子·王制》）在这里，荀子将万物分为四类，可分别称为有气之物（矿物质）、有生之物（植物）、有知之物（动物）和有义之物（人）。

笼统地说，所谓性就是各种事物所具有的各种功能的总和。其中，最能代表一类事物的本质并以之同其他事物相区别的功能，我称为"本质的性"，其他功能则为"非本质的性"。有生之物的本质的性体现在生命中，有知之物的本质的性便体现在动物之心中，而有义之物的本质的性则体现在人心中。在这个意义上，甚至毋宁说这些不同层次的功能，就是不同事物的性。非生命是诸如水火等非生命物质的气之性，生命是生物的气之性，动物之心是动物的气之性，人心则是人的气之性。因此，所谓兽心就是兽性，人心就是人性，心即性也。

这就是说，四类事物的性是不同的。就人性而言，根据我对中国人性论的理解和对人性的体察，它应该包含三种类型：一是生理之

[①] 前三个"有"字义皆为拥有某种属性或能力，故此句中的"有"字亦当作如是解。然如将此句中的"义"理解为仁义、礼义之"义"，则与孟子的性善说无异，这显然不是荀子的真义。观《荀子·解蔽》下文："人何以能群？曰分。分何以能行？曰以义。故义以分则和。"杨倞注曰："义，谓裁断也。"李涤生曰："义，理性。"（李涤生：《荀子集释》，台北学生书局1981年版，第181页）今案，《中庸》曰："义者，宜也。"在这里，"义"指判断"宜"的能力。荀子又曰："人之所以为人者，非特以其二足而无毛也，以其有辨也。"（《荀子·非相》）"有辨"方可判断"宜"，故"有义"实为"有辨"的另一种表达方式。

性，指人的五官百骸的功能；二是心理之性，指人的大脑和整个神经系统的功能；三是身理之性，这里的"身理"介于生理和心理之间，为二者交感的状态，故身理之性指这种状态所体现的功能。这三种类型也是人性的三个层次，其中生理之性为最低层次，心理之性为最高层次。因而，自古以来，最为人们所关注的是心理之性，其次是身理之性，至于生理之性则不是学者们所考察的重点。

在这三种类型之下，又可进一步分为若干种类。

除了生理之性不论，我认为身理之性至少包含空无之性、冲气之性、私欲之性等种类。"空无"取佛教性空无我之义，指人性中空无的状态。佛教讲性空，由"色"立论，云："色即是空，空即是色。"（《般若心经》）"色"乃气的表现形式，故知其性属气质之性。"冲气"取自《老子》四十二章"万物负阴而抱阳，冲气以为和"之句。《说文》云："冲，涌摇也。"故"冲气"当指阴阳交融调和之气。在这里，我用冲气之性指人性中真朴、虚静、寂寥的状态。与佛教性空不同，老子用"自然""朴""素"等来描述人的本性，旨在强调性为一种实有状态。"欲"当然指欲望，加上定语"私"字，不过是强调其自私本性而已。学者们一般把"欲"作为一种情。其已发状态固然为情，但其未发状态，自主要源自生理而非心理。所以在这里我用"私欲之性"指作为"欲"之未发状态的那种性。

五、心与价值的发现

在物质世界，宇宙所能衍化出来的最精致、最灵妙、最高超的事物就是人心。以现代科学的观点来看，所谓心，就是大脑以及整个神经系统。它有三种基本功能，可以分别用"知""情""意"三个概念来表达。此三者，便是心理之性的基本内容。

"知"是人心的第一种基本功能，是心的认识功能，它包含四种形式，我分别称之为"感知""体知""认知""觉知"，四者的主体可分别成为"感知心""认知心""体知心""觉知心"。感知是对质世界，包括恒质、太质、物质认识的能力，是心对事物质料的感触方式。对于人来说，质料就是血肉之躯，因而感知包括人对自我生物特性的感触方式。体知是对能世界包括恒能、太能、物能认识的能力，是心对事物功能的体会方式。人的物能就是人身体的功能，因而对自我身体功能即人性的体会是体知的重要内容。认知是对理世界包括恒理、太理、物理认识的能力，是心对事物的理则和知识获取的方式。人的物理是指人的生理以及人之为人的各种原理，它们都是认知的对象。

感知、体知和认知都指向物质世界。与此不同，觉知是对值世界认识的能力，是心对藏所蕴含的价值悟觉、发现的方式。就此而言，觉知是沟通价值世界与物质世界之间、藏与道之间的唯一途径。

心的这四种认识功能对于人类生存的意义是不同的。感知、认知、体知的对象为物质世界，所满足的是人的生物生命和社会生命。与此不同，满足人的精神生命的精神文化，必须建立在价值的基础上，而价值则依赖于觉知对价值世界的悟觉与发现。既然精神生命是人的存在的最高形式，而它要靠价值方可满足，因此对人的存在而言，觉知是至为重要的。这就是说，人类价值要靠觉知对藏所蕴含的价值的悟觉和发现方可获得和确立。至于传统哲学认为价值来自本心、本性乃至道，则出于对觉知和价值本原的误解。

"情"是人心的第二种基本功能，包含两种类型：一是恻隐之情，二是六气之情。

"恻隐"取自孟子："无恻隐之心，非人也；无羞恶之心，非人也；无辞让之心，非人也；无是非之心，非人也。恻隐之心，仁之端也；羞恶之心，义之端也；辞让之心，礼之端也；是非之心，智之端也。人之有是四端也，犹其有四体也。"（《孟子·公孙丑上》）"恻隐之心人皆有之，羞恶之心人皆有之，恭敬之心人皆有之，是非之心人皆有之。恻隐之心，仁也；羞恶之心，义也；恭敬之心，礼也；是非之心，智也。仁义礼智非由外铄我也，我固有之也，弗思耳矣。"（《孟子·告子上》）既然"四端"犹如"四体"，为"我固有之也"，那么它们都是性。但在我看来，在孟子的"四端"中只有"恻隐之心"为人生而即有的性，其他三者皆后天经过教育以后形成的道德之心。"恻隐之心"，用现在的话说，就是同情心。它既然是先天的，那么必为人心本来具有的功能。

"六气"取自《左传·昭公二十五年》子大叔之语："民有好恶喜怒哀乐，生于六气，是故审则宜类，以制六志。""好恶喜怒哀乐"为六种情绪，子大叔称之为"六志"，当然为已发者。从"生于"二字看，"六气"为"六志"的未发状态，当然是指心的功能而言。所以，在这里我用"六气之性"来指这种功能。

"意"是人心的第三种基本功能。我以为意兼心之灵明、心之主宰、心之定向、心之状态诸义。这里的心之灵明，指心之灵处、心之素地，需要用一定的思想、意识、知识等充实之。《大学》云："物格而后知至，知至而后意诚，意诚而后心正。"诚者，实也。这几句话所强调的是，以正确的道德知识（"知"）来充实"意"，如此方可将"心"纳入正确的道路。作为心之主宰的意，古人一般称之为"心"。如郭店竹简《五行》云："耳目鼻口手足六者，心之役也。心曰唯，莫敢不唯；诺，莫敢不诺；进，莫敢不进；后，莫敢不后；深，莫敢不深；浅，莫敢不浅。"荀子亦云："心居中虚，以治五官，夫是之谓天君。"（《荀子·天论》）可见，心乃一切行为之主宰。作为心之定向的意，古人一般称之为"志"。如孔子说："苟志于仁，无恶也。"（《论语·里仁》）后人把意念、动机称为"意"，如王阳明说"有善有恶是意之动"，这也是心之定向。作为心之状态的意，《大学》讨论尤多，如"知止而后有定，定而后能静，静而后能安，安而后能虑，虑而后能得""所谓修身在正其心者，心有所忿懥，则不得其正；有所恐惧，则不得其正；有所好乐，则不得其正；有所忧患，则不得其正。心不正焉，视而不见，听而不闻，食而不知其味"。至于今本《中庸》、《大学》、帛书《五行》所说的"慎独"和宋明理学家所说的"持敬"等，都是对心之状态的描述。

从意之诸义不难看出，意是心的另外两个基本功能即知和情的主导者。就知而言，意决定着知的方向，也在相当程度上决定着知所能达到的程度。就情而言，意不但决定了情之"发"还是"未发"，也决定了情之"发"而"中节"还是"失节"。另一方面，知和情又可以反过来对意施加影响。

总之，所有形式的人性，皆属气质之性。对于作为物质存在的人而言，所谓义理之性是根本就不存在的。

我们说人心是物质世界所能衍化出来的最精致、最灵妙、最高超的事物，不仅因为它最高层次的性，还由于它是所有形式的性的呈现者、实现者。作为身体的功能，各种形式的性都是潜在的，只有在心的作用下，它们才得以呈现、实现。上文所引子大叔将六种情绪分为未发的"六气"和已发的"六志"，已经把这个道理说得十分清楚。"六气"作为心的功能是潜在的，"六志"则是这种潜在功能的呈现和实现，其呈现和实现者，便是人心。其实，除了六气之性外，其他人性的形式也都是由人性来呈现和实现的。因而，人心是人的主体性的真正承载者。

六、价值与人性在实现过程中的互动

从上文的论述看，在所有形式的人性中，只有觉知心是指向藏的，其他各种形式的人性皆指向物质世界。那么作为人的主体性的承载者，心所发现、呈现、实现的意义与价值同它发现、呈现、实现物质世界的质、能、理而形成的种种产物之间的关系如何呢？由于气（物质）本身没有价值属性，因而单就心对物质世界的发现、呈现、实现所形成的产品来看，是没有任何价值可言的。然而，由于发现、呈现、实现意义与价值者和发现、呈现、实现物质世界质、能、理者都是心，因而这就自然导致意义与价值对心以及对心发现、呈现、实现所形成的产品的渗透。其情形，类似一张黑白照片，本来毫无生气，而经过着色，一下子变得色彩斑斓、生机盎然一样。

物质世界虽然不具有价值属性，但其中某些元素却与价值拥有相似的形式。这种现象，我称之为"偶合"。就人性而言，大致地说，空无之性、冲气之性和恻隐之性与价值是完全偶合的；私欲之性与价值是相反的，对立的，具有反价值的特点；而六气之性与价值既非偶合，亦非对立，具有非价值的特点。

根据与价值的偶合程度，可以把性分为三类：一是积极的性，包括与价值完全偶合的空无之性、冲气之性和恻隐之性；二是消极的性，为具有反价值特点的私欲之性；三是中立的性，为具有非价值特点的六气之性。

据此，我们或许可以为四端七情之争提出一个解决思路。

这个问题的始作俑者为朱子。他说："四端是理之发，七情是气之发。"（《朱子语类》卷五十三）然而，在四端中，恻隐之心和羞恶之心难道不属于情吗？情难道不属于气质吗？故以四端为"理之发"，实难以自圆其说。鉴于此，李退溪对朱子说法做了修正："四则理发而气随之，七则气发而理乘之。"①这显然比朱子的说法合理多了，然"理发"何以"气随之"？"气发"何以"理乘之"？似仍难自洽。因而与之辩论的奇高峰则进一步提出"七情包四端"之说："盖人心未发则谓之性，已发则谓之情；而性无不善，情则有善恶，此乃固然之理也。但子思、孟子所就以言之者不同故有四端、七情之别耳，非七情之外，复有四端也。"②诚然，将四端归入七情，化解了朱子和退溪的矛盾，但又产生了新的问题：既然未发的性"无不善"，那么已发的情怎么可能"有善恶"呢？恶从何来？如果说来自气质，那么情显然不是简单的性之"发"了。

其实，虽然四端和七情都属于气之性，但其性质完全不同。其中

---

① 李退溪：《退溪先生文集》（第16卷），韩国民族文化推进会1989年版，第32页。

② 奇高峰：《两先生四七理气往复书》（上篇），奇东准1907年刊行，第1、2页，又见于《退溪先生文集》（第16卷），韩国民族文化推进会1989年版，第12、13页。

四端属于积极的性，而七情中的喜、怒、哀、惧、爱、恶属于中立的性，欲属于消极的性。至于四端与仁义礼智四德之间只是相偶合而已，并不存在源流或派生的关系。

另外，不具价值属性的万物，虽然无所谓"真善美"或"假恶丑"，但其形式和性质，却或多或少与价值相偶合，故人们可以借助万物去发现价值。例如，虽然一朵花本身不具美丑的属性，但其形式和性质却与美的价值相偶合，故人们可以借助它发现美。换言之，这朵花只是人们发现美的凭借。

价值实现的方式有三种：第一种是觉知心对藏所蕴含价值的直截了当的体悟；第二种是觉知心借助与价值偶合的人性对价值的实现；第三种是觉知心借助与价值偶合的万物对价值的发现。

不过，人性呈现、实现的过程并不仅仅被动接受觉知心所发现价值的渗透，它们之间是密切互动的，这主要表现在三个方面。其一是相互唤起。觉知心发现价值本身是一种精神过程，但会进而引起生理反应，从而触动人性；人性的呈现本身是一种生理、身理和心理的过程，但会进而引起精神体验，从而促进觉知心对价值的发现。其二是相互作用。价值的发现以人性为动力，人性的呈现则以价值为向导。其三是相互渗透。由于以上两点，价值的发现和人性的呈现交融在一起了。

由此，我们进一步理解价值。如关于美的本质，西方哲学史上形成了种种观点。柏拉图提出，美是客观的："这美本身，加到任何一件事物上面，就使事物成其为美，不管它是一块石头，一块木头，一个人，一个神，一个动物，还是一门学问。"恰恰相反，休谟主张美是主观的："美并不是事物本身里的一种性质。它只存在于观赏者的心里，每一个人心见出一种不同的美。"而黑格尔则试图调和这两种观点，认为美是主观与客观的统一："美就是理念的感性显现。"在这里，我赞成柏拉图存在美本身之说——价值来自藏，其中的美的价值就是柏拉图所谓的"美本身"，却不相信客观的美本身可以"加到任何一件事物上面，就使事物成其为美"；欣赏休谟"美并不是事物本身里的一种性质"的判断，但不赞成他"只存在于观赏者的心里，每一个人心见出一种不同的美"的看法——美首先存在于藏，然后才为人心所发现，从而"存在于观赏者的心里"。黑格尔把美看作"感性显现"，是误把与美偶合的人性的实现看作美感了。不过，他承认美是一种理念，体现了价值的客观性，有可取之处。

在我看来，美就是觉知心发现美的价值和体知心呈现与美的价值相偶合的人性相互作用的结果。它既是客观的——藏所蕴含的美的价值是客观的，又是主观的——必须有心的参与方可实现。美感是以美的价值为内容、以情（六气之性的实现）为动力和能量的精神过程与生理反应。

总之，与价值偶合的人性的实现能够帮助和促进价值的实现。与此相反，那些不能与价值相偶合甚至具有反价值的特点人性则会阻碍和妨害价值的实现，其中最为突出的，是私欲之性。这种人性，便是反价值（包括假恶丑）的来源。

除了私欲之性之外，老庄进一步认为连知识也会阻碍和妨害价值的实现。《庄子·天地》篇载："吾闻之吾师，有机械者必有机事，有机事者必有机心。机心存于胸中则纯白不备。纯白不备则神生不定，神生不定者，道之所不载也。"知识之所以会妨碍价值的实现，是因为它会干扰觉知心。

第十七章
世界主义当代儒学发展观 ①

2001年我经牟钟鉴教授推荐开始参与国际儒学联合会执行机构的工作，2004年当选第三届国际儒学联合会理事并兼任学术委员会副主任，2019年当选第六届国际儒学联合会副会长，所以见证了国际儒学联合会的一个重要发展阶段。

自担任学术委员会副主任以后，按照分工，我的主要工作是筹办学术会议，而儒学的当代发展自然是一个重要议题，如2005年10月28日—31日在北京友谊宾馆召开的第一次"国际儒学高峰论坛"即以"经济全球化背景下的儒学创新"为主题，与会者包括余敦康、汤一介、庞朴、张立文、成中英、杜维明、牟钟鉴、钱逊、周桂钿、吴光、陈来、郭齐勇、杨国荣、林安梧、龚鹏程、张学智、王中江、颜炳罡等当时在儒学当代发展领域具有代表性的学者。

事实上，进入二十一世纪以来，我个人的研究重点也集中于当代儒学发展。故借此纪念国际儒学联合会成立三十周年之机，我愿意进一步阐述对这个问题的基本看法，以表祝贺，并就教于学界同仁和广大读者。

---

① 本章以同题刊于《国际儒学》2024年第2期，收入本书时有删节。

一、当代儒学发展的实质、宗旨与方向

当代儒学的发展，实质是儒学的当代转型，这是一个综合性工程。在广义上，每一次儒学大变革，都是一次儒学当代转型过程，所以我们可以从历史上汲取一些经验。2004年前后，我曾在多次会议上和多篇论文中提出"第三个儒学范式"和"当代儒学范式"这两个概念，①其基本思路是：

> 在两千五百年的历史长河中，儒学虽然历经原始儒学、汉唐经学、宋明理学、清代朴学和现代新儒学五种学术形态，高潮迭起，异彩纷呈，但其基本的思想范式可归结为二，即原始儒学和宋明理学，前者制约着汉唐儒学之规模，后者则决定了宋以后儒学之路向。换言之，先秦以降为先秦原始儒学的延伸，宋明以降至今为宋明理学的延伸。当今儒学发展的使命，不仅仅是建构第六种学术形式，更为重要的是建构第三个儒学范式。相对于原始儒学范式和宋明儒学范式，我们可称之为当代儒学范式。
> ……
> 当代儒学范式，或者说第三个儒学范式之建构的使命和方向应该是：回应现代化和全球化的时代挑战，以儒学的基本精神为

---

① 相关论文先后以《略说儒学的现代开展》为题刊于《东方论坛》2005年第1期；以《"五经七典"代"四书五经"——儒家核心经典系统之重构》为题刊于《中国儒学年鉴（2006）》（《中国儒学年鉴》社2006年版）；以《五经七典——儒家核心经典系统之重构》为题连载于《人民政协报》2006年12月18日和2007年1月15日；以《当代儒学范式——一个初步的儒学改革方案》为题刊于《国际儒学研究》第十六辑（九州出版社2008年版）。

本位，回归先秦原典，整合程朱、陆王、张（载）王（船山）三派，贯通儒、释、道三教，容纳东西方文明尤其西方哲学，建构一套新的哲学体系和社会学说，以解决当今社会面临的种种问题，并为未来世界开出大同盛世。这将是一项长期的和艰巨的任务。

儒学范式有三大支柱，一是道统论，二是核心经典系统，三是哲学体系。三者的共同转换，意味着儒学范式的转换。其中，道统论是儒学范式的宗旨，核心经典系统是儒学范式的依据，而哲学体系是儒学范式的实际载体。可以说，哲学体系既是核心经典系统的延伸，又是道统论的落实。打个比方，核心经典系统和道统论所提供的是一个平台，而一个个哲学体系就是建筑在这个平台之上的一座座亭台楼阁。也就是说，在这个平台上建构什么样的哲学体系，那是因人而异的。正因如此，不管在儒学发展的第一期还是第二期，都曾出现了众多的哲学体系。这些哲学体系尽管都独具风骚，风格各异，但也都打上了它们所从属的那个时期的烙印。这个烙印便是范式的标记，是其所属于的那个范式的核心经典系统和道统论赋予的。儒学发展的第一期和第二期哲学内在结构的不同，事实上就反映了范式的不同。这就是说，一个儒学范式的道统论与核心经典系统，是这个范式之下各种哲学体系的共同基础和前提。①

根据这一思路，二十年来我在当代儒学发展问题上一直在致力于三

① 详见郭沂：《当代儒学范式——一个初步的儒学改革方案》，见《国际儒学研究》第十六辑，九州出版社2008年版。

项工作：一是道统之重建，二是经典系统之重建，三是哲学之重建。

不过，以2019年为界，我的当代儒学发展观发生了重要转变。如果说此前像牟宗三等前辈学者那样致力于解决儒学如何吸收现代化尤其德先生和赛先生的话，那么此后则转向如何解决人类价值危机。也就是说，前期所解决的主要是中国问题，而近期则试图解决整个世界所面临的问题。在我看来，现代化虽然造就了物质文化的极大丰富和制度文化的显著提升，但不可否认的是，它也带来了一系列的问题和挑战，诸如文明冲突、战争威胁、精神危机、道德危机、能源危机、生态危机、核弹危机、人工智能危机等等，但我以为当今世界所面临的最大危机，是价值危机，其他危机都是由此引起的。

在本书第十六章，我们谈到了人类基本价值系统的建立，而进化论、宇宙大爆炸等现代科学理论从根本上撼动了传统宗教和哲学的价值本源论乃至价值的神圣性和必然性，这正是轴心时代形成的人类基本价值系统式微的根源。人类基本价值体系的失落，致使当今人类在一定程度上重新回到轴心时代之前那种缺乏价值和意义的时代。孔子、苏格拉底、耶稣、释迦牟尼、穆罕默德等巨星的光芒被遮蔽了，人类的精神世界再次黯淡下来，这就是我们目前所看到的社会现实。可见，当今世界所面临的最重大的问题，就是重建人类基本价值系统，这也正是当代儒学发展的根本任务。

汤因比曾经说过："罗马帝国解体后，西方的政治传统是民族主义的，而不是世界主义的。"[1]但是，这位睿智的历史学家却明确地

---

① [英]汤因比、[日]池田大作：《展望21世纪：汤因比与池田大作对话录》，荀春生等译，国际文化出版公司1999年版，第278页。

肯定"在漫长的中国历史长河中，中华民族逐步培养出来的世界精神"①。的确，作为中国文化主干的儒学从一开始就是世界主义的。那些往圣先贤们考虑问题的立场，从来就不是一时一地，而是天下，即全世界、全人类。当然，由于知识所限，先秦时期的天下主要为华夏和四夷地区，秦汉以后才逐渐扩大到西域和东亚地区。时至今日，我们对世界和人类的了解已经扩大到全球，因此儒家的世界主义也理应做相应的调整。也就是说，当今儒学的发展，不应该局限于吸收西方的德先生和赛先生，而是应该站得更高，应该立足于我们今日所理解的全世界、全人类，来重建人类基本价值系统。这样一来，当代儒学的道统观、经典系统和哲学体系之重建，也应该相应地突破过去的藩篱，使儒学成为一种真正具有世界高度和人类关怀的思想学说。

二、道统与经典系统之重建

道统是儒家核心价值理念的结晶，不同的道统观，往往反映了不同的价值取向。所以，道统观在很大程度上决定了儒学发展的基本方向。作为儒学创始人的孔子就已经提出了明确的道统观。从记录孔子思想的历史文献看，伏羲、神农、黄帝、尧、舜、禹、汤、文、武、周公，再加上孔子本人的传道谱系已大致勾画出来了。其后，孟子、荀子、韩愈乃至朱子等等都提出了自己的道统观。

这些往圣先贤们都是根据时代需要提出各自的道统观的，如先秦

---

① [英]汤因比、[日]池田大作：《展望21世纪：汤因比与池田大作对话录》，荀春生等译，国际文化出版公司1999年版，第277页。

儒家主要是为了应对礼坏乐崩的社会现实，而从韩愈到宋明理学则出于回应佛教的挑战。时至今日，儒学乃至整个中华文明所面临的最大挑战来自西方文明，因此当代儒学的道统观也应该做相应的调整。

在本书第十四章，我们谈到道之两统，我分别称之为天人统和人天统。面对西方现代文明的挑战，我们建构当代新儒学，不但要接续天人统，也要继承人天统。二统如鸟之两翼，车之两轮，缺一不可。具体言之，一方面要"受之以荀"，即借助于人天统尤其荀子的民主思想和知识论资源来接受、吸纳西方现代性。另一方面也要"纠之以孟"，即运用孟子所代表的天人统挺立人的主体价值，从而纠正、修复现代化的缺陷，以解决后现代主义所提出的问题。

不过，近年来，我对道和道统都有了新的感悟。正如孔子所说，"人能弘道,非道弘人"（《论语·卫灵公》），道和道统都是由人来加以弘阔的。如果跳出儒学，就必须承认，其他具有历史持续性的思想学说也各有其道和道统。如果再进一步，从人类整体的角度出发，道其实就是人类基本价值系统，而道统则是建立和传承人类基本价值系统所形成的传统。当然，每个民族、每个时代、每个学派、甚至每个人对人类基本价值系统的理解不尽相同，形成了形形色色的道论和道统观。据此，中华文明、印度文明、希伯来文明和希腊文明四个轴心文明所建立的价值系统都属于道，传承由其构成的人类基本价值系统所形成的传统皆为道统。我们知道，唐宋时期的道统观具有强烈的排他性。当时的大儒们虽然在哲学上取法佛道两家，但在价值观上却极力排斥之。如韩愈说："斯吾所谓道也，非向所谓老与佛之道也。……荀与扬也，择焉而不精，语焉而不详。"（《韩昌黎全集》卷十一）他不但排斥道家和佛家，而且连儒门之内的荀子、扬雄等派也拒之门外。后来宋明理学家们继承了这种道统观，以致其核心价值仍然为先秦儒家的仁义礼智，因而儒家之道未得弘阔。

然而，时代已经发生了巨变。最早提出轴心时代观念的雅斯贝斯用"两次大呼吸"来描述人类文化的演变过程："第一次从普罗米修斯时代开始，经过古代文明，通往轴心期以及产生轴心期后果的时期。第二次与新普罗米修斯时代即科技时代一起开始，它将通过与古代文明的规划和组织类似的建设，或许会进入崭新的第二个轴心期，达到人类形成的最后过程。"①据此，我们正在"进入崭新的第二个轴心期"。第二个轴心期是一种什么文明呢？雅斯贝斯认为，两千多年前的那个轴心期是一个"精神过程"②。从他"'人类之诞生'——起源；'不朽的精神王国'——目标"③的断语看，和第一个轴心期一样，第二个轴心期的实质仍然是一种"精神过程"。我以为，人类基本价值系统的建构，正是第一个轴心期"精神过程"的体现。因而，第二个轴心期的"精神过程"将体现为重建人类基本价值系统。既然是重建，则离不开旧的人类基本价值系统，也就是说新系统仍然需要旧系统作为基本材料。当然，重建的过程并不是将这些材料重新组装，而是一个融会贯通的过程，一个创造发展的过程。

据此，当代儒学道统的重建，应立足于传统儒家的天人统和人天统，一方面吸收轴心时代儒学以外其他中国学派的价值系统，尤其同样对中国文化影响深远的道家和佛家的价值系统，另一方面吸收其他轴心文明的价值系统，尤其作为数百年来世界优势文明西方文明的价

① 雅斯贝斯：《历史的起源与目标》，魏楚雄、俞新天译，华夏出版社1989年版，第33页。
② 同上书，第7页。
③ 同上书，第34页。

值系统，并在此基础上有所创造，有所发展，从而将各种轴心时代所建立并影响深远的各种价值系统综合创新为一个新的有机整体。

经以载道，道赖经传，经典是道和道统的承载者。因此，作为原始儒学和宋明理学两个儒学范式的主要建立者，孔子和朱子都将建构儒家核心经典系统作为一项基本工作，分别创建了六经系统和四书五经系统，这当然也是他们道统观的反映。

前期我根据对儒家道统的重新判定，将现存儒学奠基期最重要的经典新编为七——《广论语》《子思子》《公孙尼子》《性自命出》《内业》《孟子》《荀子》，总称"七典"，与五经合称"五经七典"。也就是说，作为两系道统集大成者的孔子之下，《子思子》和《孟子》属天人统，《公孙尼子》、《性自命出》、《内业》和《荀子》归人天统。我试图在六经系统和四书五经系统的基础上，将儒家核心经典系统重构为"五经七典"系统，认为两脉道统，见于"五经"，存于"七典"，比量齐观，庶几可得大道之全矣。①

根据上文对道和道统的重新理解，儒家经典系统也需要进行相应的调整和扩大，吸收体现其他道统的核心经典。新的儒家经典系统可由两部分构成：一是核心经典，即"五经七典"；二是基本经典，包括体现中华文明中儒学以外其他学派尤其道家和佛家道统的核心经典，以及体现其他轴心文明尤其西方文明道统的核心经典。也就是说，在新的儒家经典系统中，传统儒家的核心经典仍为核心经典，而体现其他道统的核心经典则成为基本经典。

---

① 详见郭沂：《当代儒学范式——一个初步的儒学改革方案》，见《国际儒学研究》（第十六辑），九州出版社2008年版。

三、哲学之重建

我的哲学探索之路最能体现我的当代儒学发展观的转变。2019年之前，我的儒家哲学重建工作是围绕着儒学的现代化而展开的，试图通过改造作为儒家哲学顶层设计的形而上学来接纳德先生和赛先生。

这还要从二十世纪八十年代的"文化热"说起。当时学术界主要是围绕着文化史、传统与现代、中学与西学等议题而展开的。与此不同，我对文化现象背后的东西更感兴趣，所以关注的问题是文化现象如何发生。我当时的看法是，文化是人脑功能的外化，而人脑的主要功能是思维。那么思维背后的东西是什么？或者说，思维是把什么转化为文化的？那一定是一个客观的、潜在的、自在的世界。因此，文化现象的背后是思维，思维的背后是自在世界。据此，自在世界、思维世界和文化世界三个自上而下的世界得以成立。

2004年前后，受牟宗三的影响，我在此基础上提出"四界哲学论"。所谓"四界"，即本体界、性体界、心体界和现象界，其中前三个世界构成形而上学。[①]2005年，我把其中的本体界改成道体界，并把"四界哲学论"改称"新道论"。[②]2007年，据《系辞》"易有太极"说又把道体界改为易体界，并把"新道论"改称"易本

---

① 郭沂：《新儒学、新新儒学与四界哲学论》，见《本体与诠释》（第五辑），上海社会科学院出版社2005年版。

② 郭沂：《新道论提要》，见《国际儒学研究》（第十四辑），九州出版社2006年版。

论"。①2008年，再次把易体界改为道体界，随之把"易本论"改称
"道论"，并在当年的首尔"第22届世界哲学大会"和埃森"第21
届德国哲学大会"上把"道论"英译为"Philosophy of Dao"。至
2010年，更名为"道哲学"，并以"Daoic Philosophy"英译之。②
为了回应"道哲学"，科隆大学哲学系和形态学国际学院曾于2011
年6月联合召开题为"中欧哲学中知识与伦理的形而上学基础"
（Metaphysical Foundation of Knowledge and Ethics in Chinese and
European Philosophy）的国际学术研讨会，来自欧洲、亚洲、北美和
澳洲13个国家的18位哲学教授出席了会议。这个阶段"道哲学"的核
心部分有四：其一，道体，解释万物从何而来的问题；其二，性体，
解释我们是谁的问题；其三，心体，解释我们能够做什么的问题；其
四，人道，解释我们应当怎么做的问题。③

2019年以后，我的工作重点转移到人类基本价值系统的重建，这
当然是通过重建道哲学来实现的。

如上所述，近代以来人类基本价值系统式微的根源在于价值本源
论的崩溃，因而当今人类基本价值系统重建的关键，是重建价值本源
论。正因如此，启蒙运动以后，人本主义尤其理性主义试图重建人类
基本价值体系，并把重点放在价值本源论的重建，其中道德形而上学
基础尤其受到青睐。受理性至上思潮的影响，人们相信理性不但可以

---

① 郭沂：《易本论》，国际儒学联合会与上海师范大学主办"2007国际儒学高峰论坛"论文，
2007年11月9—11日。

② 郭沂："The Theory of Human Nature in Daoic Philosophy"（《道哲学的人性论》），科隆大
学哲学系哲学研讨会，2010年12月14日.

③ 郭沂：《道哲学——重建中国哲学的新尝试》，《人民政协报》2011年8月22日；《道哲学概
要》，见《开新——当代儒学理论创构》，北京大学出版社2013年版。

解决人与自然的问题，也可以解决人自身的问题，包括道德、精神、信仰之类的问题，相信理性是价值的基础，而康德主张纯粹实践理性为道德形而上学的基础就是显例。也有一些哲学家试图从非理性的角度去解决问题，如叔本华认为道德形而上学的基础为同情心和意志，牟宗三则认为是良知。不难看出，不管理性主义还是非理性主义，都把道德的形而上学基础建立在人自身。然而，人是有限的存在，如果把道德的形而上学基础建立在人自身，就无法证成道德的必然性和神圣性。因此，康德最终不得不乞灵于上帝，而牟宗三也只好把良知归结到天，从而回到了前现代那些已经备受质疑的思维方式。这意味着他们重建人类基本价值体系的努力是不成功的。

有鉴于此，道哲学试图通过探寻价值的真正本源以重建人类基本价值体系。基本思路是，作为原始原子的奇点既然是一个物质的存在，其本身不具有价值属性，因而由其爆炸形成的宇宙也不可能具有价值属性。我们生存其间的世界是一个物质世界，它也只具有物质属性，而不具有价值属性。然而，我们又不能否认，我们生存其间的世界确实是存在价值的，那么它来自何方呢？既然宇宙之中本来不存在价值，那么我们只能承认它来自另外一个世界，这就是价值的世界。在这里，我用"藏"来表达价值世界，用"易有太极"的"易"来表达物质世界中作为宇宙本源、世界本体的概念。前者是价值的唯一本源；后者孕育的奇点发生大爆炸形成我们生存其间的宇宙，其自身是不存在任何价值的。作为物质和生命本源的易与作为价值和意义本源的藏本来是两个相互独立的世界。

让我们先来了解一下物质世界。易犹如一位超级母亲，而太极是她的卵子，由这个卵子而衍生的宇宙则是她的孩子。如同一位母亲可以产生若干个卵子一样，在理论上，易也可以产生若干个太极，而每一个太极都会衍生为一个宇宙，我们生存其间的宇宙只是其中的一个而已。作为宇宙的本源，易是一个超越的和绝对的存在，堪称易体。鉴于易的物质性，构成易的基本元素可谓之"气"。气有三种基本存在形式，即质、能和理。其中，质就质料而言，能就功能而言，理就理则而言。气还具有两种基本性质，即阴和阳。

在易体，气为元气，是永恒的、自在的和无形的。故这种状态下的气，就是"无极"。元气所含有的质、能和理可分别称为元质、元能和元理。其所具有的阴、阳可称为元阴、元阳。元气中的元阴、元阳两种力量在相互作用中产生太极，即奇点。"无极而太极"意味着无极化为太极。太极是宇宙的"原始原子"，其体极小，以至于小到肉眼无法看到，但它毕竟是有形体的，因而是一个有限的存在。存在于太极中的质、能和理可分别谓之太质、太能和太理。存在于太极中的阴阳为太阴、太阳。太极的有限性，决定了它所禀受的太质、太能和太理也是有限的。太极（奇点）在太阴、太阳的相互作用中发生爆炸，形成宇宙。当太极演化为宇宙万物以后，它自身——具体言之即其所含有的太质、太能、太理便存在于宇宙万物之中了。因而太极便有两个层面，一是作为万物产生者的太极，是为本源太极；二是存在于万物中的太极，是为次生太极。万物各具太极，意味着万物各具质、能和理。万物所拥有的质、能和理，可分别谓之物质、物能和物理。万物所具有的阴阳，也就是一般意义上的阴阳，其情形正如今本《老子》所说，"万物负阴而抱阳，冲气以为和"（四十二章）。

易体及其衍生物太极、宇宙、万物构成易界。

虽然"万物负阴而抱阳"，但放在宇宙万物关系的网络中，各自的阴阳又具有相对性。在整个宇宙中，那些自主发光发热的天体为阳，不能自主发光发热的天体为阴；就太阳系而言，太阳为阳，行星为阴；就地球而言，白天为阳，夜晚为阴；如此等等。

所谓物能，就是万物之性。人性有三种类型，即生理之性、身理之性和心理之性。心的功能便是心理之性。所谓心，就是大脑以及整个神经系统。它有三种基本功能，或者说三种性，分别是"知""情""意"。其中"知"有三种形式：其一是感知，是对质世界，包括恒质、太质、物质认识的能力，是心对事物质料的感触方式；其二是体知，是对能世界包括恒能、太能、物能认识的能力，是心对事物功能的体会方式；其三是认知，是对理世界包括恒理、太理、物理认识的能力，是心对事物的理则和知识获取的方式。（参见上章讨论）

既然人是有意志的，那么由此逆推，产生人的宇宙、太极乃至易体，都应该是有意志的。这种意志，为物质世界的一种功能。《周易》所说的"天地之心"、中国传统宗教中的"上帝"和"天"、基督教中的"God"等等，都是对这种意志的不尽恰当的猜测和描述。其实，他们都只是物质世界的一种功能，其本身是不具有价值属性的，更不是价值的本源。

问题是，既然藏界和易界是两个相对独立的世界，那么本来存在于藏界的价值又是如何来到易界的呢？我认为，在藏界和易界之间存在一个特殊的枢纽，这就是觉知心。也就是说，觉知心是沟通藏和易两个世界的桥梁，是沟通价值世界与物质世界、藏界与易界的唯一途径。这样一来，易界、藏界和觉知心共同构成了道。也就是说，道的结构类似于人的大脑。易界和藏界犹如大脑的左右两半球，而觉知心则扮演了胼胝体的角色。如下图所示：

大道构成图

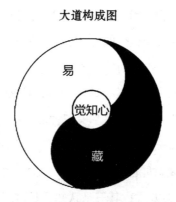

易界和藏界都是永恒的和自在的，二界所分别拥有的气和价值也是永恒的和自在的。然而，易界所生的太极、宇宙乃至万物都是有生有灭的，而这些有生有灭的事物正是存在于藏界的价值通过觉知心得以实现的工具。因此，生命本身乃是价值实现的工具，而价值的实现又离不开觉知心的作用。觉知心所觉悟和发现的价值，便反过来促使生命获得提升和成就。据此，藏才是真正的价值本源，才是真正的道德形而上学基础，而包括道德在内的价值由之获得了神圣性和必然性。

大道的衍化包括两种形式。一是道的自我实现的过程。易通过生生而实现。易本身就是一个至大的生命体，为一级生命体。由作为太极的奇点爆炸形成的宇宙，是二级生命体。构成宇宙的星系也是一个个生命体，为三级生命体。生存在行星上的生命为四级生命体，因而包括人在内的地球生命皆属四级生命体。每个级别的生命之内还可以划分为若干层次。从宇宙大爆炸到人类的诞生，是一个大生命的成长过程，而易则是孕育这个生命的母体。太极（奇点）像一颗种子，宇宙是这颗种子长成的大树，而宇宙中的无数星系，则是这棵大树的无数枝叶。正是因为这些生命体具有生命的形式，所以才具有意志。

二是道的自我发现过程。就像人到了一定的年龄会产生自我意识一样，大道衍化到一定阶段也会自我发现。道的自我发现开始于生命的诞生。到目前为止，就人类可知的道的自我发现大致经历了三个阶段：其一，有生之物（植物）对大自然的反应；其二，有知之物（动物）对大自然的认识；其三，有义之物（人）对价值的觉悟。道的自我发现，或者说不同层次的事物对道的发现，也是其意志的体现。当有义之物的智力发展到一定的程度，即到了轴心时代，那些圣人们方能发现价值，并将其传递到人间，从而使人生获得意义，并照亮我们这个万古如长夜的世界。

以上只是道哲学的大致框架，还有待于进一步分析和论证。当然，道哲学只是笔者对建构当代儒家哲学的思考，其他学者也会根据各自的理解建构其当代儒家哲学体系。

在道统之重建、经典系统之重建和哲学之重建三项工作中，后者最为关键。新的哲学理论不但是道统的落实，而且是对新的经典系统重新诠释的依据。因而，我们应该用新的哲学对核心经典和基本经典进行解释，从而激活经典，就像朱子作《四书章句集注》一样。